Miranda Richmond Mouillot
Anna und Armand

Buch

Dieses Buch erzählt eine wahre Geschichte. Es ist die Geschichte einer jungen Frau namens Miranda, die einen Ozean überquert, um die Wahrheit herauszufinden über die mysteriöse Entfremdung ihrer Großeltern. Und es ist die Geschichte von Anna und Armand, die sich Ende der Dreißigerjahre in Frankreich kennenlernen. 1948, nachdem sie während des Zweiten Weltkriegs in der Schweiz Zuflucht fanden, kaufen die beiden ein altes Steinhaus in einem kleinen Dorf in Südfrankreich. Fünf Jahre später verlässt Anna Armand. Abgesehen von einer kurzen Begegnung, haben die beiden sich nie wieder gesehen und nie mehr ein Wort miteinander gewechselt.
Stück für Stück setzt Miranda Richmond Mouillot die erstaunlichen und mitreißenden Erlebnisse ihrer Großeltern während des Krieges und danach zusammen, rekonstruiert, was vorgefallen ist zwischen Anna, einer Ärztin, und Armand, einem der Übersetzer bei den Nürnberger Prozessen, der sich weigerte, den Namen seiner Ehefrau noch einmal auszusprechen, nachdem sie gegangen war. Um zu den Wurzeln dieses unbeugsamen Schweigens vorzudringen, schiebt Miranda ihre eigenen Zukunftspläne beiseite, reist von Amerika nach Frankreich und zieht in Annas und Armands zerfallenes Steinhaus. Unverhofft findet sie in dem südfranzösischen Dorf nicht nur den Schlüssel zur Vergangenheit, sondern auch ein Zuhause – und die Liebe …

Autorin

Miranda Richmond Mouillot wurde in Asheville, North Carolina, im Herzen der Blue Ridge Mountains geboren und studierte in Harvard Geschichte und Literatur. Zusammen mit ihrem Mann, ihrer gemeinsamen Tochter und einer Katze lebt sie in Südfrankreich.

MIRANDA
RICHMOND
MOUILLOT

Anna und Armand

Wie meine Großeltern im Krieg die Liebe fanden und das Leben sie doch für immer trennte

Deutsch von Astrid Finke

blanvalet

Die Originalausgabe erschien 2015 unter dem Titel
»A Fifty-Year Silence – Love, War and a Ruined House in France«
bei Crown Publishers, New York.

Verlagsgruppe Random House FSC® N001967

1. Auflage

Die Fotos im Innenteil wurden abgedruckt
mit freundlicher Genehmigung der Autorin.
Das Zitat auf S. 7 stammt aus:
Sándor Márai, Die Glut. Piper Verlag, München 1999
Das Zitat auf S. 130 stammt aus:
Marcel Proust, Eine Liebe von Swann. Suhrkamp Verlag, Frankfurt 1953
Das Zitat auf S. 224 wurde ins Deutsche übertragen aus:
Odile Munos-du-Peloux, Passer en Suisse: Les Passages clandestins entre la
Haute-Savoie et la Suisse 1940-1944. Presses Universitaires de Grenoble, 2002
Das Zitat auf S. 302 stammt aus:
Patrick Modiano, Dora Bruder. Hanser Verlag, München 1998
Redaktion: Angela Kuepper
Umschlaggestaltung: www.buerosued.de
Umschlagabbildungen: Getty Images/Bert Hardy und
Cultura Travel/Atli Mar Hafsteinsson
AF · Herstellung: wag
Druck und Einband: GGP Media GmbH, Pößneck
Printed in Germany
ISBN: 978-3-7341-0467-1

www.blanvalet.de

Dieses Buch ist für Anna

Ich möchte, dass du mir sagst, (…) wie du hierüber denkst.
Glaubst auch du, dass der Sinn des Lebens einzig
in der Leidenschaft besteht, die eines Tages in unsere Herzen,
Seelen und Körper fährt und dann auf ewig brennt?
Was immer zwischendurch geschehen mag?

Sándor Márai, *Die Glut*

Anmerkung der Autorin

Dieses Buch erzählt eine wahre Geschichte, aber es ist eine Erinnerung, kein historisches Werk. Beim Schreiben habe ich mich auch auf geschichtliche Quellen gestützt, auf primäre, sekundäre und historiografische, zum größten Teil aber auf mit meinen Großeltern geführte Gespräche und Briefwechsel sowie auf meine eigenen Erinnerungen an und Betrachtungen über sie. Ich habe größte Sorgfalt darauf verwendet, diese Erinnerungen und Betrachtungen zu überprüfen, indem ich sie mit denen anderer und mit historischen Dokumenten verglich.

Bei der Beschreibung von Schlüsselszenen im Leben meiner Großeltern war ich bemüht, das schwindelerregende Gefühl von Poesie zu bewahren, das ihr Schweigen in meinem eigenen Leben hervorrief. Dabei habe ich mich so genau wie nur möglich sowohl an ihre Erinnerungen als auch an die historischen Tatsachen gehalten, die jene Momente prägten. Ungenauigkeiten, die mir unwissentlich unterlaufen sein mögen, sind den Schwierigkeiten geschuldet, die das Schreiben über ein Thema, über das niemand gerne reden möchte, mit sich bringt.

Mit *Anna und Armand* stelle ich mich einem Schatten, der jede Familie heimsucht: der Vergangenheit, die zugleich grell präsent und zum Verrücktwerden vage ist. Ursprünglich wollte ich das Buch sogar *Reisende Schatten* nennen, nach einer Zeile in *Erinnerung, sprich*, in der Vladimir Nabokov den Akt der Vergangenheitsrekonstruktion mit dem Betrachten von Schatten an einer Wand vergleicht. Schatten zu betrachten ist eine einsame und subjektive Beschäftigung, und meine Beobachtungen der Schatten meiner Großeltern waren zwangsläufig von meinem eigenen Wesen und meinen eigenen Erfahrungen gefärbt, sodass sie natürlich keine exakten Übertragungen der Menschen sein können, die sie warfen. Wie meine Großmutter sagte, als ich ihr endlich eine Fassung dieses Textes zeigte: »Mirandali, das ist jetzt so lange her, wer kann sich noch erinnern?« Oma, ich kann nur sagen, ich habe es auf jeden Fall versucht.

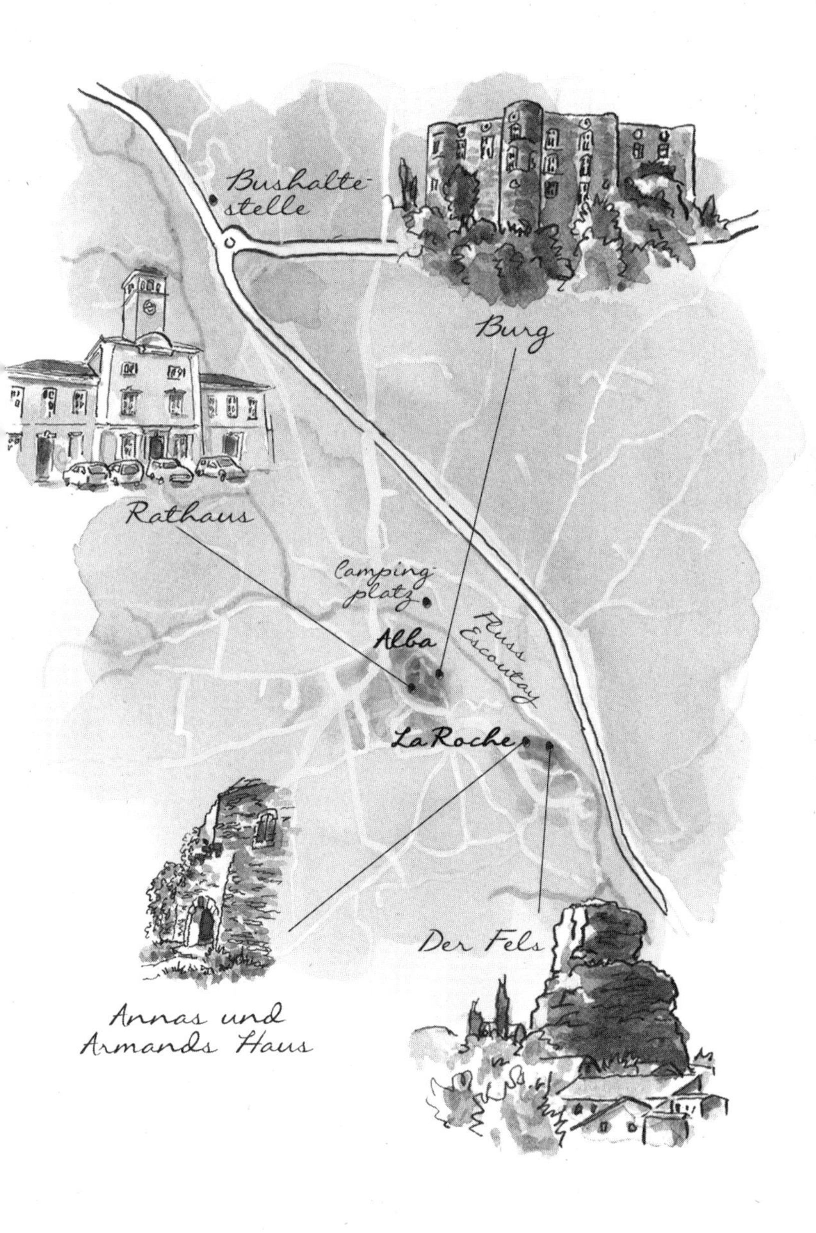
Bushalte-
stelle
Burg
Rathaus
Camping-
platz
Alba
Fluss
Escoutay
La Roche
Der Fels
Annas und
Armands Haus

ANNA		ARMAND
Straßburg		**Straßburg**
Saint Hilaire du Touvet	1937	
Hauteville	1938	
	1939	
	1940	Montpellier
		Sète
		Agen
Amélie-les-Bains		
Caudiès-de-Fenouillèdes		**Caudiès-de-Fenouillèdes**
Saint-Paul-de-Fenouillet	1941	**Saint-Paul-de-Fenouillet**
	1942	
Lyon		**Lyon**
Col de Coux/Champéry		**Col de Coux/Champéry**
Lausanne		**Lausanne**
Gams	1943	Zürich
Gefängnis St. Gallen		Wald
Weesen		
Interniertenheim Engelberg, Sumiswald		Arisdorf
Hotel Viktoria, Interniertenheim, Montana		
Interniertenheim Bienenberg		
		Olsberg
Winterthur		Sierre
Sanatorium Sursum	1944	**Genf**
Interniertenheim Finhaut		
Genf		
Montreux/Territet		Kinderheim Mösli, Stallikon
		Saint-Cergue
		Genf
Genf		
	1945	
Les Diablerets/Leysin		
Genf		Paris
Sierre		Nürnberg
Genf		
Les Diablerets		
	1946	
Paris		**Paris**

Die fett gedruckten Namen stehen für Orte,
an denen Anna und Armand zusammen waren.

Annas und Armands Reise

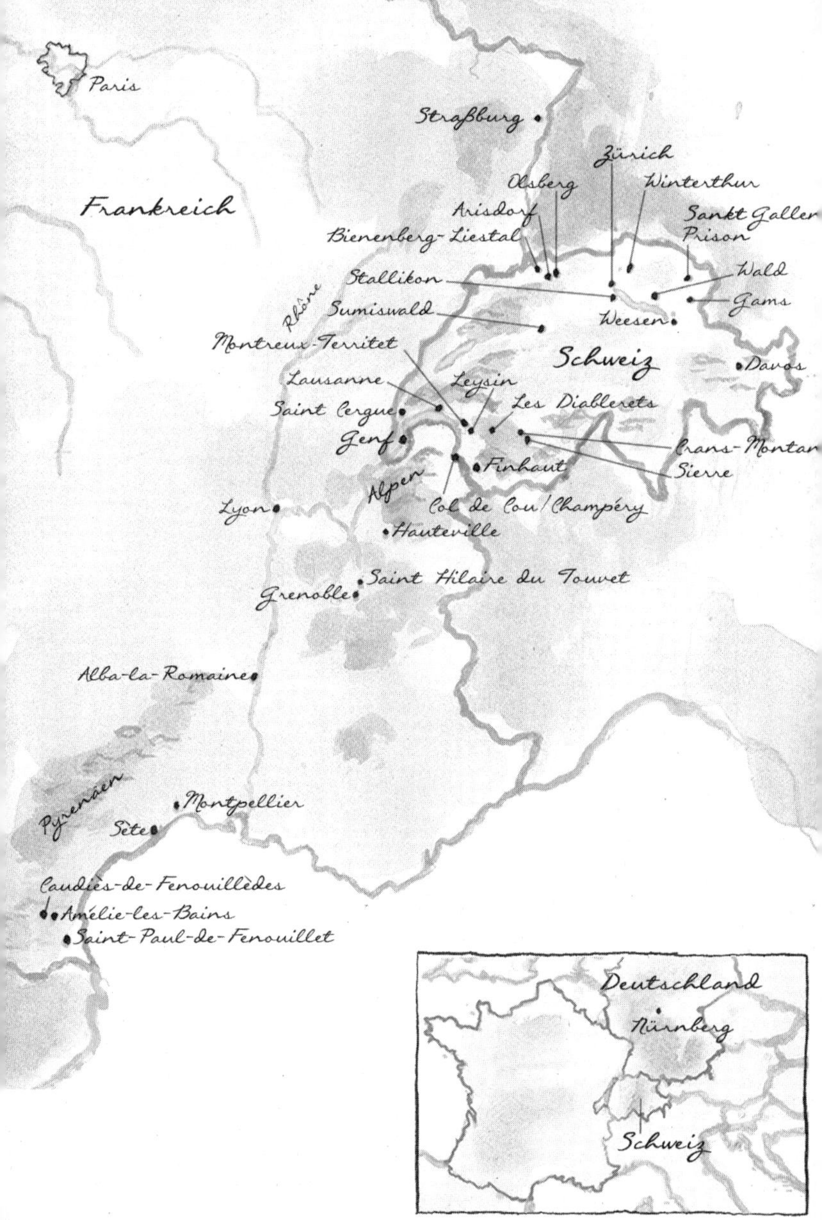

Paris
Straßburg
Frankreich
Zürich
Olsberg
Winterthur
Arisdorf
Sankt Galler
Prison
Bienenberg-Liestal
Wald
Stallikon
Gams
Rhône
Sumiswald
Weesen
Montreux-Territet
Schweiz
Davos
Lausanne
Leysin
Les Diablerets
Saint Cergue
Genf
Crans-Montan
Finhaut
Sierre
Alpen
Lyon
Col de Cou/Champéry
Hauteville
Saint Hilaire du Touvet
Grenoble
Alba-la-Romaine
Pyrenäen
Montpellier
Sète
Caudiès-de-Fenouillèdes
Amélie-les-Bains
Saint-Paul-de-Fenouillet

Deutschland
Nürnberg
Schweiz

Vorwort

In den zehn Jahren, die es gedauert hat, diese Geschichte niederzuschreiben, starb meine Großmutter, und mein Großvater wurde dement. Ich habe geheiratet und ein Kind bekommen. Ich habe meinen ursprünglichen Berufswunsch aufgegeben, bin in ein anderes Land gezogen und habe mein Erspartes aufgebraucht. Und das Haus, das alles ins Rollen brachte oder auch nicht, verfiel immer weiter.

Aber immer noch hatte ich Angst anzufangen, denn dies ist eine Geschichte über ein Schweigen, und wie bricht man ein fremdes Schweigen?

Im Kopf drehte und wendete ich diese Frage eine gefühlte Ewigkeit. Ich grübelte, ob ich überhaupt das Recht hatte, davon zu erzählen. Und doch, ungebrochen war das Schweigen eine Last, und zwar eine, die mit jedem Jahr schwerer wurde. Was würde ich tun, wenn es mir niemals gelänge, das alles aufzuzeichnen? Schließlich gab ich auf und betete.

Könntest du mir bitte einen Wink geben?

Am nächsten Tag machten meine Tochter und ich einen Spaziergang hinter unserem Dörfchen im Schatten der Burg von Alba, auf einem Pfad, der am Fluss Escoutay vorbeiführt. Es war der Pfad, auf den ich hinabgeblickt hatte, als ich zum ersten Mal an diesem Ort war und dachte: *Das ist mein Zuhause.* Der Pfad, auf den meine Großmutter 1948 hinabgeblickt hatte, als sie zum ersten Mal an diesem Ort war und dachte: *Eines Tages wird dies jemandes Zuhause sein.*

Und dort, zwischen Löwenzahn und Schlüsselblumen, war das, was die Franzosen ein *clin d'œil* nennen – ein Zwinkern. Es waren vierblättrige Kleeblätter, ein ganzes Sträußchen davon. Das Finden vierblättriger Kleeblätter ist etwas, das meine Großmutter an mich weitergegeben hat, neben angeschwollenen Knöcheln und der Fähigkeit, aus Karten die Zukunft weiszusagen. Wir entdecken sie überall, wann immer wir sie am nötigsten brauchen. Zweifellos hat meine Großmutter mittlerweile eine Position als parlamentarische Gesandte oder Obfrau in der großen sozialen Bewegung im Himmel übernommen, sodass sie, als ich das Gebet hinaufsandte, meine Petition gar nicht erst weiterleitete. Sie machte nur ihr typisches Geräusch, eine Mischung zwischen einem Schnauben und einem Seufzen, das Geräusch, das sie immer machte, bevor sie einschritt und die Angelegenheit selbst regelte, und schickte mir eine Botschaft durch den Klee. Da ich sie schon sehr lange und gut kannte, verstand ich sie so klar und deutlich, als hätte sie diese für mich in den Matsch am Flussufer geschrieben: »Stell dich nicht so an und fang einfach vorne an.«

Also gut.

Teil 1

Das Dörfchen La Roche und der Escoutay mit der Burg von Alba im Hintergrund, um 1960

Kapitel 1

Als ich auf die Welt kam, knotete mir meine Großmutter ein rotes Band um das linke Handgelenk, um den bösen Blick abzuwehren. Sie wusste, was vor und was hinter mir lag, und obwohl sie fest an Glück und die Zufälle des Schicksals glaubte, wollte sie bei mir, ihrem einzigen Enkelkind, kein Risiko eingehen.

Meine Großmutter hatte in ihrem Leben zahllose Male ihr Heim fluchtartig verlassen oder verloren, und obwohl sie sich nie ganz damit abfand, in Amerika zu leben, war sie wild entschlossen, in ihrem Haus in Pearl River, New York, zu sterben, in das sie sich zurückgezogen hatte, seit sie nicht mehr als Psychiaterin im Rockland State Mental Hospital arbeitete. Das erklärte sie mir immer wieder, denn meine Großmutter betrachtete den Tod als einen interessanten Tanzschritt, den sie eines Tages endlich lernen würde, oder vielleicht als einen Brieffreund, dem sie schon mehrmals um ein Haar begegnet wäre. Zweifellos war diese faszinierte Gelassenheit mit ein Grund dafür, dass es ihr gelang, so lange zu leben.

Meine Großmutter erzählte mir im Laufe der Jahre viele Dinge, und zwar in einem ungeordneten und steten Redefluss. Ich hing an ihren Lippen, gefesselt und voller Bewunderung. Jedes Wort, das sie sagte, war für mich wie ein lebendiger, greifbarer Gegenstand, eine leuchtende Boje, ein blutroter Rettungsring:

mein Gottt
Ge-miee-se
Ieberrleeben

Das war ihr Lieblingswort. Sie rollte es mit karpatischem Elan über die Zunge, moduliert mit Österreich-Ungarn-Deutsch und Französisch.

Du bist wie ich, Mirandali, sagte sie gern. *Du wirst ieberrleeben.*

Das war ungeheuer tröstlich, denn außerhalb der geborgenen Grenzen ihrer Anwesenheit war ich mir dessen nie allzu sicher.

Wenn Oma nicht in der Nähe war, herrschte verblüffend viel Angst in meinem Leben. Ich sage verblüffend, weil meine Kindheit, wenn auch exzentrisch, von außen betrachtet vollkommen sicher war: Meine Eltern ließen sich scheiden, als ich noch klein war, trennten sich aber im Guten und heirateten im Anschluss jeweils Partner, die ich so hingebungsvoll liebte, als hätten sie mich allesamt geboren. Hier war ich also, ein nettes kleines Mädchen mit zwei großen Gärten, das gern auf Apfelbäume kletterte und sich in der großen Pause mit Freunden zusammen Holzleim von den Händen zupfte. Außer in jenen Momenten, in denen meine behagliche, normale Welt unbegreiflicherweise aus den Fugen geriet.

Zum Beispiel an dem Tag, als meine Freundin Erin und ich ihren kleinen Bruder im Badezimmer einsperrten und Erin laut ein Kinderlied schmetterte, damit ihre Eltern ihn nicht brüllen hörten: Gerade noch sang ich mit, und im nächsten Augenblick umklammerte ich Erins Arm, als könnte sie mich unter der Lawine der Angst herausziehen, die mich auf einmal erstickte. »Hör auf«, bettelte ich. »Wir müssen aufhören. Sie haben Musik gespielt, um die Schreie der Kinder zu übertönen, wenn sie sie umgebracht haben.« Jahre später erinnerte Erin sich, dass sie davon völlig verstört gewesen und weinend zu ihrem Vater gerannt war.

»Was hat er gesagt?«, fragte ich.

»Er hat mir erzählt, dass du aus einer Familie von Holocaust-Überlebenden stammst, die mit vielen schlimmen Erinnerungen zu kämpfen hatte.«

Damals dachte ich nur, *ich wünschte,* mir *hätte das jemand gesagt.*

Mit der unbeholfenen Logik eines Kindes versuchte ich, mich vor diesen Vorfällen zu schützen, indem ich Nischen des perfekten häuslichen Lebens schuf, in denen alles geordnet und schön war: sorgsame Dioramen, die ich in Kleenex-Schachteln baute oder auf dem Regal neben meinem Bett aufstellte, kunstvolle Habitate, die ich hinter den Büschen neben unserem Gartenweg oder unter dem Schreibtisch meiner Mutter versteckte. Ich verbrachte Stunden damit, mich aus der Welt weg und in diese erfundenen Universen hineinzudenken. Wenn man mich als Kind gefragt hätte, was ich einmal werden wollte, hätte ich irgendeinen Beruf genannt – Ballerina, Wissenschaftlerin, Senatorin –, aber was ich mir wirklich wünschte, war ein eigenes Heim, ein Ort, an dem ich vor der drohenden Gefahr der Zerstörung sicher war, dem schrecklichen, zermürbenden Gefühl, von dem ich wusste, dass es immer in der Nähe lauerte.

Die Habitate, die ich bastelte, halfen nachts nicht weiter. Ich stellte meine Schuhe neben die Haustür, damit ich sie schnell mitnehmen konnte, falls wir fliehen müssten, aber dann lag ich wach und machte mir Sorgen, dass wir stattdessen durch die Hintertüre müssten. Während ich ängstlich darauf wartete einzuschlafen, berechnete ich, wie schnell ich aus dem Bett springen und mich anziehen konnte, und zählte die Stellen, die sich als Versteck eigneten. Ich wünschte, ich wäre erwachsen und gefälliger. Ich hielt mich für findig, aber nicht groß genug, um zu überleben. Schon im Voraus betrauerte ich den Verlust meines gemütlichen Heims mit den Büchern in den Regalen und der bunten Tagesdecke, Bürste und Kamm auf der Kommode, Feuer im Kamin, Essen im Kühlschrank.

Oft rief ich meine Mutter, damit sie sich zu mir setzte, in der Hoffnung, sie könnte meine unbeschreibliche Furcht eindämmen. Dann bombardierte ich sie mit Fragen.

»Könnte jemand unser Haus stehlen?«

Meine Mutter nahm mich immer ernst, und sie gab mir aufrichtige Antworten auf meine Fragen, was bedeutete, dass sie selten so beruhigend klangen, wie ich mir das insgeheim wünschte. »Nein«, sagte sie. »Normalerweise nicht.«

»Aber manchmal?«

»Tja, wenn etwas passieren würde.« Darauf folgte eine kurze Pause, während sie überlegte, was sie erklären sollte und was nicht. »Wenn wir zum Beispiel für eine lange Zeit wegfahren müssten, könnte jemand einziehen oder die Dokumente stehlen, in denen steht, dass es uns gehört, oder neue schreiben, in denen steht, dass es ihm gehört.«

»Was wäre, wenn wir zurückkämen?«, hakte ich nach.

»Dann müssten wir beweisen, dass das Haus eigentlich uns gehört.«

»Und wie geht das?«

»Man zieht vor Gericht, wenn die Regierung noch intakt ist.«

Dann war da auch die Frage eines Feuers. Was, wenn jemand unser Haus abbrennen würde?

»Das ist nicht sehr wahrscheinlich.« Wieder verstummte ihre ruhige, trockene Stimme im dunklen Zimmer. »Wirklich. Das ist sehr unwahrscheinlich.«

Aber egal, wie oft sie mich mit rationalen Überlegungen beschwichtigte und von Wahrscheinlichkeit und Risiko sprach (niemand in unserem Haushalt rauchte, wir hatten keinen Brennofen, wir besaßen drei Feuerlöscher), das Geschenk der Gewissheit, nach dem jedes Kind sich sehnt, konnte sie mir nicht machen. Was ich unbedingt hören wollte, war: *Das wird niemals passieren.* Aber wie konnte sie so etwas sagen? In unserer Familie hatte jeder ein Heim verloren. Die unausgesprochene Frage, die mich nachts nicht zur Ruhe kommen ließ, war nicht, ob so etwas geschehen konnte, sondern wie oft man in einem Leben sein Heim verlieren mochte.

In meinen Träumen, wenn ich denn endlich schlief, packte ich rasch für meine Flucht. Nur das Nötigste. Jacke, Streichhölzer, Taschenmesser. Ich verzettelte mich dabei, vorauszuplanen, an all die Dinge zu denken, die mir fehlen könnten: Unterwäsche zum Wechseln, Seife, Regenmantel, antiseptische Salbe, Pflaster, Toilettenpapier, Kerzen, Schnürsenkel, Kordel, Pulli, Milchpulver, Wollsocken, lange Unterhose, Plastikplane, Mütze, Schere. Töpfe und Pfannen. Ein Hammer. Briefmarken. Portemonnaie. Fotos. Irgendein Behältnis für Wasser. Gummiringe. Fingerhandschuhe, keine Fäustlinge. Schlafsack. Salz. Zucker. Handtuch. Nadel und Faden.

Alle Träume waren gleich, bis auf die, in denen sie mich erwischten, bevor ich Zeit zum Packen hatte. Manchmal landete ich in einem Zug, gelegentlich erschossen sie mich auf der Stelle, und immer wachte ich hinterher in einer Welt auf, aus der alle Farbe gewichen war und in der eine Trostlosigkeit herrschte, die mir so vertraut war, dass ich nie auch nur auf den Gedanken kam, sie irgendjemandem gegenüber zu erwähnen. Ich zog die Fluchtträume vor: Darin kam meine Großmutter mich holen, wand mir das überschüssige Gepäck aus den Händen und schob mich zur Tür hinaus.

Anna und Miranda in Pearl River, New York, Juni 1984

Oma und ich standen uns so nah, dass ich heute noch, wenn ich die Augen schließe, die Flecken auf ihrer alternden Haut zählen kann, die mich in ihrer Glätte und Farbe an Mandeln erinnerte. Wenn ich mich auf meine Finger konzentriere, kann ich ihr silbernes Haar spüren, das selbst noch im hohen Alter weich wie Seide und von pechschwarzen Strähnen durchzogen war. Ich sehe sie in einem blassrosa Unterrock vor ihrem Spiegel stehen und sich Gesichtscreme auf die hohen Wangenknochen und den Hals bis hinunter auf ihre anmutigen Schultern reiben, sehe sie »Gesichtsyoga« machen, um keine Falten zu bekommen, sehe die goldenen Türkisohrringe in ihren Ohren schaukeln. Sie hingen in ihren Ohrläppchen, seit sie acht Tage alt war, als sie als rumänisch-jüdisches Äquivalent einer Beschneidung Löcher gestochen bekommen hatte. Ich verbrachte so viel Zeit damit, diese Ohrringe zu betrachten, dass ihre Existenz für mich nachdrücklicher, realer war als die anderer Gegenstände. Dasselbe könnte man von meinem Blick auf meine Großmutter sagen. Sie war so schön, selbst ihr künstliches Gebiss in meinen Lieblingsfarben Muschelrosa und Perlmuttweiß wirkte glamourös. »Die Zähne fallen aus, wenn man nicht genug zu essen hat«, erklärte sie sachlich, wenn ich es in seinem kleinen Becher bewunderte, insgeheim hoffend, sie würde es mir eines Tages leihen. »Deshalb habe ich schon früh ein Gebiss bekommen. Aber vielleicht kriegst du ja, wenn du sehr alt bist, auch eins.«

Meine früheste Erinnerung ist die, auf ihrem ausgestreckten Bein zu hüpfen und sie dazu ein rumänisch-jiddisches Kinderlied singen zu hören: *»Pitzili, coucoulou …«* Nicht auf den Knien, sondern auf dem ausgestreckten Bein – meine Großmutter war die stärkste Frau, die ich kannte. Sie gab einer Gruppe, die sie »meine alten Damen« nannte, Yogaunterricht und hatte im Türrahmen ihres Schlafzimmers eine Klimmzugstange. Damit niemand auf die Idee kommt, sie wäre eine Gesundheitsfanatikerin gewesen, ergänze ich an dieser Stelle, dass sie außerdem eine Kanne Kaffee am Tag trank und eine heimliche Schwäche für Biskuittörtchen hatte. Der Duft meiner Großmutter war einer der Gegensätze: Sie roch nach Lavendelseife von Roger & Gallet, Iris-Gesichtscreme von Weleda und rohem Knoblauch. Ihre Haut selbst hatte einen blumigen und leicht metallischen Duft, bei dem ich an Rosen und Spielplatz-Eisenstangen denken musste. Wenn ich ihre Papiere aufschlage, kann ich ihn immer noch riechen, obgleich im Laufe der Zeit immer schwächer.

Ihr Haus in New York war wie ein an einer unbekannten Küste ankerndes Schiff, ein Bollwerk, das sie gegen die Merkwürdigkeiten Amerikas gerüstet hatte, extrem persönlich in einer Weise, die erkennen ließ, dass sie wusste, sie war auf Dauer hier und fest entschlossen, das Beste aus ihrem Aufenthalt zu machen. Geschmacklich war es ein Mischmasch: edle Stoffe, wertvolle Radierungen ihres Künstlerfreunds Isaac Friedlander, von ihren Psychiatriepatienten gemalte Bilder, Möbel vom Sperrmüll, Teppiche, riesige Plastikblumen in einem knallbunten Keramikschirmständer aus Portugal und die üblichen Judaika und afrikanischen Kunstgegenstände, die zur Standardeinrichtung linker Juden eines gewissen Alters gehörten. Ihre Garderobe bot ein ähnliches Durcheinander. Ihre Kleider und Jacken waren von einer Couture-Schneiderin, mit der sie sich in Paris angefreundet hatte. Sie waren für sie maßgeschneidert, aber im Laufe der Jahre unzähligen Änderungen, Ergänzungen und Verbesserungen unterzogen worden. Abgöttisch liebte sie ein Paar fleischfarbene, geschnürte orthopädische Schuhe namens »Weltraumschuhe«, die ein ehemaliger Eiskunstläufer in den 1950ern für sie gemacht hatte, um die Schmerzen in ihren von Erfrierungen geschädigten Zehen zu lindern. Ihre bevorzugten Accessoires waren ein Kindersonnenhut mit einem hellblauen, mit Farbspritzern dekorierten Band und eine Sonnenbrille mit demselben Muster.

Im Jahr nach meiner Geburt kaufte meine Großmutter das Haus neben dem meiner Mutter in Asheville als Zweitwohnsitz. Es war das hässlichste Haus im ganzen Viertel, aber Oma war extrem stolz darauf. Es sah aus wie ein schlecht konstruiertes Ponton-Boot, das einen Wohnwagen verschluckt und nicht verdaut hatte und anschließend in einen Berghang gekracht war. Es hatte eine weiße Aluminium-Verkleidung, ein flaches Dach aus Teerpappe und kleine rote Alu-Vordächer, und die Fenster und Türen sahen aus wie schläfrige, halb geschlossene Augen. Aber das war meiner Großmutter egal. Das Haus gehörte ihr, und das war es, was zählte.

Vor ihrem Einzug schickte sie sich per Post einen Kohleofen und einen Karton Ziegelsteine aus ihrem Haus in New York. Oma sandte im Laufe der Jahre eine Menge Dinge nach Asheville, unter anderem ein Paar pinkfarbene, hochhackige Wildledersandalen, die jedem außer meinem Vater zu groß waren, ein Fellportemonnaie, das einer ihrer Psychiatriepatienten genäht hatte, eine Petroleumlampe und einen Kochherd einschließlich Brennstoff, »nur für alle Fälle«.

Vieles war nur für alle Fälle. Kerzen und Hustenbonbons, die Wollbandage, die sie immer in der Handtasche hatte. Meine Großmutter praktizierte eine eigentümliche und ausgeprägte Form der Selbstversorgung. Sie war kein Wildnis-Typ, sie wusste nur, dass letzten Endes der einzige Mensch, auf den sie sich wirklich verlassen konnte, sie selbst war.

Meine Großmutter lebte allein, was natürlich, unvermeidlich und unantastbar schien, und trotz unseres engen Verhältnisses kam ich nie auf die Idee zu fragen, wem sie eigentlich ihre beiden Kinder zu verdanken hatte, meine Mutter und meinen Onkel. Sie wirkte absolut in der Lage, so etwas ohne Hilfe zu bewerkstelligen, und wo in ihrem Leben hätte ein Gefährte Platz gehabt? Dennoch erinnere ich mich an einen Tag, als ich ungefähr fünf Jahre alt war. Meine Mutter zeigte meiner Großmutter ein Foto von meinem Großvater und mir, das in jenem Sommer bei einem seiner seltenen Besuche in Asheville in einem Atelier aufgenommen worden war.

Meine Großmutter studierte das Bild. »Was für ein hübsches Foto. Wer ist das da, neben Miranda?«

Meine Mutter entgegnete: »Das ist Papa.«

Die glatte Stirn meiner Großmutter furchte sich zu einer

Landkarte der Traurigkeit. Dann legte sie das Bild vor sich auf den Tisch.

»Ich hätte ihn gar nicht erkannt.« Sie sprach die Worte langsam und schüttelte dabei den Kopf. »Auf der Straße würde ich an ihm vorbeilaufen.« Erneut nahm sie das Foto in die Hand und betrachtete es. »Darf ich es behalten?«

»Aber sicher.« Meine Mutter klang überrascht.

Später fand ich das Foto, in einen Bilderrahmen gesteckt, neben dem Bett meiner Großmutter, wo es bis zu ihrem Tod stehen blieb. Damals verstand ich nicht, warum sie ein Bild von mir mit jemandem, den sie gar nicht kannte, behalten wollte. Ich war zu klein, um eins und eins zusammenzuzählen und zu begreifen, dass meine Großeltern früher einmal zu zweit, dass sie jemals etwas anderes als Fremde füreinander gewesen waren.

Kapitel 2

Wie hätte ich auch in dem Alter auf die Idee kommen sollen, meine Großmutter und meinen Großvater einander zuzuordnen? Wenn sie Birnen war, dann war er nicht Äpfel – er war Tannenzapfen oder Kaktusfeigen. Ein unnahbarer und leicht furchteinflößender Mensch, der Korrekturen am Rand von Wörterbüchern notierte, meine Briefe mit rotem Stift verbessert zurücksandte und gelegentlich mit geschmackvollen Geschenken und einer Neigung, Anstoß zu nehmen, bei uns zu Hause auftauchte. Er war pensionierter UN-Beamter und Dolmetscher bei den Nürnberger Prozessen gewesen. Ich wusste nicht, was die Prozesse waren (bei uns hießen sie »die Prozesse«, als wären sie eine Art entfernter Verwandter oder ein Familienurlaubsort), nur, dass sie seine Aura von Prestige und Autorität noch verstärkten.

Ja, er und meine Großmutter waren mehr als nur gegensätzlich, oder vielleicht auch weniger. Sie waren wie die Nordpole zweier Magneten, ich konnte sie in meinem Kopf unmöglich nah genug zusammenschieben, um einen irgendwie gearteten Vergleich, geschweige denn eine Verbindung herzustellen. Der Gedanke, dass sie etwas miteinander zu tun haben könnten, kam mir erstmals an dem Tag, als wir die Einladungen zu meiner Bat Mitzwa schrieben und ich meine Mutter darauf hinwies, dass mein Großvater auf der Gästeliste fehlte.

»Du könntest ihm schon eine Einladung schicken«, entgegnete sie. »Aber er wird nicht kommen.«

»Warum nicht?«

»Denk mal drüber nach.«

Mir fielen so einige Gründe ein, warum mein Großvater meiner Bat Mitzwa fernbleiben wollte: Zum einen war er erklärter Atheist, zum anderen kam er nur nach Amerika, wenn er beruflich dort zu tun hatte, nie einfach nur, um seine Familie zu besuchen. Vielleicht hatte er sich auch im Stillen über eine Reihe von während seines letzten Besuches erlittenen Beleidigungen und Kränkungen geärgert. Die Möglichkeiten waren wirklich endlos. Ich wählte die wahrscheinlichste davon. »Ist er böse auf uns?«

Meine Mutter schüttelte den Kopf. »Er war auch nicht bei der Bar Mitzwa deines Onkels. Ich hatte keine Bat Mitzwa, aber er wäre mit Sicherheit auch nicht gekommen, wenn ich eine gehabt hätte. Er war auch auf keiner meiner beiden Hochzeiten. Er hat uns nicht besucht, als du auf die Welt kamst.«

»Aber warum?«

Als meine Mutter die Augenbrauen hochzog, ohne etwas zu sagen, begriff ich, dass ich die nötigen Informationen für eine Antwort schon besaß und sie daraus selbst folgern sollte.

Als sie mir schließlich einfiel, schien sie mir auf eine widersprüchliche, verwirrende Art absurd: ob nun absurd, weil sie so nahelag, oder absurd, weil sie so unwahrscheinlich war, konnte ich nicht genau sagen. Aber ich probierte es trotzdem. »Wegen Oma?« Meine Mutter nickte, und ich dachte an die beiden, Anna und Armand, hielt sie im Geiste zum ersten Mal nebeneinander. Ich konnte mir problemlos vorstellen, dass meine Großmutter meinen Großvater nervte, aber wann konnten sie einander begegnet sein? »Waren sie denn schon mal im selben Raum zusammen?«, fragte ich.

Meine Mutter lachte. »Na ja, sieh dir deinen Onkel und mich an.«

»Waren sie etwa verheiratet?«

»Natürlich waren sie das.«

»Dann sind sie also geschieden? Seit wann?«

Das wusste meine Mutter nicht. Sie wusste nicht, wann sie geheiratet hatten, und sie erinnerte sich zwar an die Trennung ihrer Eltern, die irgendwann zwischen 1950 und 1953 stattgefunden hatte, aber die Scheidung hatte sich fast zwanzig Jahre hingezogen, bis ungefähr 1970. Das Einzige, was sie mir sagen konnte, war, dass die beiden seit fast vierzig Jahren nicht miteinander gesprochen hatten, seit 1955.

Vierzig Jahre schienen mir lächerlich, ja unmöglich lang. Und wie die meisten Kinder dieses Alters empfand ich meine eigene Bedeutung auf der Welt als übertrieben groß. »Aber ich bin doch seine einzige Enkelin, und es ist meine Bat Mitzwa.« Meine Mutter wirkte nicht überzeugt. »Außerdem, wenn es schon so lange her ist, haben sie es vielleicht ganz vergessen. Ich lade ihn ein.«

Mein Großvater reagierte umgehend auf meine Einladung, was bei ihm selten vorkam. Obwohl seine Antwort eilig geschrieben worden war, lasen sich seine Worte genauso trocken und bedächtig wie immer, sodass ich anfangs Schwierigkeiten hatte, das dramatische Ereignis zu verstehen, das er voraussagte – im Wesentlichen, dass sie beide, wenn sie sich am gleichen Ort befänden, simultan einen Herzinfarkt erleiden und sterben würden. In einem Postskript bat er mich, mir zu überlegen, was ich mir als Geschenk zur Bat Mitzwa wünschte. Wie sei es denn mit einer Safari? Wir könnten eine Safari in Kenia machen, wenn ich wolle.

»Kenia ist so ungefähr die Entfernung, die er vorzugsweise zwischen sich und deiner Großmutter wahrt«, bemerkte meine Mutter, als ich ihr den Brief vorlas. Heute staune ich, wie ruhig sie über ein Phänomen sprach, das ihre Kindheit und die ihres Bruders ruiniert hatte, aber damals glaubte ich, alle Mütter sprächen so über alle Dinge.

»Was ist passiert? Warum sind sie so geworden?«

»Wer weiß? Das hat niemand je herausbekommen.« Meine Mutter hatte nur undeutliche Erinnerungen an die Ehe und Trennung ihrer Eltern. Sie erinnerte sich an die Überfahrt von Frankreich nach Amerika auf der USS *America* im Dezember 1948, daran, mit ihrem Vater im fast leeren Speisesaal gegessen zu haben, während ihre Mutter, damals mit meinem Onkel schwanger, an Übelkeit leidend in der Kabine lag, wo sämtliche nicht festgeschraubten Möbel hin und her rutschten, weil das Schiff auf dem stürmischen Atlantik stampfte und schaukelte. Aus jenen ersten Jahren auf Long Island erinnerte sie sich an einen Küchentisch mit roter Resopalplatte, ein Grapefruitmesser mit rotem Griff, das meine Großmutter mitnahm, wenn sie wegging, häufigen Streit und sonst nicht viel. Und dann, nach der Trennung, daran, dass die Haushälterin, die wir heute Kindermädchen nennen würden, Anna zu überreden versuchte, zu Armand zurückzukehren.

»Aber warum haben sie überhaupt geheiratet?«

Auch dafür hatte meine Mutter keine zufriedenstellende Erklärung. »Deine Großmutter war sehr klug und schön, und dein Großvater war sehr klug und gut aussehend. Sie haben sich in Straßburg kennengelernt, als Studenten. Ich stelle mir vor, dass es zwischen ihnen ziemlich gefunkt haben muss.«

Mir blieb nur, durch die alten Fotos zu blättern, die wir aus den gemeinsam verbrachten Jahren meiner Großeltern hatten, hübsche kleine Schwarzweißfenster, durch die eine Frau und ein Mann namens Anna und Armand aus der Vergangenheit blickten, schweigend, geheimnisvoll und verloren. Die Unterschriften unter den Bildern meiner Großmutter waren verlockend: »Anna mit einer Katze auf dem

Arm, deren Bein sie geschient hat.« »Mann links wollte Anna heiraten.« Oder, mein Lieblingssatz, geschrieben zu einem Schnappschuss von ihr, wie sie auf einer Narzissenwiese sitzt, die Blumen wie Wellenkronen in dem grünen Meer um sie herum: »Anna pflückte Sträuße für alle 185 Patienten des Sanatoriums.« Das war typisch Anna. Ihre Liebe für Schönheit war militant demokratisch. Die wenigen Fotos von meinem Großvater hatten keine Bildunterschriften oder sehr kryptische, ohne Nennung seines Namens. Dennoch erkannte ich seine römische Nase, die hohen Wangenknochen und das trockene Lächeln. Es gab eines von ihm an einem Schreibtisch, den Arm über die Stuhllehne geworfen, das weiße Hemd unter der Anzugjacke hervorblitzend, zugleich elegant und zurückhaltend. Ein anderes zeigte ihn auf einem Berggipfel, sonnengebräunt, entschlossen und sehr dünn. Klug, schön, Funken sprühend: Was mehr konnte sich ein junges Mädchen von der längst vergangenen Jugend seiner Großeltern wünschen?

Doch dann, etwa eine Woche später, kehrte meine Mutter mit einem Umschlag für mich vom Briefkasten zurück. Er enthielt eine einzelne fotokopierte Textseite mit einer Anmerkung meines Großvaters:

Ein Freund schickte mir dieses Gedicht, das mich an etwas in meinem eigenen Leben erinnert. Ich dachte, es gefällt dir vielleicht.

Es ist spät gestern Abend, als der Hund von dir sprach;
die Schnepfe sprach von dir in ihrem tiefen Sumpf.
Es bist du der einsame Vogel in den Wäldern,
und dass du ohne Gefährten sein mögest, bis du mich
findest.

Du gabst mir ein Versprechen, und du logst mich an,
dass du vor mir wärest, wo die Schafe in der Herde stehen,
ich stieß einen Pfiff und dreihundert Rufe nach dir aus,
und ich fand dort nichts als ein blökendes Lamm.

Meine Mutter verbot mir, mit dir zu sprechen heute
oder morgen oder am Sonntag.
Es war ein schlechter Zeitpunkt, den sie wählte,
es hieß die Tür schließen, nachdem das Haus ausgeraubt
worden war.

Mein Herz ist so schwarz wie die Schwärze der Schlehe
oder wie die schwarze Kohle, die auf der Esse des Schmieds
liegt,
oder wie die Sohle eines Schuhs, die in weißen Gängen
zurückbleibt.
Es warst du, der Dunkelheit über mein Leben breitete.

Du hast mir den Osten genommen, du hast mir den Westen
genommen,
du hast genommen, was vor mir liegt und was hinter mir,
du hast den Mond genommen, du hast mir die Sonne
genommen,
du hast mir Gott genommen, und meine Furcht ist groß.

»Tja, da hast du es«, sagte meine Mutter, als ich ihr das Gedicht zeigte. »Er kommt nicht. Er kann nicht kommen.«

So dramatisch das Gedicht auch klang, es wäre nicht ganz richtig zu sagen, ich sei über die Maßen erstaunt gewesen angesichts der Entdeckung der Ehe, Scheidung und anschließenden Funkstille meiner Großeltern. Erschrocken, ja, aber gleichzeitig war ich in einer Welt aufgewachsen, die sich um eine unausgesprochene Maxime drehte: Alles kann in die Brüche gehen.

Als Kind nahm ich nicht wahr, dass dieses Prinzip mein Leben bestimmte, wenngleich ich zu dem Zeitpunkt, als ich von meinen Großeltern erfuhr, allmählich schon seine Konturen spürte. Es hatte, das wusste ich, etwas damit zu tun, dass ich meine Schuhe neben der Tür aufbewahrte und andauernd über brauchbare Verstecke nachdachte. Dass wir immer Kerzen und Streichhölzer griffbereit hatten. Dass meine Mutter bei Erwähnung gewisser Dinge sofort das Radio abschaltete oder die Zeitung zuklappte. Und dass mein nicht jüdischer Vater von Zeit zu Zeit, wenn ich ihn und meine Stiefmutter besuchte, bemerkte: »Das wird sich alles auf dich übertragen, Miranda. Du wirst lernen müssen, es auszuhalten.«

Aber ich schweife ab, wenn ich diese Dinge erwähne, die ich nie in Verbindung mit meiner Großmutter brachte, damals nicht. Was ich sagen will, ist nur: In einer Welt, die sich um die Möglichkeit drehte, dass alles jeden Moment in die Brüche gehen konnte, war die Auflösung der Ehe meiner Großeltern weder überraschend noch aufsehenerregend.

Ganz bestimmt behandelte meine Großmutter ihre Beziehung – besser gesagt ihre nicht vorhandene Beziehung – zu meinem Großvater nicht, als wäre sie etwas Besonderes. Wenn sie sich überhaupt dazu herabließ, über ihn zu sprechen, dann nur sehr knapp, und schon wechselte sie wieder zu einem völlig anderen Thema, Fettleibigkeit bei Haustieren oder ihre Meinung zum amerikanischen Postwesen. Ich weiß noch, wie ich zum ersten Mal versuchte, sie darauf anzusprechen, im Sommer nach meinem dreizehnten Geburtstag. Wenn ich durch die Bat Mitzwa zu einer Frau geworden war, wurde es Zeit für mich, wahrsagen zu lernen. »Du solltest immer mindestens eine Fähigkeit besitzen, auf die du zurückgreifen kannst, das könnte dir das Leben retten. Meines hat es einmal gerettet.«

»Wie das denn?«

»Auf meiner letzten Fahrt nach Hause … ich saß in einem Zug voller Handlungsreisender. Sie beäugten mich, und ich holte meine Karten heraus. Damit habe ich sie die ganze Nacht abgelenkt.«

Ich war zu jung, um die Bedrohung wirklich zu begreifen, die sie andeutete, oder auch, inwiefern die Fähigkeit, die sie mir anbot, mich dagegen schützen konnte.

»Ich erinnere mich noch an ein anderes Mal«, fuhr Oma fort. »In meinem ersten Assistenzjahr folgte mir einer der anderen Ärzte uneingeladen auf mein Zimmer und kam immer näher und näher, also holte ich mein Kartenspiel hervor und schlug vor, sie für ihn zu legen. Natürlich nahm er an. Es war eine ziemlich seltsame Kartenkombination, ich weiß nicht mehr, was alles, über seine Familie, Streit um ein Erbe, einen Anwalt und was nicht noch alles. Er wurde immer stiller, und dann ging er einfach. Aber jetzt pass ganz, ganz gut auf, denn ich kann es dir nicht beibringen. Du musst es mir stehlen.«

Sie holte einen Stapel Minikarten mit rosarotem Jugendstilmuster auf dem Rücken hervor. Die Hälfte davon war wie neu, die goldenen Kanten glänzten noch. Die andere Hälfte, von der Sieben aufwärts, war abgenutzt und zerknickt. »Diese Karten gehörten früher deiner Mutter. Sie hat mal ein Unglück vorausgesagt und sich erschreckt und sie mir zurückgegeben. Wenn du es kannst, gebe ich dir das Spiel, das meine Freundin Cilli mir vor der letzten Fahrt nach Hause schenkte. Früher habe ich jeden Tag bei ihr gegessen. Sie war klug, eine der Besten in unserem Medizinjahrgang, aber dann hatte sie eine Affäre mit einem Arzt, einem rumänischen Aristokraten, und wurde schwanger. Er fuhr nach Hause, sagte, er wolle seine Familie darauf vorbereiten und sie dann nachholen, und sie hörte nie wieder von ihm. Außer, um ihr die *pension alimentaire* zu schicken. Du weißt schon, die Alimente, also den Unterhalt für das Kind. Es war ein netter kleiner Junge, der Sohn, aber sie war so deprimiert. Hat sich immer selbst die Karten gelegt, was Unglück bringt, weißt du. Schlimmes Unglück. Leg dir nie selbst die Karten.« Sie tippte mit dem Finger auf den Stapel und befahl: »Heb jetzt zweimal ab, mit der linken Hand, zum Herzen hin.«

Jeder in meiner Familie beklagte sich über den unablässigen Wortschwall meiner Großmutter – »Sie hört nicht schwer, sie hört schwer *zu*«, grummelte mein Vater einmal nach einer besonders ausführlichen Abhandlung –, und ich kam langsam in das Alter, in dem ich es peinlich fand, wie sie von Thema zu Thema sprang, ihr extrem schwankendes Taktgefühl, ihre Weigerung, das englische *W* richtig auszusprechen. Trotzdem hing ich an ihren Lippen, wenn sie im Zickzack von einer Erinnerung zur anderen sauste.

Stundenlang zählten wir die Karten zusammen ab, meine Großmutter deutete sie, und ich beobachtete, bis ich mir die unterschiedlichen Schritte eingeprägt und allmählich die vielen Bedeutungen der Bilder erfasst hatte. »Sehr gut«, sagte sie. »Aber du musst weiterüben. Damit du etwas hast, worauf du zurückgreifen kannst«, wiederholte sie. »Falls du Geld brauchst oder so – man weiß nie.«

Sie räumte die Karten vom Tisch und mischte. »Cilli, ich weiß nicht, was aus ihr geworden ist. Ich glaube, sie wurde eine *collabo*.« Ich wusste nicht, was der größere Schock war, dass die Geschichte so endete oder dass meine Großmutter dieses schreckliche Wort so beiläufig gebrauchte. Heute frage ich mich auch, warum mir der Begriff der Kollaboration – und seine Implikationen – in einem so jungen Alter schon geläufig waren.

Plötzlich fiel mir ein, dass meine Großmutter damals ja meinen Großvater schon gekannt haben könnte, also fragte ich: »Was ist mit Opa? Kannte er Cilli?«

»Er ist ihr begegnet, Cilli. Aber er mochte sie nicht. Vielleicht hat er mir sogar erzählt, dass sie eine *collabo* war.«

»Hast du ihm die Karten gelegt?«

Sie lachte. »Das wollte er nie. Er sagte, es sei Aberglaube, oder es machte ihn nervös oder was. Er hat mich nie gelassen.«

»Wart ihr da zusammen?«

»Zusammen … tja, weißt du, ich kannte seine Schwester Rosie und seine Mutter – kannst du dir vorstellen, dass Rosie sich bis zu ihrer Hochzeit nie selbst die Haare gewaschen hatte? Ich bitte dich. Das einzige Mädchen in der Familie. Dein Opa war das Baby. Weißt du, was er mir erzählt hat, als wir uns kennenlernten? Er sagte, er hasse seinen Vater. Kannst du dir das vorstellen, deinen Vater zu hassen? Ich konnte es nicht glauben. Seinen Vater zu hassen. Er wollte sich nicht mal von ihm verabschieden, als sie evakuiert wurden. Hat ihn nie wiedergesehen. Aber er war sehr klug. Das sagte jeder. Man hat mir beigebracht, Klugheit zu bewundern.«

Ich versuchte, die ganzen Informationen zu sortieren, die auf mich einprasselten, aber Oma war bereits in Samarkand oder vielleicht in Australien und betonte die große Bedeutung von »einfach mit den Leuten reden«, einer Fähigkeit, die sie meinem Großvater absprach. »Er konnte sich nie lockermachen. Aber ich, ich bin einfach in einen Bus gestiegen, und da war ich. Wie in Russland in den Sechzigern bei meinem Besuch der Nervenheilanstalten.« Das letzte Wort begleitete sie mit in die Luft gezeichneten Anführungszeichen und kicherte. »Junge, Junge, waren die darüber sauer.« Vergeblich versuchte ich, sie von dem Bus weg zu meinem Großvater zu lenken, doch sie war schon wieder zum nächsten Thema gehuscht. »Ich war sogar mal bei diesem – ach, wie heißt das noch – diesem schicken Hitler-Ferienhaus.«

Ich ließ von meinen Bemühungen ab und blinzelte. »Das Hitler-Ferienhaus?«

»Du weißt schon, wo er Urlaub gemacht hat. Berühmt! Riesiger Garten, Gemälde, Skulpturen … liegt an einem See … wie heißt es noch … Berghof? Berchtesgaden? Der Adlerhorst? Du weißt schon, was ich meine. Aha!« Der letzte Kommentar richtete sich an die Karten. »Siehst du, Reisen!« Sie deutete auf die Karo-Neun. »Und Familie.« Dabei tippte sie auf die Herz-Zehn.

Ich ignorierte die Herz-Zehn. »Warst du drin?«

»Ganz sicher nicht!« Sie sah mich ungläubig an. »Im Haus? Mit Wachen überall? Selbstverständlich war ich nicht drin. Aber ich habe mir ein kleines Ruderboot gemietet und bin hingerudert, um es mir anzusehen. Ich war ganz nah. Ich konnte sogar die Wachen erkennen. Such eine Karte aus«, warf sie ein, und ich gehorchte und stellte mir dabei meine Großmutter in einem kleinen Ruderboot vor, den Widerschein des Wassers auf der milchigen Haut und den Wind in den schwarzen Locken, den Blick fest auf die winzigen Silhouetten von Wachen gerichtet, die wie Zinnsoldaten an einem baumbestandenen Ufer auf und ab marschierten. Ich war mehr von ihrem Bild gefesselt als von dem konkreten Ort und rechnete schon damit, dass sie wieder den Kurs wechseln und mir eine andere Geschichte erzählen würde. »Ob ich drin war«, schnaubte sie jedoch. »Was glaubst du denn? Dass er mich reingebeten hätte?«

»Wer?«

»Hinterher habe ich in der Zeitung gelesen, dass er zu dem Zeitpunkt in dem Haus war.«

Wie üblich war schwer zu sagen, ob sie meine Frage ignorierte oder einfach nur auf Umwegen beantwortete. »Hitler?«, hakte ich nach. »Du meinst, das war, als er noch gelebt hat?«

Darauf gab sie mir nicht einmal eine Antwort auf Umwegen, sie sah mich nur an, als wollte sie sagen: *Entschuldige mal, warum sonst hätte ich extra zum schicken Hitler-Ferienhaus fahren sollen?*

Ich konnte nie einschätzen, ob diese Abschweifungen ein Spiegelbild ihres überaktiven Verstandes waren oder eine clevere Finte, um mich von Themen abzulenken, die sie vorzog, nicht zu erörtern.

Kapitel 3

Mir war nicht einmal annähernd bewusst, welch ein explosives Thema die Ehe meiner Großeltern darstellte, bis ich zum ersten Mal allein meinen Großvater besuchte, ein paar Monate nach meinem vierzehnten Geburtstag. Das mit der Safari hatte er vergessen, aber nicht mich, und so lud er mich in meinen Frühjahrsferien für zehn Tage zu sich ein.

Als Kind sah ich meinen Großvater nur selten. Im Sommer nach meiner Geburt ließ er mir zu Ehren eine Linde in unserem Garten pflanzen, eine Geste, die insofern typisch für ihn war, als sie nicht zur passenden Zeit kam, mehr Arbeit von anderen Menschen erforderte als von ihm selbst und als

Armand bei einem seiner seltenen Besuche in Asheville, im Juni 1982 (sorgsam so gelegt, dass er Anna nicht über den Weg lief)

poetisches Vehikel für eine schmerzliche Erinnerung diente, die er vor dem Empfänger der Geste geheim hielt. (In diesem Fall die Linden, die den Boulevard Tauler säumten, die Straße in Straßburg, in der er aufgewachsen war. Diese Bäume wurden zusammen mit seinem Heim während des Krieges zerstört.) Jahrelang assoziierte ich meinen Großvater hauptsächlich mit dieser Linde und sonst wenig: Ich posierte davor für ein jährliches Foto, damit er mein Wachstum und das des Baumes verfolgen konnte, und wir posierten davor gemeinsam bei seinen seltenen Besuchen aus Genf.

Selbst gemessen an meiner Familie war mein Großvater ein äußerst schwieriger Charakter. Er fand es völlig normal, einen sämtliche Kichererbsen für das Gericht, das man kochte, schälen zu lassen, nur weil er kürzlich gelesen hatte, dass Kichererbsenschalen die Verdauung störten. Oder einen zu bitten, die Knöpfe an der Bluse auszuwechseln, bevor man mit ihm das Haus verließ, weil sie seiner Ansicht nach zu bunt waren. Oder einen ewig lange mit Nichtachtung zu strafen, wenn man ihm schlechten Wein serviert hatte. Zu Familienmitgliedern, die er besonders ablehnte, legte er Ringbuchordner an.

Das letzte Mal war er 1990 in Asheville gewesen, als ich neun Jahre alt war. Damals hatte er seinen Aufenthalt abgebrochen, weil seiner Meinung nach das Gästezimmer nach etwas unbeschreiblich und unerträglich Giftigem stank. Auf Nachfrage hin verglich er den Geruch mit Mottenkugeln, mehr war nicht aus ihm herauszubekommen. Er erklärte, es sei unmöglich, dabei zu schlafen. Meine Mutter roch nichts, und das kränkte ihn noch mehr.

Das war der Mann, zu dem ich 1996 aufbrach, nachdem ich ihn in den Jahren nach seinem verkürzten Besuch nur ein einziges Mal gesehen hatte. Eine Freundin fragte mich einmal, warum meine Mutter mich allein zu ihm fahren ließ, da wir doch wussten, zu welcher Unfreundlichkeit er fähig war. Was soll ich sagen? Die Launen des Schicksals meiner Familie hatten dazu geführt, dass nicht viele von uns übrig waren. Er war der einzige Großvater, den ich hatte.

Seine Wohnung in Genf war wie ein winziges Museum, voller Bücher und Kuriositäten. Sie roch sauber nach Bergamotte, Rosmarin, Bleistift und Papier und nach Pfeifentabak. Durch die großen Fenster, im Esszimmer mit Blick auf den Jura, im Wohnzimmer auf die Alpen, den Genfer See und die Altstadt, war sie sehr hell. Als ich ankam, zeigte mein Großvater mir, wo ich schlafen sollte, nämlich auf einer Klappcouch im Wohnzimmer, das gleichzeitig auch als Arbeits- und Gästezimmer diente, und ging Tee kochen. Nach dem Teetrinken gab er mir einen Schwamm, passend zur Kücheneinrichtung blau, mit dem ich jegliche Wassertropfen, die ich versehentlich auf den Boden spritzte, wegzuwischen hatte. Im Badezimmer gab es noch einmal genau den gleichen. In einer Ecke des Esszimmers stand ein Mini-Staubsauger, auf den er mich hinwies, damit ich damit Krümel entfernen konnte, die ich eventuell beim Essen fallen ließ. Er zeigte mir, wie man den Teppichflor zurückstrich, wo man darauftreten durfte, damit er nicht abgewetzt wurde.

Ich begriff schnell, dass mein Großvater kein wahnhaft ordentlicher Mensch war. Er hatte nur ein ausgeprägtes Revierverhalten. Ich durfte keine Spuren hinterlassen.

Während dieser zehn Tage entwickelten wir ein beinahe unbefangenes Verhältnis zueinander, und vielleicht wurde ich allzu selbstsicher, weil ich mir einbildete, ich hätte den Bogen mit meinem Großvater und seinem Teppichflor heraus. Jedenfalls sagte ich eines Morgens beim Frühstück, als er über den Tisch nach meiner Hand griff und mich nach dem Amethystring fragte, den ich trug: »Vielleicht erkennst du ihn ja.« Er schüttelte den Kopf, und ich fügte hinzu: »Er gehörte meiner Großmutter.«

Bevor ein Gewitter losbricht und einen durchweicht, breitet sich meist eine gewisse düstere Stille in der Luft aus. In dieser Stille bemerkte ich, dass das Gesicht meines Großvaters weiß und angespannt aussah, und mir fiel auf, dass ich möglicherweise einen Fehler begangen hatte. »Deine *Großmutter?* Deine *Großmutter.* Darf ich fragen« – er konnte sich kaum überwinden, die Worte auszusprechen –, »darf ich fragen, ob du … ob du sie regelmäßig siehst?«

Ich nickte. Abrupt stieß er sich vom Tisch ab und schnappte sich das Frühstücksgeschirr. Er stellte es ins Spülbecken, drehte den Hahn auf und begann abzuwaschen. »Und was hältst du von ihr?«

»Na ja«, begann ich bemüht umsichtig. »Sie ist meine Großmutter, und ich …«

Mit einem Ruck stellte mein Großvater das Wasser ab, und der Satz erstarb in meinem Mund. Er drehte sich zu mir um. »Man muss dir das vermutlich verzeihen. Du kennst sie nicht so wie ich.«

Das stimmte auf jeden Fall, also schüttelte ich den Kopf.

»Weißt du, wie ich sie nenne?«

Erneut schüttelte ich den Kopf.

»Seraphina. Ironisch natürlich.« Er drehte den Hahn wieder auf und spülte weiter. Ich wusste nicht, was ich sagen sollte. »*Sie* hat *mich* verlassen, weißt du«, sagte er zornig.

»Ja, das hat sie …«, setzte ich an, weil mir einfiel, was meine Mutter mir vor Kurzem erzählt hatte. Meine Großmutter hatte die Kinder in letzter Minute nach Israel gebracht, statt zurück nach Europa zu ziehen, als die Versetzung meines Großvaters vom UN-Hauptquartier in New York nach Genf genehmigt wurde. Aber er schien mich gar nicht zu hören.

Es war nur noch eine kleine Teetasse zu spülen, aber er ließ das Wasser laufen, und es strömte aus dem Hahn und traf mit einem harten, metallischen Geräusch im Becken auf. »Natürlich, du denkst vielleicht, sie ist einfach nur eine nette alte Dame mit Rüschenschürze, die dir Kekse backt, aber du weißt nicht, was für ein Gift sie in sich birgt. Jahrelang hat sie versucht, mein Leben zu ruinieren. Furchtbare Frau.«

Ich rührte mich nicht. Ich hatte meine Großmutter noch nie Rüschen tragen sehen. Oder Kekse backen.

»Als ich sie das letzte Mal sah, war sie den ganzen weiten Weg zu den Vereinten Nationen gereist, um über die Personalabteilung Geld aus mir herauszuholen – um *meinen Ruf zu ruinieren*. Und ich lief ausgerechnet gerade dort vorbei, als sie aus dem Büro kam. Und weißt du, was sie getan hat?«

Noch einmal schüttelte ich den Kopf.

»*Weißt* du, was sie getan hat?«

Ich zuckte zusammen und schüttelte immer weiter den Kopf.

»Sie kam zu mir, sagte Hallo und *fragte mich, ob ich sie zum Bahnhof fahren könnte.*«

Immer noch platschte das Wasser wütend in das Metallbecken. So etwas passte genau zu meiner Großmutter, aber ich unterließ es, das zu sagen.

»Weißt du, wie das ist?« Er stellte die Teetasse so unsanft in den Geschirrständer, dass ich um ihr Wohlergehen fürchtete. Wieder verneinte ich wortlos.

»Das ist wie jemandem *vor die Tür* zu scheißen, zu klingeln und um *Klopapier* zu bitten.«

Er quetschte den Schaum aus dem Schwamm und schleuderte ihn erbost ins Becken. »Ich hätte sie nie, niemals heiraten dürfen.«

»Und warum hast du?« Ich bereute sofort, das gefragt zu haben, und wartete auf den Zorn, der auf mich herabprasseln würde.

Er drehte sich zu mir um, den laufenden Hahn hatte er vergessen, von den Händen tropfte Wasser auf den ganzen Fußboden. »Ich konnte nicht … und der Krieg … was sollte ich denn sonst tun?« Er wirkte hilflos, gebrochen, verloren. »Sie war schön.« Er klang verwirrt, beinahe träumerisch. »Sie hatte wunderschöne Haare. Wunderschöne pechschwarze Haare.«

Kapitel 4

Als ich so richtig in die Pubertät kam, wurde das enge Verhältnis, das meine Großmutter und ich bis dahin genossen hatten, deutlich weniger angenehm. Es existierte noch, aber wir hatten Mühe, uns hineinzufinden, und wenn wir es taten, entwickelte sich oft ein Streit daraus. Oma mochte ja einen großen Teil ihres Berufslebens mit der Behandlung von Jugendlichen zugebracht haben, aber außerhalb ihrer Praxis fehlte ihr für diese Lebensphase jegliche Geduld. In ihrem Verständnis waren Teenager nur eine weitere rätselhafte und unnütze amerikanische Erfindung, wie buntes Toilettenpapier oder Pfannkuchenteig-Fertigmix. »Typisch amerikanische Teenager. Keinen Respekt«, schimpfte sie, wenn ich einen Teller nicht vom Tisch abräumte oder Glitzer und nicht zusammenpassende Strümpfe zum Abendessen trug. »Geh dich umziehen. Sonst denkt noch jemand, du wärest eine ausgebrochene Geisteskranke. Schlampigkeit ist ein untrügliches Zeichen.«

Tatsächlich glaube ich, dass sie beschloss, mich zurück übers Meer zu schicken, um mein bedenkliches Abgleiten in den Kulturbereich ihres Gastlandes, den sie am wenigsten mochte, aufzuhalten oder zumindest zu mäßigen.

Als ich verkündete, dass ich mich in der Schule langweilte und etwas Neues ausprobieren wolle, rief meine Mutter meine Großmutter an und fragte sie um Rat.

Oma zögerte nicht. »Schick sie nach Genf.«

»Ist das nicht ein bisschen weit?«, wandte meine Mutter ein.

Das ließ Oma nicht gelten. Immerhin war sie mit sechzehn von Rumänien nach Frankreich gezogen, um Medizin zu studieren, sechsundfünfzig Stunden Zugfahrt von zu Hause entfernt.

»Es wird ihr guttun.« Ihre Stimme ließ keine Widerrede zu. »Dein Vater wird etwas Geld dazugeben.«

»Wie kommst du auf die Idee, dass Papa bei Mirandas Schulausbildung helfen würde? Es ist nicht so, als hätte er dich bei meiner je unterstützt.«

»Du wirst schon sehen. Er wird froh sein, seine Enkelin bei sich zu haben.«

Als wären die Jahrzehnte Minuten gewesen und sie könnte immer noch vorhersagen, was in seinem Kopf vorging.

Am Tag meiner Abreise begleitete Oma meine Eltern und mich zum Flughafen. Als ich auf dem Rücksitz saß und ihre Hand hielt, fühlte ich mich sentimental und sehr erwachsen und, auch wenn ich das nur äußerst ungern zugegeben hätte, etwas nervös. Der Anblick meiner glatten Hand in ihrer braun gefleckten bewegte mich dazu, ihr zu sagen, dass sie mir sehr viel bedeutete, dass ich ihre Kraft und Weisheit bewunderte, dass ich mir alle Flecken auf ihrer Haut eingeprägt hatte, dass ich sie vermissen würde. »*Mein Gott*«, sagte sie und zog mit einem kurzen ärgerlichen Schnauben ihre Hand weg. »Sag nicht solche Sachen. Das bringt Unglück.«

Je weniger über meine Zeit im Internat gesagt wird, desto besser. Sie war einsam und weitgehend uninteressant – Omas praktische Ausrede dafür, davon bin ich heute überzeugt, mich dorthin zu bringen, wo sie mich haben wollte. Jeden Freitag packte ich meine kleine Reisetasche und ging zu Fuß die fünf Kilometer vom Internat zur Wohnung meines Großvaters, wo ich an den Wochenenden eine zweite, wenn auch interessantere Form der Einsamkeit erlebte. Denn einem zwanghaft einzelgängerischen und übermäßig korrekten Einundachtzigjährigen kann man nur bis zu einem gewissen Grad nahekommen.

Er gab sich auf jeden Fall Mühe: Er füllte die Holzschalen auf seinem honigfarbenen Esszimmertisch mit meinem Lieblingsobst, suchte Rezepte, die wir zusammen ausprobieren konnten, las mir bei Lindenblütentee und Madeleines Proust vor und wählte Gedichte zum Auswendiglernen für mich aus, um mein Französisch zu perfektionieren. Aber sich an einen gemeinsamen Tagesablauf zu gewöhnen war nicht leicht. Andauernd machte ich Fehler. Einmal kleckerte ich Tinte auf seinen Morgenmantel und hatte einen ganzen Abend lang Angst, er würde mich bitten zu gehen und nie wieder mit mir sprechen. Er fand, dass ich den Stift falsch hielt, und erwähnte das so häufig, dass ich mir eine andere Fingerstellung beibrachte, damit ich bei ihm in der Wohnung Hausaufgaben und Briefe schreiben konnte, ohne ihn zu ärgern. Rasch lernte ich, dass es besser war, das Thema der Shakespeare-Urheberschaft zu meiden. Meine Haare band ich immer hoch, weil er sie offen nicht gern mochte. Aber am schlimmsten war der Tag, an dem ich von einem Spaziergang mit einer Handvoll vierblättrigem Klee zurückkam. Ich freute mich, dass meine Gabe, ihn zu finden, auf beiden Seiten des Atlantiks funktionierte, und dachte, es wäre nett, ihn das wissen zu lassen. Ich hatte ganz die Herkunft dieser Gabe vergessen, aber mein Großvater nicht.

Ich ging an seinen Schreibtisch, wo er für einen Freund

einen Artikel korrigierte, und streckte ihm die Kleeblätter entgegen, ein kleines Geschenk in meiner Handfläche.

Er warf einen Blick darauf und schreckte heftig zurück, stieß sich mit dem Stuhl so weit von mir weg wie nur möglich. Alle Farbe wich aus seinem Gesicht. Er wirkte so bleich und entsetzt, dass ich die Kleeblätter überprüfte, ob vielleicht ein gefährliches Insekt darin hauste.

»Hexen«, krächzte er. Seine Stimme klang erstickt und leise, sein Blick war misstrauisch, als könnte ich noch einen anderen furchtbaren Zaubertrick vorführen. »Ihr seid alle Hexen.«

Unterschiede zwischen meinen Großeltern festzustellen wurde in jenem Jahr zu einer Art Hobby. Kochen stach als Erstes hervor: Oma improvisierte ihre Gerichte mit allem, was sie finden konnte – altbackene Kekse, matschige Kiwis, ein halber Teelöffel alte Haferflocken. Opa dagegen glänzte mit aufwändigen Mahlzeiten, die präzise Koordinierung und schwierig zu beschaffende Zutaten erforderten. Oma konnte nicht ertragen, Essen wegzuwerfen, von Verschwendung bekam sie Albträume. Sie fischte sogar die Lorbeerblätter wieder aus ihren Eintöpfen, wusch und trocknete sie und legte sie zur nochmaligen Verwendung zurück ins Glas. Mein Großvater sortierte Dinge beinahe schon mit Genuss aus: ein Salatblatt mit einem winzigen Fleck, das grüne Mittlere einer Knoblauchzehe, das weiße Fleisch einer nicht ganz reifen Tomate – alles flog ohne jedes Bedauern in den Müll. Oma liebte knallige Farben, und Opa trug nur gedämpfte. Sie zog Blüten vor, er Blätter. Sie mochte Rilke, er Baudelaire. Sie sah fern, er hörte Radio. Im Gegensatz zu meiner Großmutter, die sich als letzte Verbindung zu einer verlorenen Welt an ihren österreichisch-ungarisch-rumänisch-französisch-jiddischen Akzent klammerte, war das Englisch meines Großvaters makellos, sorgsamer und reiner gesprochen als von jedem BBC-Moderator. Wo Oma meine Sätze vorausahnte, ehe ich sie auch nur aussprach, tat Opa, als verstünde er mich überhaupt nicht, wenn ich nicht alles so artikulierte wie er und jede Spur von Amerika aus meinen Worten tilgte.

Aber der größte Unterschied zwischen ihnen war der Krieg. Der Krieg meiner Großmutter schien beinahe freundlich, beinahe beneidenswert. Ich liebte ihre Geschichten über diese gefährliche Zeit und all die brenzligen Situationen, die sie überstanden hatte. Sie nannte den Krieg »die Universität meines Lebens« und empfand einen überschwänglichen, triumphierenden Stolz auf die vielen raffinierten Einfälle, mithilfe derer sie überlebt hatte. Oma glaubte, dass alles im Leben mit einer Lektion verknüpft war, und die Lektion, die in ihren Erlebnissen zu Kriegszeiten steckte, von dem Gendarmen, der sie von der Deportationsliste strich, bis zu der Frau, die sie für eine Nacht aufnahm, nur damit die Nazis ihr freies Zimmer nicht beschlagnahmten, lautete, dass jeder, dem sie damals begegnete, genauso wenig – oder viel, je nach Betrachtungsweise – Glück hatte wie sie. Meine Großmutter preschte bewaffnet mit einem Deckel durchs Leben, den sie über ihre Erinnerungen stülpte, wenn sie außer Kontrolle gerieten. Die Ordnung erhielt sie durch eine ganze Batterie von Axiomen und Aphorismen aufrecht. Wenn sie überlebt hatte, dann weil alles, was passierte, sein Gutes hatte – wie sie nicht müde wurde, mich zu erinnern. Oma glaubte fest an einen Gott, dessen Güte niemals zu begreifen sie akzeptiert hatte. Wenn alles sein Gutes hatte, wer gab ihr das Recht zu hinterfragen? Wer gab ihr das Recht zu scheitern?

Mein Großvater fand nicht, dass er Glück gehabt hatte.

Gott hatte ihn nicht gut behandelt, und zur Strafe war er Atheist geworden, eine Rache, die er täglich vom Heiligen einforderte, damit der Heilige bloß nicht vergaß. Mein Großvater verbrachte seine Tage damit, sich zu erinnern. Denn wenn es Gott nicht gab, musste es ja irgendjemand tun. Seine Wohnung war voll von Büchern und Artikeln über die Verfolgung der Juden im Zweiten Weltkrieg, und er besuchte regelmäßig Konferenzen und Filmvorführungen zu dem Thema. Der einzige jüdische Feiertag, den er beging, war der Holocaust-Gedenktag. Dann zwang er sich dazu, sich mindestens drei Stunden von Claude Lanzmanns *Shoah* anzusehen. Aber ganz ähnlich wie der Gott, an den er nicht glaubte, vollzog er sein Erinnern schweigend. Nie erzählte er, was mit seinen Eltern geschehen war, und ich wagte es nicht, danach zu fragen. Ein bisschen wusste ich von Andeutungen und Halbsätzen, die ich bei anderen Familienangehörigen aufgeschnappt hatte, aber ihn auf das Thema anzusprechen erschien mir so tollkühn, wie reines Natrium der Luft auszusetzen, so als könnte ich dadurch einen Schmerz auslösen, der stark genug war, uns taub und blind zu machen, eine weiß glühende Traurigkeit, die uns unheilbar lähmen und verbrennen würde.

Einmal die Woche allerdings, am Schabbat, riss ich ein einzelnes, gefährliches Streichholz an. Als ich das erste Mal fragte, ob ich Kerzen anzünden dürfe, hatte ich einfach Heimweh und mir die Tragweite meiner Bitte nicht weiter überlegt. In seinem perfekten, gemessenen Englisch erinnerte Opa mich sofort daran: »Du verstehst doch, hoffe ich, dass ich nicht mehr an Gott glaube, nach allem, was passiert ist. Im Krieg, meine ich.« Dann fügte er hinzu: »Wenn es dir Freude macht, bitte. Aber ich werde mich nicht beteiligen.«

Dennoch holte er zwei Kerzenständer aus seinem Zimmer. Er stellte sie mitten auf den Esstisch und kramte im Flurschrank, bis er eine Schachtel Kerzen gefunden hatte. Schließlich trat er zurück und sah mich etwas trotzig an. »Es gibt kein Challa«, stellte er fest.

»Ich nehme einfach normales Brot.« Ich holte etwas aus der Küche, legte es auf einen Teller und bedeckte es mit einer Papierserviette. Etwas verlegen standen wir da.

»Ich könnte eine Flasche Wein aufmachen«, schlug Opa vor. »Ich hole mal schnell eine aus dem Keller.«

Als er die Flasche entkorkte, faltete ich eine weitere Papierserviette auseinander und legte sie mir auf den Kopf. Draußen war es bereits dunkel, die blaue Nacht färbte sich grünlich von den Straßenlaternen und orange von den Scheinwerfern des Fußballstadions gegenüber. Ich rieb das Streichholz an der Schachtel, und es flammte auf, dann zündete ich die beiden Kerzen damit an, streckte die Hände über das Licht und hielt sie mir dann vor die Augen. Es wurde noch stiller in der Wohnung. Während ich den Segen sprach, fragte ich mich, ob Opa unauffällig das Zimmer verlassen hatte. Doch als ich die Hände herunternahm, sah ich im trüben Kerzenschein, dass er weinte, mit bebenden Schultern nur mühsam ein Schluchzen unterdrückte. Mit großen Augen, deren Blick ich kaum ertragen konnte, sah er mich an.

»Meine Mutter«, flüsterte er heiser.

In der nächsten Woche bat er mich, erst am Samstagmorgen zu kommen. Danach tauchte ich wieder freitagabends auf, und jedes Mal unterbrach er kurz unsere Essensvorbereitungen, um zu fragen: »Zündest du Kerzen an?«

Mit einem tief liegenden Instinkt für die Notwendigkeit, wenigstens einen schwachen Lichtstrahl durch die düstere Ebene seiner Vergangenheit zu schwenken, bejahte ich das stets. Es vergingen Wochen, in denen jeder Freitagabend genau gleich ablief: Ich hielt das Streichholz an den Kerzendocht, und er begann zu weinen, und ich weinte mit ihm, und hinterher aßen wir nahezu schweigend.

Dann eines Abends erschien er mit einer Kippa auf dem Kopf am Tisch. »Die hab ich gefunden«, verkündete er, als hätte er sie im Park vom Boden aufgehoben. »Ich dachte, ich hätte keine mehr.« Ab da trug er sie jeden Freitag. Ein paar Wochen später stand ein geflochtener Brotlaib auf dem Tisch. Im Frühling standen wir das Ritual schon ohne zu weinen durch und lächelten einander kurz an, sobald die Kerzen brannten.

Und eines Tages führte er mich in sein Schlafzimmer, um mir etwas Neues zu zeigen: einen Glasrahmen, den er über sein Bett gehängt hatte. Darin befanden sich die einzigen Fotos, die es noch aus seiner Kindheit gab, eines von ihm mit seinen Eltern und Geschwistern und ein Schnappschuss seiner Mutter als junge Frau.

»Siehst du«, sagte er, und obwohl ich wartete, kam nichts mehr. Er lächelte und berührte meine Wange, und wir verließen das Zimmer ohne ein weiteres Wort. Das war das Einzige, was ich je von ihm über seine Eltern erfuhr.

Trotz seines abweisenden Schweigens ermöglichte mir das Leben bei meinem Großvater endlich, Worte den Ängsten und Albträumen zuzuordnen, unter denen ich gelitten hatte, solange ich mich erinnern konnte. Seine umfassende Bibliothek lehrte mich vieles, unter anderem, dass ich einer Gemeinschaft angehörte, die dabei war, einen Genozid zu verarbeiten. Und wenn seine Bibliothek mich das Vokabular und die Geschichte lehrte, so lehrte er selbst mich, die Landschaft zu sehen, in der die Überlebenden der Vernichtung ihr Leben führten, dieses Minenfeld von Schuldgefühlen und Trauer. Hinweise auf die Menschen und die verlorene Welt gab es überall, sie warteten nur darauf, Großvaters wackelige Kontrolle über die Gegenwart zu erschüttern. So wie ich meine Krümel aufsaugte und meine Wassertröpfchen wegwischte, gab ich mir die größte Mühe, um seinet- und um meinetwillen, nicht in das Minenfeld zu treten. Ich ahnte ja nicht, dass er immer noch unter den Auswirkungen einer einzelnen Explosion litt, derjenigen, die ihn und meine Großmutter einst auseinandergesprengt hatte.

»Du darfst nach Hause kommen«, bot meine Mutter an, als ich ihr die Einzelheiten dieses Lebens am Telefon schilderte. »Vielleicht solltest du das lieber tun.«

Aber ich blieb. Ich wollte mir beweisen, dass ich es durchhalten konnte. Meine Großmutter schrieb mir immer wieder aufmunternde Briefe, wie viel ich doch lernte, wie sehr ich meinen Charakter festigte, und auch sie wollte ich nicht enttäuschen. Vor allem jedoch hatte ich das Gefühl, ich sei noch nicht fertig, es gebe noch etwas für mich zu entdecken, wenn ich auch nicht wusste, was.

Und hätte Präsident Chirac nicht in jenem Frühjahr die Nationalversammlung aufgelöst, hätte ich es vielleicht nie erfahren.

Im Mai 1997 rief mein Großvater im Internat an, um mir zu sagen, ich solle in dieser Woche nicht am Freitagabend in seine Wohnung kommen. Stattdessen werde er mich am Sonntagmorgen um Punkt sieben Uhr abholen, weil er bei der Parlamentswahl seine Stimme abgeben müsse. Weiter erklärte er nichts, versprach aber, mich zum Essen einzuladen, sollte die Linke eine Mehrheit erhalten.

Am vereinbarten Tag wartete ich in der Eingangshalle des Internats, bis sein Wagen den Chemin de Verey hinaufgerollt war, gewendet hatte und vor dem Tor anhielt. Er hegte eine starke Abneigung gegen meine Internatsleiterin und weigerte sich, auf dem Schulgelände zu parken, um ihr nicht zu begegnen. Ich stieg ins Auto, und wir fuhren schweigend Richtung Süden, über kleine Landstraßen, die sich gefährlich durch die Berge schlängelten, durch halb verlassene Dörfer, an stillgelegten Fabriken mit dunklen Löchern in den gesprungenen Scheiben vorbei, an Geranien und Spitzenvorhängen und schmuddeligen Cafés. Unterwegs wies mein Großvater mich auf Denkmäler zu Ehren der Résistance hin, traurige graue Steine, die auf der Böschung neben der Straße aufgestellt waren, wo Gruppen von Männern denunziert, entdeckt, erschossen worden waren. Ganze Dörfer, erzählte er mir, waren niedergemetzelt worden, weil sie ihre Widerstandskämpfer nicht auslieferten. Frauen und Kinder waren bei lebendigem Leib verbrannt worden, weil sie nicht reden wollten. Während ich zuhörte, dachte ich daran, wie oft meine Großmutter sich bei mir beklagt hatte, Amerikaner hätten keinen Sinn für Geschichte. Nun begriff ich, dass sie meinte, Amerikaner hätten keinen Sinn für *ihre* Geschichte, für *unsere* Geschichte. Hier war die Vergangenheit überall, ein gesamter Kontinent, auf dem Erinnerungen gesät waren. Zum ersten Mal überlegte ich, ob Oma mich zurückgeschickt hatte, damit ich lernen konnte, wie es war, in dieser zermürbenden Landschaft zu leben. Ich kurbelte das Fenster einen Spalt hinunter, weil ich keine Luft bekam. Der Wind unterbrach die Stille im Wagen, der unter der Last all der Geschichten zu ächzen schien. Ich fragte mich, wie das Leben wohl ohne eine solche Bürde wäre.

Dann kurbelte auch mein Großvater sein Fenster hinunter,

und wir wechselten von der Landstraße auf die Autobahn. Zehn Minuten lang fuhren wir wunderschön schnell, und plötzlich kam mir alles wieder leichter vor. Ohne vom Gas zu gehen, bis er schon weit in der Kurve war, und nach einer scharfen Bremsung an der Mautstelle verließ mein Großvater die Autobahn, und da waren wir im plötzlich heißeren, gelberen, grüneren Südfrankreich.

Im Laufe der Jahrhunderte ist viel über diese warme und wunderbare Region geschrieben worden, die dunklen Bäume auf den steinigen Berghängen, die rosa Blüten, die frech durch die flaschengrünen Finger des Oleanders spähen, die Dörfer aus honigfarbenen Steinen. Doch damals, mit fünfzehn, hatte ich noch keinen einzigen dieser Berichte gelesen und war völlig unvorbereitet auf all diese Schönheit.

Selbst als wir den Fluss überquerten und durch das graue Städtchen La Teil sausten, das aussah, als hätte es schon bes-

Luftaufnahme von Alba mit der Mairie (Rathaus) im Vordergrund und der Burg im Hintergrund. Um 1960

sere Zeiten erlebt, war ich wie berauscht. Die Straße wand sich nun eine Bergflanke hinauf, sodass man gewagt in den Hang gebaute Bauernhöfe und Gemüsebeete und Wäscheleinen sehen konnte, an denen in sonderbaren Winkeln Hosen und Bettzeug über dem Abgrund baumelten. Immer weiter hinauf, um eine weite Kurve herum, vorbei an Steinhäusern, einer verlassenen Tankstelle, einem riesigen alten Klotz von einer Fabrik, einem stillgelegten Bahnhof, einem leeren Hotel. Und dann Weinberge, einer neben dem anderen, die sich über die Hügel zogen. Links vor uns, hinter den Weinbergen, sah ich eine Burg, einen Vierpassbau wie aus einem Märchen, dessen eine Hälfte verfallen war. Das war Alba, aber das wusste ich noch nicht.

Mit dem Regiment der Weinberge, die an einem flachen Straßenabschnitt neben uns herzumarschieren schienen, bogen wir links ab, und dann sah ich wirklich das Dorf, auf seinem Hügelchen ausgebreitet wie eine schläfrige Motte mit trägen, pilzgrau gefleckten Terrakotta-Flügeln, gekrönt von dieser schwermütigen, fantastischen Burg.

Kurz nach zwölf Uhr erreichten wir eine breite Hauptstraße, parkten unter Platanen und traten hinaus in die Hitze des Mainachmittags. »Warte hier«, wies mich mein Großvater an und ging ins Rathaus, um zu wählen.

Ich saß bei offener Tür im Auto, streckte die Beine hinaus und beobachtete das Dorf. Selbst heute noch, wenn ich durch Alba spaziere, grüble ich manchmal, warum ich mich damals in den Ort verliebte. Es war nicht das erste gut erhaltene mittelalterliche Dorf, das ich sah, auch nicht das schönste. Die Steine in den Mauern waren dunkel und unansehnlich, geformt von der Zeit und dem Fluss und kreuz und quer aufeinandergeschichtet. Die kleine Kirche war karg und wenig ansprechend. Die Gebäude wiesen wenig bis gar keinen

Schmuck auf. Keine besondere Mühe war darauf verwendet worden, die Außenwelt für sich einzunehmen: keine Blumenkästen, keine Markisen, keine bunten Fensterläden. Es gab keine hübschen Läden, die Snacks oder Souvenirs verkauften, nur das für den täglichen Bedarf Notwendige, Apotheke, Lebensmittel, Tabakwaren, Bäckerei, Bar. Albas Reiz schien zutiefst privat, heimelig und hausgemacht, schön für sich selbst, nicht für Durchreisende.

Hier möchte ich zu Hause sein. Es war ein merkwürdiger, verwirrender Gedanke, aber ich konnte ihn nicht verscheuchen.

Als mein Großvater zurückkam, fuhren wir eine kurze Strecke bergab, vorbei an Maulbeer- und Feigenbäumen, und stellten das Auto auf dem Kiesparkplatz eines winzigen Dörfchens ab. Wir stiegen aus und gingen durch einen nied-

Das Haus in La Roche (rechts), um 1960

rigen Torbogen auf eine mittelalterliche Straße zu, die kühl und dämmrig war. Alles war aus anthrazitfarbenen Steinen gebaut, die Straße selbst und die Häuser, die sich an ihr entlangkauerten.

Mir gegenüber hatte ein über eine Mauer ragender Kirschbaum seine dunkelroten Früchte in einem klebrigen, schattigen Kreis abgeworfen. Es roch nach altem Staub und trockenem Gras.

»Sieh mal hoch«, sagte Opa.

Ich gehorchte und entdeckte einen gewaltigen Felsen, ein prähistorisches Geschöpf, mit Grasbüscheln betupft und gekrönt von einer Art Steinfestung. Hier und da wuchs schief und krumm ein Baum heraus. »Das ist La Roche«, erklärte er mir. »Früher stand mal eine Burg darauf.«

Links von uns führte die Straße in breiten Stufen zu einem bogenförmigen Tor in einer befestigten Steinmauer hinunter. Über diese Stufen liefen wir bis zu einer etwas nach hinten versetzten Holztür, die zu fast demselben Grau wie die Steine verwittert war. Das Schloss quietschte, und die Tür öffnete sich ächzend über einem unebenen Fußboden. Eine weiß gestrichene Wand verströmte kühle Stille. Wir traten ein. Graues Licht, langsam wie ein alter Mann, sickerte durch ein schmutziges, hohes Fenster. »Warte hier.« Opa nahm einen Schlüssel von einem Haken und verschwand. Kurz darauf tauchte ein Licht auf. Wir machten einen Schritt nach vorn in einen dick eingestaubten Raum.

Die um einen riesigen Kamin mit steinernem Sims angeordneten Möbel schliefen unter einer Spinnwebdecke wie eine königliche Entourage unter einem Zauber: links ein Tisch mit einem Sammelsurium von Stühlen drumherum, rechts ein Bett mit Metallschnörkeln an Kopf- und Fußende, ein grüner Korbstuhl und ein derber Hocker. Auf dem Sims stand eine merkwürdige Mischung von Gegenständen, eine Kaffeemühle, eine Sturmlaterne aus blassgrünem Glas und ein aus ein paar Stöckchen und einem Bierkarton gebasteltes Segelschiff. Ich stellte mich vor die schmutzige Fensterscheibe in der Tür auf der gegenüberliegenden Zimmerseite und sah eine von Unkraut überwucherte Terrasse, die von einer Steinmauer umschlossen wurde. Dahinter führte ein Pfad von dem Dörfchen weg zu einem flachen Fluss in ein paar Metern Entfernung. Eine Wolke zog vor die Sonne, während ich wie angewurzelt dastand und dem Wind zusah, der über die Erde und das Gras strich. Das war der Moment, als die Bombe, die meine Großmutter vor so vielen Jahren versteckt hatte, hochging. Ich hörte ein Summen in den Ohren. Ich spürte ein Kribbeln im Bauch. Die Druckwelle, die durch den rationalen Teil meines Gehirns raste, machte mich blind für die Tatsache, dass das Haus primitiv, staubig und kalt war, und schob mir ein ganz anderes Bild vor das geistige Auge: renoviert und gemütlich, ich beim Erbsenschälen auf der Terrasse. *Hier möchte ich leben*, dachte ich. *Hier muss ich leben.*

Ich hörte meinen Großvater rufen und folgte seiner Stimme in den Flur, wo er eine Tür aufzerrte. »Die *magnaneraie*«, sagte er. »Hier wurden früher Seidenraupen gezüchtet.« Er deutete auf eine einfache Steinnische, in der, wie er sagte, Feuer gemacht wurde, um die Seidenraupen warm zu halten. Es war ein sehr großer und luftiger Raum, die Decke zwei Stockwerke hoch, die Fenster von Wein überwachsen. In einer Ecke bemerkte ich einen in zwei unterschiedlichen Brauntönen emaillierten Ölofen. Daneben standen ein Bett mit einer klumpigen Matratze und auf der anderen Seite des Zimmers zwei weitere Betten und ein runder Tisch mit geschnitzten Beinen. Eine Holzkonstruktion, wie eine Empore, aber ohne Fußboden, hing über dem klumpigen Bett und dem Ofen, und an der Innenwand des Raumes entlang verlief ein schmaler Steg, der die Empore mit zwei Türen in der oberen Etage verband. Der einzige Weg nach oben war eine einfache, aus splitterigen Holzresten gebaute Leiter. Darauf zeigte Großvater. »Steig hoch.«

Ich fügte mich. Da ich mich nicht traute, die relative Sicherheit der Leiter zugunsten des wackeligen Stegs aufzugeben, lehnte ich mich so weit zur Seite, dass ich einen Blick auf einen Raum mit Lehmboden und schräger Holzdecke erhaschte. Durch die Tür dieses Raumes konnte ich ein schief eingebautes Stehklo entdecken, über dem ein Stück grüner Schlauch an einen Wasserhahn angeschlossen war.

»Siehst du?«, rief er zu mir hoch. »Das Haus ist mit allem Komfort ausgestattet. Ich habe sogar eine zweite Toilette installieren lassen, falls die erste mal besetzt sein sollte und jemand ein dringendes Bedürfnis hat.«

»Wie praktisch.« Ich versuchte mir ein Bedürfnis vorzustellen, das so dringend war, dass ich das Stehklo benutzen würde. Die Szenarien waren allesamt unerfreulich, also kletterte ich wieder hinunter, ohne noch etwas zu sagen.

Opa hatte das Zimmer bereits verlassen. Als ich ihn fand, stand er wieder am Eingang und schloss gerade eine weitere Tür auf, die sich rechts von der Haustür befand. Mit einem Ruck riss er sie auf, und ich zuckte zusammen, als das Holz über den Betonfußboden schabte. Wir betraten ein Gebäude, das gänzlich abgetrennt von dem Teil des Hauses schien, den wir gerade erforscht hatten. »Der Turm.« Dabei deutete er auf die hohe Decke. Links von uns nahm etwas Bunkerähnliches aus Beton ungefähr die halbe Grundfläche des Turms ein. Darum herum türmten sich Staub und Spinnweben. »Das hier ist der Weinkeller.« Großvater zeigte auf den Bunker, dessen Wände über einen Meter dick waren. Im Inneren beleuchtete eine nackte Glühbirne leere Weinregale und ein paar alt aussehende Flaschen. »Früher war hier Wein drin, aber der wurde gestohlen.«

»Von wem?«

»Von den Leuten hier. Die Nachbarn sind Diebe.«

Ich fühlte mich in dem Weinkeller, der mich ein bisschen an Blaubarts Kammer erinnerte, überhaupt nicht wohl, also trat ich zurück ins Licht hinaus. Opa verschloss die Tür hinter uns.

Er zeigte zu einer kleinen Öffnung in der Wand hinauf, in die etwas eingebaut war, das wie eine Art Mini-Sitzbank aussah. »Siehst du das?«

Ich nickte.

»Vor langer, langer Zeit saß hier eine Dame mit ihrer Handarbeit und hielt Ausschau nach ihrem Ritter, der auf Kreuzzug war.«

»Ehrlich?« Noch nie zuvor hatte ich meinen Großvater etwas so Fantasievolles äußern hören, und das verstärkte meine Liebe zu diesem Haus nur noch.

Wieder deutete er nach oben. »Siehst du das kleine Sims? Dorthin legte sie ihr Nähzeug, damit sie genug Licht hatte.« Diese erfundene Frau hätte ungefähr Elfengröße haben müssen, um in die Nische zu passen, aber die Autorität meines Großvaters war absolut und die Vorstellung hübsch, deshalb verzichtete ich auf einen Kommentar.

Wir blickten hinauf, und dann plötzlich war es genug. Opa schickte mich hinaus, während er den Strom abstellen ging. Ich stand im Türrahmen und sah die Straße auf und ab. Die Ranken bildeten grüne Vorhänge über den Stromleitungen, die jungen Bäume wuchsen aus verfallenen Steinmauern, graugrüne und gelbe Flechten und winzige Fettpflänzchen krochen über alles hinweg. Es herrschte eine warme, schwüle Stille.

In meiner Benommenheit versuchte ich, den eigenartigen Zauber zu begreifen, der mich umfangen hatte. Das Haus war einfach *da*: Menschen waren gekommen und gegangen, aber das Haus selbst hatte sich nicht bewegt oder verändert. Es besaß eine Präsenz, die ich mit den Händen greifen zu können glaubte. Seine Mauern empfand ich als geborgen, kühl und wunderschön, als könnte keine Erinnerung und kein trauriges Erlebnis sie jemals erschüttern. In meiner Vorstellung wäre dort zu wohnen wie in ein stilles, unterirdisches Universum einzutauchen, in dem die unbeständige, heiße, trockene, furchtbare Welt dort oben einem nichts anhaben konnte. Seine Steine betrachtete ich im Geiste als einfaches, starkes Außenskelett, in das ich meine weiche und verwirrende Existenz einbetten konnte.

Die Stimme meines Großvaters schreckte mich auf. Widerstrebend trat ich hinaus. Er drehte den Schlüssel zwei Mal im Schloss, und wir gingen.

»Was hältst du davon, mein Liebes?«

»Es ist schön.« Ich suchte nach den passenden Worten und fand sie nicht. Ich wagte nicht zu sagen, dass ich das Gefühl gehabt hatte, nach Hause zu kommen. »Es ist das wunderbarste Haus, das ich je gesehen habe«, sagte ich stattdessen.

»Es hätte schön sein können«, gab er zu. »Irgendwann erzähle ich dir davon. Und jetzt komm.«

Nur einen Monat später verließ ich Genf. Weil ich so froh war, dass das Jahr vorbei war, begriff ich erst am Tag meiner Abreise, dass mein Großvater außer mir fast keine Gesellschaft gehabt hatte. Er hasste Abschiede und brach normalerweise an dem Tag, an dem jemand wegfuhr, einen Streit vom Zaun, um sich von dem Schmerz abzulenken. Dieses Mal aber gab es nichts dergleichen. »*Il y aura un vide*«, sagte er, als wir zum Flughafen aufbrachen. *Es wird eine Leere geben*. Er umarmte mich, dann zog er den Kopf zurück und berührte meine Wange. Er hatte Tränen in den Augen. Ich stellte mir seinen tiefgrünen Teppichboden ohne Fußabdrücke vor, seine blanken Holzschalen ohne Obst darin. Das Ausmaß seines Alleinseins machte mir Angst. Als mein Flugzeug abhob, überlegte ich: Hatte meine Großmutter gewusst, dass es so sein würde? War die Einsamkeit, die ich hinterließ, eine Form von Rache? War ich geschickt worden, um ihm eine Lektion zu erteilen, um ihm zu zeigen, was Liebe bedeutete?

Kapitel 5

Als ich mit fünfzehneinhalb aus Genf nach Hause kam, wollte ich unbedingt die Strenge und Einsamkeit hinter mir lassen, die mein Leben dort bestimmt hatten, und einen echten Versuch starten, ein typischer Teenager zu sein, jene unnütze und überflüssige amerikanische Erfindung, die meine Großmutter so missbilligte. Ich verbannte das Haus in Alba und die Geheimnisse meiner Großeltern aus meinen Gedanken, kaufte mir eine Kunstpelzjacke und lila Schuhe mit hohen Absätzen und färbte mir die Haare blau. Ich machte den Führerschein und kleisterte mir meinen 86er Toyota Cressida mit Aufklebern voll. Ich fand neue Freunde, ging in der Stadt Kaffeetrinken und im Warren-Wilson-Teich nackt baden. Ich traf mich mit Jungs, las bis spät nachts laut schlechte Gedichte und probierte meinen ersten White Russian.

Doch die Vergangenheit lässt sich nicht so leicht begraben. Ich begann, unter Panikattacken und Depressionen zu leiden. Gerade noch schlenderte ich entspannt in meinen lila Schuhen herum, da reckten sich ohne Vorwarnung dürre Finger der Traurigkeit aus einem alten, dunklen Teil meines Bewusstseins empor und umklammerten mich mit erstickender Kraft. Wann immer der unsichtbare, hochsensible Auslöser für diese Panikattacken gedrückt wurde, raste ich mit Lichtgeschwindigkeit durch einen Kosmos der Verzweiflung, fühlte mich überrollt vom Schmerz und Kummer der gesamten Welt. Wenn ich dann wieder zu mir kam, hockte ich in der Badewanne oder war völlig zerkratzt oder fuhr auf der falschen Straßenseite.

Keiner meiner Verwandten kam auf den Gedanken, diese Vorfälle mit unserer Familiengeschichte in Verbindung zu bringen, zumindest nicht sofort. »Heiße Dusche«, riet meine Großmutter, als ich in der Hoffnung, sie würde mir ein Gegenmittel gegen mein Elend verschreiben, zu ihr ging. »Wenn meine Patienten solche Anfälle hatten, habe ich sie immer unter heißes Wasser gesteckt. Sehr heiß. Entspannt die Muskeln. Und danach ins Bett.«

Dann fing einer meiner Freunde an, für einen Mann zu arbeiten, der ein Medium und Geistheiler zu sein behauptete. Einen Abend lang demonstrierte er vor einer Gruppe von Freunden seine Fähigkeiten an mir. Ich weiß nicht mehr genau, was passierte, nur, dass es dunkel wurde und ich in meinen Abgrund der Verzweiflung hinabkreiselte. »Deine Vergangenheit ruft nach dir«, verkündete er hinterher, als wären wir beide an eine Art siderische Schalttafel angeschlossen. »Gab es in deiner Familie eine Tragödie? Irgendwas mit dem Holocaust bestimmt.« Er wirkte selbstgefällig und überhaupt nicht zerknirscht, dass ich gerade seinetwegen einen solchen Horror erlebt hatte. »Da solltest du mal nachforschen.«

»Das wird sich alles auf dich übertragen«, sagte mein Vater zu mir, als ich ihn in Knoxville besuchte und von meinen Panikattacken und meiner Begegnung mit dem Medium sprach, genau wie früher, wenn ich als Kind nach den Albträumen aufwachte oder eine meiner merkwürdigen Ängste zum Ausdruck brachte. »Jeder hat seine eigene Art, die Verbindung zur Welt der Toten herzustellen. Du bist das einzige Enkelkind. Du bist diejenige, die es aushalten muss.« Ich fragte mich, wie ein Pathologe, der den *Skeptical Inquirer* abonniert hatte, solche lässigen Aussagen über die Welt der Toten treffen konnte. Und ich fragte mich, wie ich etwas aushalten sollte, dessen Ausmaße ich nicht einmal erkennen konnte.

Am 23. Mai 1998, fast auf den Tag genau zwei Jahre, nachdem mein Großvater mir das Haus gezeigt hatte, klingelte das Telefon. Wir feierten gerade den Geburtstag meines Stiefvaters mit einem Sonntagsbrunch auf der Terrasse, aßen Gebäck vom Bauernmarkt und sahen den Holzbienen dabei zu, wie sie Löcher in die Dachsparren knabberten.

Meine Mutter war, wie sie mir später erzählte, überrascht und leicht nervös, als sie die Stimme ihres Vaters hörte, so wie wir immer überrascht und leicht nervös waren, wenn er anrief. Kurz überlegte sie, ob er vielleicht meinem Stiefvater gratulieren wollte, verwarf den Gedanken aber als unwahrscheinlich, und als sie den beiläufigen Tonfall vernahm, den er immer bei potenziell kontroversen Themen anschlug, wappnete sie sich. Er begann mit ein paar Nettigkeiten, dann kam er zur Sache. »Du erinnerst dich vielleicht, dass ich ein Haus in Südfrankreich besitze?«

Meine Mutter gab sich die größte Mühe, besonders höflich und sehr neutral zu klingen, während sie in ihrem Gedächtnis nach einem Haus kramte. »Nur vage.« Sie glaubte, es habe ein Gespräch darüber bei einem Besuch bei ihm 1979 gegeben.

Ich bezweifle, dass es Opa überhaupt kümmerte, aber er hörte sich ihre Antwort an. »Tja, ich selbst fahre ja nicht mehr hin, es ist zu arbeitsaufwändig. Aber ich lasse oft Leute mit bescheidenem Einkommen dort wohnen, die sich sonst keinen Urlaub leisten könnten.«

»Wie nett«, sagte meine Mutter. »Ich meine, wie nett für sie und wie nett von dir.«

»Ganz recht«, meinte mein Großvater. »Jedenfalls würde eine nette Holländerin, die ich kenne, es mir gern abkaufen, und ich denke daran, es zu verkaufen.«

Meine Mutter suchte nach einer Antwort, die mein Großvater nicht als irgendwie kränkend empfinden konnte, und entschied sich für »Aha«.

»Ja, also …« Mein Großvater machte eine Pause. Zweifel und Bedauern machten sich in meiner Mutter breit: Hätte sie mehr Begeisterung an den Tag legen müssen? Oder weniger? War *aha* zu zwanglos? Nicht artikuliert genug? Während sie noch grübelte, ob es klug war, ihre Reaktion zu verfeinern, fuhr mein Großvater fort. »Wie sich herausgestellt hat, steht der Name deiner *Mutter* in der Verkaufsurkunde, und ich brauche eine Vollmacht von ihr.« Aus seiner Stimme wich jegliche vorgetäuschte Freundlichkeit, als er das Wort *Mutter* aussprach. Bitter und beißend rutschte es ihm aus dem Mund und blieb in der Luft hängen, während meine Mutter den Atem anhielt. »Deshalb hatte ich überlegt, ob du sie vielleicht anrufen und ihr erklären könntest, dass ich ihre Unterschrift brauche. Ich kann mir nicht vorstellen, warum – nein, nicht mal *sie* könnte da Ärger machen. *Ich* habe mich die ganzen Jahre darum gekümmert. Die Rechnungen, die Steuern. Grässliche Kosten.«

»Ja, okay, ja, selbstverständlich«, sagte meine Mutter völlig verdutzt und fragte sich, was meine Großmutter mit einer Immobilie in Frankreich zu tun haben könnte – und erst recht, wie der redseligste Mensch, den wir alle kannten, das noch nie erwähnt haben konnte.

»Sehr gut. Ich lasse meinen *notaire* die entsprechenden Unterlagen schicken. *Je t'embrasse.*« Er legte auf.

Als meine Mutter zum Tisch zurückkehrte und uns von dem Telefonat berichtete, musste ich wieder an jenen Sonntag mit meinem Großvater denken, und ich erinnerte mich an meinen tiefen Wunsch, in La Roche zu leben.

»Das Haus kenne ich«, sagte ich zu meinen Eltern. »Dorthin ist er mit mir zum Wählen gefahren.« Ich bemühte mich, es ihnen zu beschreiben, und verspürte eine leichte Panik, als ich ihnen von meinem Tag dort erzählte. Was, wenn La Roche wirklich mein Zuhause war, und was, wenn ich es nie wiedersähe?

Später setzte meine Mutter sich in ihren blauen Samtsessel und rief meine Großmutter an. »Oh ja«, sagte Oma. »Ich erinnere mich, das Haus gekauft zu haben.«

»Ehrlich? Warum hat mir davon nie jemand was erzählt? Er sagt, es gehört ihm.«

»Das ist wieder mal typisch für ihn.« Meine Großmutter seufzte.

»Tja, jetzt will er es verkaufen. Er sagt, er braucht eine Vollmacht von dir.« Ich saß zu Füßen meiner Mutter, lehnte mich an den Sessel und versuchte, der gedämpften Stimme meiner Großmutter aus dem Hörer zu lauschen, versuchte mir vorzustellen, wie sie auf diese Mitteilung reagierte. Würde sie Ja sagen, und das Haus wäre damit für immer verloren?

»Warum sollte ich das tun?«, fragte Oma.

»Na ja, weiß ich nicht«, erwiderte meine Mutter. »Sag du es mir! Wie um alles in der Welt bist du an ein Haus in Südfrankreich geraten?«

Meine Großmutter stieß einen ihrer temperamentvollen Laute aus, mit denen sie den Eindruck vermittelte, sie nähme ein Thema wieder auf, das sie vor wenigen Sekunden in einer anderen Dimension unterbrochen hatte. »Ich hatte einen Artikel von einem Künstler in der *Combat* oder in *L'Humanité* –

einer dieser linken Zeitungen – gelesen, über ein altes, halb verfallenes Dorf mit schönen Häusern, die man kaufen und renovieren konnte. Du weißt schon, ein künstlerisches, intellektuelles Utopia schaffen, ein neues Leben nach dem Krieg. Und ich liebe Geschichte.«

Wann sollte das gewesen sein? Meine Mutter suchte nach einer Frage, die diese Erklärung mit einem Fixpunkt im Raum-Zeit-Kontinuum verknüpfen konnte, aber Oma war nicht der Typ, der wartete, bis man sie gedanklich eingeholt hatte. »Also bin ich hingefahren, auf dem Rückweg von Marseille, wo ich meine Eltern zum Schiff nach Israel gebracht hatte, du weißt schon.« Meine Mutter wusste zwar nicht, aber meine Großmutter hatte bereits eine andere gedankliche Richtung eingeschlagen. »Dein Vater hatte von den Prozessen ein bisschen Geld gespart, und zum Glück war ich da, um etwas Vernünftiges damit anzustellen, sonst … *mein* Gott. Weißt du, was er sich von seinem ersten Gehalt gekauft hat? Eine Seidenkrawatte. Obwohl wir ein Kleinkind zu Hause hatten. Echte Seide. Gelb. Kannst du dir das vorstellen?«

Nicht umsonst hatte meine Mutter ihre Doktorarbeit über das Thema Unzurechnungsfähigkeit geschrieben. Sie hakte nach. »Wann war das denn?«

»November.«

»November was?«

»November. Dein Vater war schon nach New York gefahren. Im Dezember kam er zurück, um uns beim Umzug nach Amerika zu helfen, wurde aber richtig krank. Er hat mich einen Arzt rufen lassen. Stell dir vor! Ich als Ärztin, und er lässt mich einen anderen rufen. Er hat behauptet, ich würde ihn vergiften wollen.«

Die Geschichte, dass mein Großvater Grippe bekam und meine Großmutter beschuldigte, sie vergiftet zu haben, kannte in unserer Familie jeder, also stürzte sich meine Mutter darauf. »Das muss dann also 1948 gewesen sein?«

Meine Großmutter ignorierte sie auf eine Art, die meine Mutter als Zustimmung auffasste. Schließlich war sie schon seit Kindesbeinen daran gewöhnt, ihre Ausdrucksweise zu interpretieren. »Ich war mit deinem Bruder schwanger, und mir ging es so schlecht. Die Dame in der Pension, in der ich wohnte, war sehr nett – sie sah mir an, dass ich schwanger war, sagte aber nichts, musterte mich nur von oben bis und unten und gab mir eine *bouillotte*« (das Wort *Wärmflasche* schaffte es nie in Omas Wortschatz). »Und natürlich konnte ich an dem Tag nur deshalb unterschreiben, weil sich herausstellte, dass der *notaire* der Cousin eines Freundes von mir aus Hauteville war. Ich musste warten, bis er aus der Kirche kam. Dann bin ich zurück nach Montélimar zum Zug. Man muss nur mit den Leuten *reden*, weißt du?«

»Da hast du mir den Nougat mitgebracht!«, rief meine Mutter und gestattete sich ausnahmsweise, auf einen von Omas Exkursen einzugehen. Doch sie fing sich gleich wieder. »Also, wirst du unterschreiben?«

»Warum sollte ich das tun?«, fragte Oma erneut. »Ich bin diejenige, die es gekauft hat.«

»Warst du denn noch mal dort? Hast du je daran gedacht?«

Die draufgängerische Rede meiner Großmutter versiegte einen flüchtigen Moment lang. »Was meinst du?«

»Ehrlich? Ich finde, du solltest tun, was immer du willst.«

»Ich denke darüber nach«, schloss Großmutter. »Bis dann.« Wie immer legte sie sofort auf, in dem Moment, in dem das Gespräch ihrer Meinung nach vorbei war. Dann rief sie meine Mutter zurück.

»Nein«, sagte sie.

Nach einigen weiteren Telefonaten mit meiner Oma nahm meine Mutter ihren ganzen Mut zusammen und rief meinen Großvater an.

»Natürlich«, schäumte er. »Die Frau versucht schon von Anfang an, mir das Leben zu ruinieren. Hinter dem Geld her, wage ich zu behaupten.«

»Nein. Sie sagt, sie denkt darüber nach, wenn du ihr eine Kopie des Kaufvertrages und ein Gutachten über den Wert des Hauses schickst.« Bevor meine Mutter den nächsten Satz aussprach, holte sie tief Luft, weil sie wusste, dass er meinen Großvater wütend machen würde. »Sie sagt, es ist auch ihr Haus, und wenn es verkauft wird, findet sie, sollte der Erlös zu gleichen Teilen an die Kinder gehen.« Das war als Seitenhieb meiner Großmutter gegen meinen Großvater gedacht, ein letzter Versuch, einen Mann unter Druck zu setzen, der sich geweigert hatte, Unterhalt für seine Kinder zu zahlen, und meine Mutter und meinen Onkel enterbt hatte. Aber mein Großvater war zu aufgebracht, um es zu bemerken.

»*Ihr* Haus?«

»Das hat sie gesagt.«

»Sehr gut. Ich sehe, sie hat immer noch keine Hemmungen zu *lügen*.«

»Hast du die Verkaufsurkunde?«

»Natürlich.«

»Tja, wenn du sie ihr zeigen würdest, um zu beweisen, dass du der Eigentümer bist, würde das vielleicht das ganze Problem lösen.«

Manche Menschen schaffen es, genau so zu schreiben, wie sie sprechen, aber mein Großvater ist der Einzige, den ich kenne, der es schafft, genau so zu sprechen, wie er schreibt. »Ich habe mich doch nicht jahrzehntelang um eine Scheidung von dieser Frau bemüht, um *beweisen* zu müssen, dass etwas mir gehört. Wenn sie mir gern irgendwelche der *Myriaden* von Kosten erstatten möchte, die ich aufgewendet habe – Steuern, das Dach, die Wände, die Fenster, Strom, fließend Wasser, mit Schaudern denke ich daran, wie viel Geld ich in dieses Haus gesteckt habe, hinausgeworfenes Geld –, sollte sie sich also dazu durchringen, *irgendetwas* beizutragen, würde ich sie unter Umständen in gewisser Weise als Eigentümerin des Hauses betrachten.

Ganz zu schweigen selbstverständlich davon«, ergänzte er noch, »dass es meine Idee war, es zu kaufen. Ich habe in der *Combat* davon gelesen.«

»Das ist ja interessant«, setzte meine Mutter an. *Sie sagt, dass sie diejenige war, die davon gelesen hat.* Aber sie überlegte es sich anders und machte den Mund wieder zu.

»Was ist interessant? Dass sie etwas zu *stehlen* versucht, das mit meinem Geld gekauft wurde? Es war mein Geld, weißt du. Sie mag ja hingefahren sein, aber es war mein Geld. Kannst du nicht etwas unternehmen, Angèle? Die Frau ist unmöglich, da stimmst du mir doch wohl zu?«

Meine Mutter schwieg. Schließlich meinte sie: »Gut, ich rufe sie noch mal an.«

»Ich wusste, dass du ein Einsehen haben würdest«, lobte mein Großvater.

Mit einer Art entsetzter Faszination beobachtete ich, wie meine Mutter zwischen ihren Eltern hin und her wechselte, eine Vereinbarung zu vermitteln versuchte. Ich erinnerte mich an das ehrfurchtsvolle, beinahe schwärmerische Gefühl, das mich bei meiner Ankunft in Alba erfasst hatte, erinnerte mich an die Burg und das Rathaus und La Roche mit seinem seltsamen vulkanischen Auswuchs, erinnerte mich an meine Tagträume davon, in dieser alten Küche zu kochen, auf der Terrasse Erbsen zu schälen und dabei den Fluss und die Bäume zu betrachten, die ramponierten Fensterläden und diese quietschende Tür zu streichen. Vor allem erinnerte ich mich, wie wunderschön es gewesen war. Ich hatte gestaunt, dass das Haus tatsächlich – wenn auch nur zum Teil – meiner Großmutter gehörte, und furchtbare Angst bekommen, dass sie es vielleicht nicht halten würde. Den Gedanken, dass ein so schöner Ort aus meinem Leben verschwinden sollte, konnte ich nicht ertragen.

In jenem Sommer besuchte ich meinen Großvater, und so vorsichtig ich nur konnte, sprach ich ihn auf das Haus an und erkundigte mich zaghaft, warum er es verkaufen wolle.

»Ich war schon so lange nicht mehr richtig dort«, seufzte er. »Seit geraumer Zeit bereitet es mir nichts als Sorgen und Verdruss. Es wird eine Erleichterung sein, es zu verkaufen.« Er begann, seine Pfeife zu putzen. »Das heißt, wenn *diese Frau* jemals beschließen sollte, keinen Ärger mehr deswegen zu machen.« Er hielt die Pfeife über den Kristallaschenbecher auf dem Esstisch und klopfte sachte dagegen, bis die verbrannten Reste des gestrigen Tabaks darin ein schwarzes Häufchen bildeten. »Ich würde es ja dir geben«, fügte er hinzu, »aber ich fürchte, es wäre mehr eine Belastung als ein Geschenk.«

Ich zögerte. Ich wusste nicht, wie ich beschreiben sollte, was ich alles in den wenigen Stunden in La Roche empfunden hatte. Vielleicht hatte ich Angst, ihm zu erzählen, dass ich mich in das Haus verliebt hatte. Am Ende würde es ihn schrecklich wütend machen, wenn ich ihn darum bat. Mit Sicherheit hatte er Menschen schon wegen geringerer Vergehen aus seinem Leben verbannt.

»*Diese Frau*«, grummelte er wieder.

Ich versuchte, ihn zu beschwichtigen. »Aber ich dachte, sie hätten gesagt, wenn du die Verkaufsurkunde faxt…«

»Es ist lieb von dir, dass du dir Gedanken machst.« Sein unheimlicher, zuckersüßer Tonfall verhieß nichts Gutes. »Ich weiß, du hältst sie wahrscheinlich für eine nette alte Dame mit weißem Haar, die Kekse backt.« *Wieder das mit den Keksen*, dachte ich. Glaubte er, sie backe Kekse, weil sie sich entschlossen hatte, in Amerika zu leben?

»Seraphina – ich nenne sie Seraphina, also ironisch, weißt du.«

»Ja, ich weiß.« Solange ich mich erinnern konnte, war Seraphina der Beiname gewesen, den mein Großvater in Situationen verwendete, in denen es ihm ansonsten unmöglich gewesen wäre, den eigentlichen Namen meiner Großmutter zu vermeiden. Einmal hatte ich Seraphina in einem der dicken Wörterbücher nachgeschlagen, die er neben seinem Schreibtisch aufbewahrte. »Ein seraphischer Mensch, ein Engel.« Ich fragte mich, ob dieser Spitzname früher einmal ernst und liebevoll gemeint gewesen war. Unter *seraphisch* stand im Wörterbuch: »… eines Seraphen würdig; verzückt bewundernd«. Ich stellte mir Anna und Armand vor, die einander verzückt bewunderten. »Die mutmaßliche Ableitung von der hebräischen Wurzel *saraf*, brennen, führte zu der Ansicht, dass die Seraphim sich durch inbrünstige Liebe auszeichnen.« Die unheilschwangere Stille in der Küche erinnerte mich daran, dass die derzeitige Inbrunst meines Großvaters alles andere als liebend war.

»Jahrelang hat sie versucht, mir das Leben zu ruinieren.« Seine wütende Stimme erschütterte die Ruhe.

»Aber sie…«

Er beachtete mich gar nicht. »Weißt du, was sie tut?«

Ich schüttelte den Kopf, nein.

»Das gehört alles zu ihrem Plan. Sie wartet auf meine Pension.« Er machte eine Pause, um den Satz wirken zu lassen. »Und jetzt will sie auch noch das Haus.«

Ich hatte mir alle Mühe gegeben, neutral zu bleiben, aber das kam mir so albern vor, dass ich mich zum Einspruch genötigt fühlte. »Aber Opa.« Ich lachte bei dem Gedanken an meine unabhängige Großmutter, die sich in keiner Angelegenheit auf jemand anderen verließ, schon gar nicht in finanziellen Dingen. »Sie wartet nicht auf deine Pension. Sie hat ihre eigene Rente. Außerdem, hat sie deinem *notaire* nicht mitgeteilt, sie würde dem Verkauf zustimmen, wenn das Geld an die Kinder ginge?«

Er schob das Kinn vor. »*Das Geld?*«

Oh nein, dachte ich. *Was habe ich jetzt wieder angestellt?*

»Glaubt sie, darum geht es mir? *Das Geld ist mir völlig egal!*« Sein Gesicht bebte vor Empörung.

Wir schwiegen. Sein Gesicht hatte wieder diesen ausgelaugten, zerstörten Ausdruck. Ein Jahr lang seine Teppiche abzuwetzen und Krümel unter seinen Tisch fallen zu lassen hatte mir nicht die Angst davor genommen, seinen Zorn auf mich zu ziehen. Ich wartete. Schließlich sprach er wieder. In seiner Stimme schwang keine Wut mehr, und er sagte jedes Wort mit einem eigenartigen, gleichmäßigen Tonfall.

»Weißt du, sie ist der Grund, warum ich nicht mehr zu euch nach Hause kommen kann.«

»Wie bitte?«

»Ich konnte sie riechen. Ich konnte sie in dem Bett riechen. Mit ihr dort zu schlafen konnte ich nicht ertragen.«

Ich wusste nicht, wie ich ihm sagen sollte, dass meine Großmutter nicht ein einziges Mal im Gästezimmer meiner Mutter geschlafen hatte.

Als ich zurück nach Asheville kam, holte ich die alten Fotos meiner Mutter hervor und blätterte sie wieder durch, meine Großtanten und Großonkel und meine schönen jungen Großeltern. Es gab in dem ganzen Album nur zwei Bilder von Armand und Anna zusammen. Auf beiden standen sie auf einem schmalen Balkon. Auf dem ersten Foto befand sich mein Großvater hinter meiner Großmutter, und seine Hand lag auf ihrer Schulter. Ihre schwarzen Haare waren zu einem ordentlichen Knoten frisiert, und sie trug eine Bluse und einen dunklen Rock. Lächelnd blickte sie geradewegs in die Kamera. Er, in Hemd und Krawatte, sah ernst in den Himmel. Ich war ziemlich befremdet von diesem Foto, nicht, weil sie darauf zusammen abgebildet waren, sondern eher, weil ich meine Großeltern noch nie so normal wirkend gesehen hatte.

Auf dem zweiten Bild schienen meine Großeltern von einem starken Windstoß auseinandergeweht worden zu sein. Sie lehnten sich so weit wie auf dem engen Raum möglich voneinander weg, er an die Mauer, sie ans Geländer. Die Haare meines Großvaters, gerade noch ganz ordentlich, standen jetzt vom Kopf ab, und auch bei meiner Großmutter waren einige Strähnen aus dem Dutt entkommen und flatterten in wilden Locken umher. Beider Lächeln war nun schmal und verkniffen. Ich sah von einem Bild zum anderen: manierlich und beherrscht auf dem ersten, unordentlich und auseinandergeweht auf dem zweiten. Oder war es unordentlich und auseinandergeweht auf dem ersten und manierlich und beherrscht auf dem zweiten?

Ein loses Foto fiel mir auf den Schoß. Es zeigte meine Großmutter auf einem anderen Balkon an ein Eisengeländer gelehnt, den Kopf zur Schulter geneigt. Eine einzelne Locke hatte sich aus ihrem Knoten gelöst. Ihr dunkles Kleid mit

Anna und Armand in Genf, 1944

dem Spitzenkragen schlotterte um ihren noch vom Hungern dünnen Körper, sodass sie aussah wie ein Kind, das sich verkleidet hatte. Ihre Augen wirkten schrecklich müde, aber der Ausdruck darin schwankte zwischen schüchtern mädchenhaft und extrem leidenschaftlich, so intim, dass es mich etwas verlegen machte, das Foto zu betrachten. In der unteren linken Ecke war ein Abdruck, der Finger des Fotografen – meines Großvaters, nahm ich an. Als könnte er nicht ertragen, vollständig hinter der Kamera zu bleiben, getrennt von ihr. Quer über der Rückseite des Fotos stand in der steilen Schrift meiner Großmutter: »Genf 1944. Cour de Rive, wo Angèle gezeugt wurde.« Angèle ist meine Mutter.

Anfangs konnte niemand verstehen, warum mein Großvater die Urkunde nicht schicken wollte. Meine Großmutter machte das wahnsinnig wütend. Nun war sie diejenige, die meine Mutter anrief: »Unternimm was, Angèle.« Meine Mutter konsultierte einen Freund der Familie, der eine Anwaltskanzlei in der Stadt hatte. Er empfahl ihr einen Anwalt in Atlanta, der auf Familienbesitz spezialisiert war. Der Anwalt in Atlanta empfahl ihr einen Anwalt in Paris, der auf internationale Immobilienstreitigkeiten spezialisiert war. Begriffe wie Vollmacht, Kaufvertrag, Miteigentum, Alleineigentümer, Errungenschaftsbesitz, Ehevertrag schwirrten durch die Familie, ein Meer an Gesetzen und Klauseln und Bedingungen. Eheerlaubnis, Scheidungsunterlagen, Besitzurkunden – alles geheim, weggeschlossen, versteckt, verloren. Endlose Telefonate wurden geführt, Meinungen loderten auf und erloschen wieder, diverse Rechtsberater huschten durchs Bild, und ihre Ratschläge wurden ignoriert, ihre Ideen abgetan, ihre Briefe nicht beantwortet, ihre Bitten nicht beherzigt.

Die Zeit verstrich. Und die Frage stellte sich, warum hielten die beiden daran fest?

Kapitel 6

Meine Großeltern waren solche Meister darin, einander aus der Ferne zu blockieren, dass jede Möglichkeit, das Haus in La Roche tatsächlich zu verkaufen, sich schnell in Luft auflöste und in den Tiefen ihres unergründlichen Schweigens verlor. Das Leben ging weiter. Niemand war überrascht, dass mein Großvater nicht zu meiner Schulabschlussfeier erschien.

Ich ging aufs College, was eine Offenbarung war: Mir war nicht langweilig, und ich fühlte mich nicht wie eine Außenseiterin, obwohl ich wahrscheinlich der einzige Mensch auf dem Campus war, der einen seidenen usbekischen Teewärmer und eine Federboa statt Mütze und Schal trug. Martha Beck, Soziologin, Life Coach und Bestsellerautorin, beschreibt ihre Erfahrungen in Harvard als »berauschend, aufregend, sogar mitreißend, aber ... durchsetzt mit großen Dosen von Angst und Traurigkeit ... wie mit einer hochintelligenten, belesenen, geistreichen Berühmtheit zu Mittag zu essen, die sich gern in unberechenbaren Abständen über den Tisch beugte und mir auf den Mund schlug – und zwar fest«. Und da das eine hervorragende Beschreibung vom Leben mit den meisten Mitgliedern meiner Familie ist, blühte ich dort auf. Ich liebte das Studium. Zum ersten Mal hatte ich das Gefühl, aus dem Schatten meiner schrulligen, allzu interessanten Verwandten herausgetreten zu sein und mich zu einem eigenen Menschen entwickeln zu können.

Das Haus in La Roche rückte in dem Tumult und der Aufregung meines neuen Lebens in den Hintergrund, aber es lauerte weiterhin in meinem Kopf. Eines klaren Wintertags stand ich mit meiner Freundin Helen vor der Hilles Library und unterhielt mich mit ihr über unseren Blaustrumpf-Traum, irgendwo eine Künstlerkolonie zu gründen, und auf einmal sprang mich eine Vision des Hauses, der Steine, des Sonnenlichts und der Burg auf dem Hügel an. Wenn ich das Haus mit einer Gruppe von Freunden bewohnte, die alle an unterschiedlichen wissenschaftlichen oder kreativen Projekten arbeiteten, würden meine Großeltern vielleicht seinen Nutzen erkennen und sich endgültig entschließen, es nicht zu verkaufen.

Ich muss meine innere Entfernung zu den labyrinthischen Komplikationen der Beziehung meiner Großeltern als ziemlich groß empfunden haben, oder aber meine Liebe zu dem Haus hatte mir den Verstand vernebelt, denn während meines zweiten Collegejahrs schrieb ich beiden und fragte, ob meine Freunde und ich den Sommer in Alba verbringen dürften. Meine Großmutter, die immer von jedem Projekt begeistert war, das ich in Angriff nahm, sagte sofort Ja. »Aber ich glaube, du solltest allein hinfahren«, riet sie mir. »Die Leute kennenlernen. Die Dorfbewohner sollen ja keinen falschen Eindruck von dir bekommen.«

Mein Großvater brauchte etwas länger, doch auch er willigte ein. »Fahr nur nicht allein hin«, warnte er. »Die Leute da sind alle Trinker und Diebe.« Ich bewarb mich um ein Sommerstipendium des Harvard College Fund, um über das Dorfleben im mittelalterlichen Frankreich zu forschen, und wandte meine Aufmerksamkeit anderen Dingen zu, in dem irrigen Glauben, dass in meiner Familie auch einmal etwas ganz einfach sein konnte.

Dann eines Morgens, kurz vor den Frühjahrsferien, rief meine Mutter an. Sie klang leicht genervt und erklärte, meine Großmutter wolle nach Alba fahren. »Wozu denn?«, fragte ich.

»Ich bin mir nicht sicher.« Sie wirkte besorgt. »Aus unerfindlichen Gründen ist sie sehr, sehr aufgewühlt deswegen. Sie sagt, sie will unbedingt das Haus sehen.«

Da ich noch nicht ganz begriff, was das Ganze mit mir zu tun hatte, sagte ich: »An sich ist das ja ihr gutes Recht, immerhin hat sie es gekauft. Sie muss sich irgendwie betrogen vorkommen, dass sie es nie wiedersehen durfte. Das leuchtet mir schon ein.«

»Tja, dein Onkel hält es für eine furchtbare Idee. Er sagt, sie sei zu alt zum Reisen und sollte nicht fahren.«

»Und was meinst du?«

»Nun, sie ist siebenundachtzig, und sie sollte auf jeden Fall nicht allein fahren, du weißt ja, wie schwer ihr das Reisen inzwischen fällt. Und ich kann sie nicht begleiten. Aber sie ist wild entschlossen.«

»Ich fahre mit«, erbot ich mich. Ich spürte ein Kribbeln im Bauch. In meinem Kopf war ich immer noch ganz das Kind und sie die Erwachsene. Ich liebte es, mit meiner Großmutter unterwegs zu sein, und sehnte mich nach der ungezwungenen Vertrautheit zurück, die wir gehabt hatten, als ich noch kleiner war. Immer war ich auf der Suche nach Wegen, die während meiner Pubertät zwischen uns entstandene Distanz zu überwinden – besonders nach Wegen, die über treuen Briefkontakt hinausgingen oder darüber, einfach nur bei ihr zu sitzen und bei ihr zu sein, was eigentlich das Beste gewesen wäre, aber den Horizont meines neunzehnjährigen Ichs überstieg. Außerdem wollte ich das Haus auch gern wiedersehen.

»Ich weiß ja nicht.« Meine Mutter schwankte noch. »Ich bin mir nicht sicher, ob das so eine gute Idee ist.«

»Das muss doch sie entscheiden, oder?«

»Ja, natürlich. Und sie sagt, sie will unbedingt noch ein letztes Mal nach Frankreich. Aber ich weiß nicht, selbst die Fahrt nach Asheville ist inzwischen eine Strapaze für sie.«

»Also, richte ihr doch bitte aus, wenn sie fahren will, begleite ich sie, und dann kann sie es sich selbst überlegen.«

Ich hatte auch schon Veränderungen bei ihr festgestellt, bis dahin aber die Möglichkeit noch nicht in Betracht gezogen, dass meine Großmutter tatsächlich in irgendeiner Art und Weise schwächer oder hinfälliger werden könnte. Die Großmutter in meiner Vorstellung machte immer noch Kopfstand und hing an einer Klimmzugstange. Als wir das letzte Mal zusammen in Asheville gewesen waren, hatte sie mich mit ihrem Freund John, einem Dozenten an der Uni, an der meine Mutter unterrichtete, in eine Topless-Bar eingeladen.

»John? In einer Topless-Bar?«, hatte ich gekreischt.

»Das hab ich auch gesagt, aber er meint, das sei heutzutage groß in Mode. Gott weiß, was für Essen es dort gibt, aber ich dachte mir, ich kann meine Anatomie-Kenntnisse bei der Gelegenheit ein bisschen auffrischen. Warum nicht? Man sollte alles wenigstens ein Mal ausprobieren.«

»Wo ist sie denn?«

»Irgendwo in der Innenstadt. Sie heißt Zamba oder Saba oder so was.«

»Du meinst Zambra? Das ist eine Tapas-Bar.« Ich brach in Gekicher aus.

»Ach so, das passt schon eher«, überlegte Oma. »Ich hatte ihn gar nicht so eingeschätzt, aber man weiß ja nie.« Ich konnte das Gefühl nicht abschütteln, dass sie enttäuscht klang. Immerhin kannte sie spanisches Essen ja schon. Wie hätte ich glauben sollen, dass die Kraft einer solchen Frau je nachließe?

Hatte mich meine Großmutter als Kind in meinen Albträumen gerettet, indem sie mich hastig aus dem Haus brachte, so trieb ihre Hektik mich jetzt in den Wahnsinn. Sie hatte einen Abendflug nach Lyon gebucht, und da ich wenigstens einen Abend meiner Ferien mit meinen Freunden und meinem Freund verbringen wollte, entschloss ich mich, erst am Morgen unserer Abreise bei ihr zu sein. Oma drehte fast durch. Mein Onkel, der uns zum Flughafen fahren sollte, schimpfte mich, weil ich sie nervös gemacht hatte, weil ich mit ihr nach Frankreich wollte, weil ich mich in die Angelegenheit mit dem Haus in La Roche einmischte. »Dieses Haus ist wie ein wunderschöner, vergifteter Dolch«, wetterte er. »Es hat dieser Familie nichts als Ärger eingebracht. Du solltest nichts damit zu tun haben.« Er wollte noch mehr sagen, aber meine Großmutter stürmte ins Zimmer, und wir hasteten zur Tür hinaus.

Fünf Stunden vor dem Abflug waren wir am Flughafen. Mit großer Befriedigung machte Oma es sich bequem. Reisen musste zu große Ähnlichkeit mit Flucht haben, dachte ich. Das Warten beruhigte sie: Man wusste, wo man war, man wusste, wohin man fuhr, es gab nichts mehr zu tun, und wenn man etwas vergessen hatte, Pech, ja, umso besser, denn dann musste man sich einfach auf seine Findigkeit verlassen. Ich sah sie ein Elternpaar beobachten, das seine hyperaktiven Kinder nicht dazu bringen konnte, sich zu benehmen. Jeden Moment begänne der Strom von Worten – ich sah sie schon im Kopf eine Geschichte zusammenstellen, knisternd vor Intelligenz und ihrer eigentümlich schrägen Logik. Lachend schüttelte sie den Kopf. »Die Kinder auf meiner Station waren immer laut. Immer rannten sie rum, schrien, kreischten, weinten. Aber wenn sie in mein Zimmer kamen …« Sie grinste und beendete das Kindergeschrei ihrer Erinnerung mit einer Handbewegung. »Stille.«

»Du meinst in Rockland State?« Jahrelang hatte sie die Mädchenabteilung der Jugendstation der großen staatlichen psychiatrischen Klinik in der Nähe ihres Hauses in Pearl River geleitet.

Sie ignorierte mich. »Die Schwestern fragten immer, ›Dr. Münster, Dr. Münster, wie schaffen Sie es, dass sie ruhig sind?‹ Also sah ich sie an und sagte: ›Ich würge sie.‹« Sie kicherte. Ich auch.

»Aber was hast du wirklich gemacht?«

»Die Kinder kamen heulend und brüllend in mein Zimmer.« An dieser Stelle gab sie eine spöttische Nachahmung des kleinkindhaften Schluchzens zum Besten, an die ich mich aus meiner eigenen Kindheit erinnerte – sie ist bis heute der einzige Mensch, dem ich je begegnet bin, der mit Akzent schluchzen konnte. »Also hab ich sie angesehen und gesagt: ›Wenn du laut sein willst, kannst du dich da drüben auf den lauten Stuhl setzen.‹ Ich hatte einen kleinen Kinderstuhl an einem Tischchen stehen, mit Buntstiften und Papier und was nicht alles. Und dann habe ich gesagt: ›Falls du lieber still sein willst, dann darfst du gern auf diesem großen Stuhl neben mir sitzen. Aber lass dich von mir nicht abhalten. Wenn du schreien willst, setz dich ruhig auf den lauten Stuhl.‹«

»Was haben sie gemacht?«

»Ach, Kinder sind sehr symbolisch. Sie blieben immer neben mir.«

Ich fragte mich, ob ihre Stuhltechnik auch ohne die spezielle Zauberkraft funktioniert hätte, die sie auf Kinder ausübte, und drückte ihr die Hand. »Du bist so ein außergewöhnlicher Mensch. Ich bin sehr froh, mit dir zu verreisen.«

»*Mein Gott.*« Sie zog die Hand weg. »Geh spazieren oder so was.«

Irgendwann während des dunklen, dröhnenden Nachtflugs nach Lyon fiel mir auf, dass ich überhaupt nicht wusste, was Oma und ich vorhatten, wenn wir gelandet waren. Wir hatten keine Hotelbuchungen, keine Kontakte und wussten noch nicht mal, wie man nach Alba kam. Trotz meiner leidenschaftlichen Gefühle für La Roche hätte ich es auf keiner Landkarte gefunden, selbst wenn es groß genug gewesen wäre, überhaupt verzeichnet zu sein. Ich betrachtete meine Großmutter, die solche Lappalien nicht zu kümmern schienen. Sie war wahrscheinlich der einzige Erwachsene in dem Flugzeug, der klein genug war, die Sitze bequem zu finden, und schlief friedlich. Ich versuchte ebenfalls, mich zu entspannen, aber es ging nicht. Mich beschlich allmählich der Verdacht, dass diese Reise etwas komplizierter werden würde als erwartet.

Kurz vor der Landung wachte Oma erfrischt auf, trank zwei Tassen Flugzeugkaffee und nahm schon mal ihre Sachen auf den Schoß. Sie wollte weiter. Am Gate marschierte sie an dem Rollstuhl, den wir für sie bestellt hatten, einfach vorbei. Plötzlich stolperte sie, fiel der Länge nach hin und krümmte sich wie ein winziger Boxer, der einen Leberhaken kassiert hatte, während der Pfleger und ich zu ihr eilten. Sie weigerte sich, einen Arzt holen zu lassen, setzte sich aber widerwillig in den Rollstuhl.

»Bringen Sie uns zur Bushaltestelle«, befahl sie.

Der Pfleger schob sie, und ich rannte neben ihr her.

Wir waren seit vierundzwanzig Stunden unterwegs. Während wir auf den Bus warteten, holte Oma eine schon ziemlich alte Bandage aus der Handtasche und legte ein Ende davon auf ihr verletztes Handgelenk, das langsam anschwoll. »Du kannst doch gar keine Verbände anlegen«, blaffte sie, als ich ihr meine Hilfe anbot. Ihr Gesicht war blass und schmerzverzerrt, und plötzlich sah man ihr das Alter an. Genau wie mir. Ich fühlte mich extrem jung und leicht panisch.

Die folgenden Stunden waren geprägt von Unruhe und Erschöpfung. Wir schafften es nach Lyon, und das Nächste, an das ich mich klar erinnere, ist, im Bahnhof Lyon Part-Dieu am Schalter zu stehen und um zwei Fahrkarten nach Alba-la-Romaine zu bitten. Die Frau tippte auf ihrer Computertastatur herum, beugte sich dann nach unten und holte ein Buch hervor, das aussah wie die absurd dicke und vergilbte Parodie einer längst vergangenen Ära. Sie blätterte eine Weile darin, dann sah sie auf. »Mademoiselle, es gibt seit 1913 keinen Zug mehr nach Alba.«

»Neunzehn dreizehn?« Mir war durchaus etwas mulmig bei unserer albernen Suche gewesen. Nun packte mich eine irrationale Angst. Was, wenn es Alba gar nicht gab?

Die Frau piekte mit einem Finger auf die vergilbte Seite, und ich stellte mich auf die Zehenspitzen, um etwas zu erkennen, aber die Schrift war zu klein.

»Was hat sie gesagt?«, fragte Oma. »Ich kann sie nicht verstehen.« Ich berichtete, was die Fahrkartenverkäuferin gesagt hatte, und Oma schüttelte den Kopf, nein. »Das stimmt nicht.«

»Was würden Sie uns denn raten?«, fragte ich die Frau, ohne mich um Omas letzte Bemerkung zu kümmern.

»Weiter als Montélimar kommen Sie mit dem Zug nicht. Von dort müssen Sie einen Bus nehmen oder vielleicht ein

Taxi. Ich weiß es auch nicht. Von dem Ort hab ich noch nie etwas gehört.«

Oma haute mir mit ihrer gesunden Hand auf den Arm, also drehte ich mich zu ihr um und wiederholte, was die Fahrkartenverkäuferin gesagt hatte.

»Montélimar, Montélimar. Ich glaube, von da aus bin ich beim letzten Mal mit dem Bus gefahren.«

In Anbetracht der Tatsache, dass dieses letzte Mal 1948 stattgefunden hatte, war das nur ein schwacher Trost, aber ich kaufte die Tickets nach Montélimar, da es besser schien, als in Lyon zu bleiben.

Im Zug wickelte Oma ihren Verband ab und untersuchte ihren Arm.

»Ich glaube nicht, dass er gebrochen ist«, verkündete sie.

»Super«, sagte ich, obwohl ich wusste, dass Sarkasmus auf der Liste der schlechten Eigenschaften stand, die sie amerikanischen Teenagern zuschrieb. »Du *glaubst* nicht? Sollten wir damit nicht zum Arzt?«

»Arzt?« Sie wedelte mit der Hand. »Was denn für ein Arzt? Ich bin Ärztin.« Als sie den Verband neu wickelte, verzog sie das Gesicht, und ich bekam noch mehr Angst, weil mir auffiel, dass sie mir gegenüber noch nie ein Anzeichen von physischem Schmerz oder Leiden hatte erkennen lassen. Um bloß nicht unsere Haltestelle zu verpassen, bemühte ich mich, wach zu bleiben, während Oma döste. Durchs Fenster betrachtete ich die Kirschblüten und Weinberge und die Rhône und fragte mich, wie die Landschaft dort draußen trotz meiner furchtbaren Nervosität so schön aussehen konnte. Als der Schaffner mit seinem warmen südfranzösischen Akzent »*Montélimar, ici Montélimar*« rief, nahm Oma ruckartig Haltung an und scheuchte mich aus dem Zug wie ein Armeeausbilder.

Draußen vor dem Bahnhof sah Oma sich um, und ihre Augen weiteten sich. Sie holte tief Luft und taumelte einen Schritt rückwärts, als hätte ihr jemand einen Hieb versetzt.

»*Mein Gott*«, sagte sie leise, wie zu sich selbst. »Es sieht so anders aus.«

Ich betrachtete die zwielichtig aussehenden jungen Männer mit den Blousons und den zurückgegelten Haaren auf den Plastikstühlen des Bahnhofscafés, die Autos, den Park mit dem Springbrunnen, die Nougat-Fabrik. »Was meinst du denn?« Für mich wirkte Montélimar zeitlos und alt, ein Erholungsort aus dem neunzehnten Jahrhundert, der etwas heruntergekommen war.

»Alles war zerbombt«, fuhr sie kopfschüttelnd fort. »Alles schwarz und kaputt.«

»Wo?«

Mit der gesunden Hand machte sie eine Geste, die die gesamte Stadt einschloss. »Überall.« Sie straffte die Schultern. »Aber die Kirschbäume sind noch die gleichen. Komm, los jetzt.« Sie steuerte einen Taxistand an.

»Oma«, protestierte ich. »Alba liegt kilometerweit entfernt.«

Sie wedelte nur mit der Hand und ging weiter.

Trotz meiner Beklemmung und Erschöpfung war ich, als sich das Taxi Alba näherte, ganz hingerissen vom Anblick des kleinen Steindorfs und der schüchtern von ihrem Hügel über die grünen Weinberge spähenden Burg. Wir fuhren durchs Dorf und den Berg hinunter, und dann wartete der Fahrer auf dem Parkplatz von La Roche auf uns, während wir durch den niedrigen Bogengang auf die schattige Straße traten. Mit jedem Schritt wurden die Bewegungen meiner Großmutter langsamer und beschwerlicher, aber schließlich gelangten wir zum Haus. Wir hatten keinen Schlüssel, daher gab es nicht viel zu sehen: die dunklen Steine, die geschlossenen, verwitterten Fensterläden, die halb dunkle Straße und den dunklen Durchgang.

Ich war in müde Träumereien versunken, überlegte, wie erstaunlich es doch war, dass wir dort waren, auf genau diesem Fleckchen Erde, an diesem winzigen, fernen und sehr alten Ort, als ich meine Großmutter sagen hörte: »Na ja, ich glaube nicht, dass ich wiederkomme.«

Erneut ergriff mich Panik. Omas Englisch wurde immer etwas wackelig, wenn sie müde oder unzufrieden war, und sie jetzt niedergeschlagen und geschwächt und sichtlich unter Schmerzen leidend zu erleben, war so unvereinbar mit allem, was ich je mit ihr assoziiert hatte, dass ich ihre Worte so interpretierte, als würde sie auf der Stelle sterben.

Hektisch versuchte ich, die durch meinen Kopf rasenden Gedanken zu sortieren. Wie sollte ich das dem Taxifahrer erklären? Was stellte ich mit der Leiche an? Die Beerdigung, die Flugtickets nach Hause? Gab es ein spezielles Leichenticket? Ich war überwältigt von meinem schlechten Gewissen, mit ihr hierhergefahren zu sein.

»Miranda?« Omas Stimme unterbrach meinen makabren Gedankenfluss.

»Was denn? Was kann ich tun?«

Sie sah mich komisch an und winkte mich mit ihrem gesunden Arm zu sich. »Komm schon. Ich glaube, alles, was wir zu erledigen haben, können wir oben im Dorf machen. Es gibt eigentlich keinen Grund, noch mal hierher zum Haus zu kommen.«

Ich fühlte mich albern und erleichtert, als wir ins Taxi stiegen und zurück nach Montélimar fuhren. Der Fahrer setzte uns am Hôtel Dauphiné Provence ab, riss ein paar Witze mit dem Eigentümer, trug unser Gepäck aufs Zimmer und berechnete uns eine grotesk kleine Summe für die drei Stunden, die er gerade mit uns zugebracht hatte.

»Passen Sie gut auf Ihre Großmutter auf«, sagte er zu mir, als er ging. Ich hätte am liebsten geweint.

Mein Schlafmangel hatte der ganzen Welt albtraumhafte Züge verliehen. Es ist schon schlimm genug, seiner Großmutter ermöglicht zu haben, über den Atlantik zu fliegen und sich eine Verletzung zuzuziehen, aber in einem Hotelzimmer anzukommen, das komplett mit Teppichboden ausgelegt ist, macht alles *noch* schlimmer, das kann ich versichern. Er war überall: auf dem Fußboden, natürlich, aber auch an den Wänden, dem Kopfteil des Bettes, auf dem Toilettendeckel und der kleinen Nische, in die das Waschbecken eingebaut war. Im Dämmerlicht bekam das Zimmer dadurch eine Atmosphäre von geschmackloser, gedämpfter Trostlosigkeit.

Meine Großmutter atmete schwer und konnte kaum noch laufen. Die stumme Erleichterung, mit der sie sich aufs Bett legte, wich beinahe unmittelbar dem heftigen Schmerz, der ihr sonst glattes Gesicht verzerrte. Ich erschreckte mich furchtbar, gequält von der Vorstellung, sie könnte in diesem schaurigen Hotel sterben.

Es war das erste Mal, dass ich mich um einen Erwachsenen kümmerte. Oma setzte sich wieder auf, und ich öffnete ihre Schnürsenkel, streifte ihr behutsam die Socken ab, nahm ihr die Hörgeräte aus den Ohren und zog ihr die Bluse über den Kopf. Ganz kurz lehnte ich meinen Kopf an ihre gesunde Schulter und atmete den Duft von Rosen und Eisen ein, wünschte mir, ich wäre noch ein kleines Mädchen und hätte meine unbesiegbare Großmutter zurück, mit ihrer heißen Milch und ihren energischen Ansichten.

Dann riss ich mich zusammen und wagte mich hinaus, um uns beiden etwas zu essen zu besorgen, da wir den ganzen Tag keinen Bissen zu uns genommen hatten. Es war Sonntag, und in Montélimar hatte alles zu. Die Stadt hatte sich hinter Fensterläden und eingerollten Markisen verkrochen und ließ nichts erkennen außer abgeblätterter Farbe und Gebäuden, deren Putz von jahrelangem Dreck grau oder von der Sonne weiß gebleicht war. Das Einzige, was ich fand, waren Crêpes, warm und herzhaft, ein tröstliches Gefühl im Magen, allerdings zu schwer und zu fettig. Nachdem wir gegessen hatten, so viel wir konnten, wickelte Oma die Reste in Servietten ein. »Vielleicht essen wir die später noch … Kein Kühlschrank … Die werden nachher nicht mehr gut schmecken … Vielleicht sollten wir sie weg … Nein, ich stecke sie für morgen in meine Tasche.«

Als sie im Bad war, warf ich die Crêpes weg, versteckte sie unter dem übrigen Müll im Papierkorb, in der Hoffnung, sie wäre müde genug, sie an diesem Abend zu vergessen, und würde sich am nächsten Morgen so viel besser fühlen, um sie gänzlich aus dem Sinn zu verlieren.

Als wir beide im Bett lagen, lauschte ich jedem ihrer Atemzüge und erinnerte mich an ihre Zähigkeit, ihre Tapferkeit. Vor den Fensterläden blinkte das grüne Neonschild des Hôtel Dauphiné Provence an und aus, an und aus, in den Schlitzen wurde es abwechselnd hell und dunkel. Wie hatte ich so naiv sein können? Wie hatte ich glauben können, dass es einfach werden würde? In unserer Familie regierte die Schwierigkeit: Streit und Bitterkeit, Krankheit und Verletzung, Trauma, schlimme Erinnerungen und verrückte Feindschaften. Erholsame Reisen zu wunderschönen Häusern auf dem Land hatten wir nicht im Repertoire.

Am nächsten Morgen ging es meiner Großmutter viel besser, und sie gestattete mir, ihr Frühstück ans Bett zu bestellen. Nach einem starken Kaffee fühlten wir uns beide belebt, und ich wollte mich wieder um sie kümmern.

»Ich gehe zur Apotheke«, erklärte ich. »Ich besorge eine neue Bandage und eine Salbe gegen die Schwellung.«

»Nein!«, rief Oma. Sie klang, als hätte ich vorgeschlagen, ihr ein Messer ins Bein zu rammen.

»Aber dein Verband ist nicht groß genug, das weißt du.«

Sie schüttelte den Kopf. »Der ist wunderbar. Das ist eine gute Wollbandage. Die habe ich seit den Lagern. Solche werden heute gar nicht mehr hergestellt.«

Unbeholfen wickelte sie den Verband ab und streckte ihr Handgelenk aus. Es war dick und glänzte, die sonst faltige Haut gestrafft von der Schwellung. »Ich gehe zur Apotheke«, wiederholte ich langsam und deutlich. »Und ich kaufe dir eine Salbe und eine bessere Bandage.«

»Ich komme mit. Es ist gefährlich.«

»Oma, Montélimar ist winzig. Völlig sicher. Mach dir keine Sorgen.«

»Jetzt hör mal«, sagte sie scharf, während sie den Verband wieder anlegte. »Ich hab in einer Zeitschrift davon gelesen. Es gibt hier Nordafrikaner. Es ist sehr gefährlich. Sie könnten versuchen, dich umzubringen.«

Diese Erklärung brachte mich zum Schweigen. Sie erschreckte mich regelrecht. Genauso gut hätte sie mir erzählen können, dass Montélimar voller Marsmännchen oder Anthrax oder Elvis-Imitatoren war. Meine Großmutter war auf der ganzen Welt gewesen. Sie hatte zu einer der ersten Gruppen amerikanischer Ärzte gehört, die je das Innere einer russischen Nervenklinik zu Gesicht bekamen, damals, als Russland noch kommunistisch war und seine Nervenkliniken finstere, unheimliche Anstalten. Sie war in Japan gewesen. Sie war in Mexiko gewesen. Wenn ich recht überlege, war sie sogar schon in Nordafrika gewesen und hatte sich hervorragend amüsiert. Ihre plötzliche Angst vor nordafrikanischen Mördern passte überhaupt nicht zu ihr.

»Ich komme mit«, wiederholte sie. »Und dann fahren wir mit dem Bus nach Alba und sprechen im Rathaus vor.«

»Warum denn im Rathaus?«

»Man weiß nie. Man sollte immer mit den Leuten reden. Sich vorstellen.«

Ich gab es auf, mit ihr zu streiten. Als wir das Hotelzimmer verließen, blaffte sie mich an: »Wo ist dein Pass?«

»Im Koffer.«

»Geh *niemals* ohne deinen Pass los.« Da ich spürte, dass es besser war, nicht zu widersprechen, holte ich den Pass und steckte ihn in meine Handtasche.

»Und was machst du, wenn deine Tasche gestohlen wird?«, fragte sie.

Ich steckte mir den Pass in den BH und wollte gerade das Zimmer abschließen, als sie mich erneut anfuhr. »Versteck die Koffer.«

»Was?«

»Versteck die Koffer.«

»Die Koffer? Wo denn?«

»Im Schrank.« Ich gehorchte. »Leg die Decken da drüber.«

»Oma, warum …«

Sie schnitt mir das Wort ab. »Sie durchsuchen die Koffer, wenn man nicht im Zimmer ist.«

»Wer?«, fragte ich, aber sie war bereits draußen.

Sobald ich die Tür abgeschlossen hatte, zischte sie: »Versteck den Schlüssel.«

Da sie nicht damit zufrieden war, den Schlüssel in der Handtasche aufzubewahren, stopfte ich ihn neben den Pass in meinen BH.

»Gut, dass ich eine weite Bluse anhabe«, witzelte ich.

Sie bedachte mich mit einem gequälten Blick, und ich dachte an das, was sie gestern am Bahnhof gesagt hatte und an ihren Gesichtsausdruck, als sie ihre Umgebung betrachtet hatte. »Du warst seit 1948 nicht mehr hier?«

Sie nickte. In Montélimar anzukommen hatte eindeutig eine Flut von Emotionen ausgelöst, die ihr mit der gleichen Wucht zusetzte wie der Sturz aufs Handgelenk am Flughafen. Ich fragte mich, was genau es war, an das sie sich erinnerte.

Am dritten Tag unserer Frankreichreise hatten Oma und ich das Vertrauen in ihre Unverwüstlichkeit und ihre Fähigkeit, alles und jedes zu meistern, zurückgewonnen. Ich vereinbarte einen Termin bei einer Notarin, Marie Frizet. Sie hatte uns gesagt, sie könne uns helfen, Urkunden zu finden und die rechtlichen Fragen meiner Großmutter zu klären. Sie hatte einen weichen braunen Bob, der ihre rosigen Wangen umrahmte, lebhafte, freundliche Augen und ein fröhliches Lächeln, das einen gesunden Sinn für Humor verriet.

»Ich erzähle die Geschichte«, verkündete meine Großmutter, nachdem Maître Frizet uns in ihre Kanzlei gebeten und wir alle uns gesetzt hatten. Dann zeigte sie auf mich. »Du schreibst mit.«

Ich holte einen Block heraus, und Oma begann. »Als ich meinen Exmann verließ, nahm er die Pässe der Kinder an sich. Er wollte mich einschüchtern, falls ich es mir anders überlegte.« Sie machte eine Pause. »Und wahrscheinlich hatte er sogar recht, denn ich habe wirklich die Tickets umgetauscht… aber ich konnte nicht zurück.«

Maître Frizet wirkte verwirrt. »Wohin zurück? Welche Tickets?«

»Oma«, sagte ich leise. »Wovon sprichst du denn überhaupt? Sie weiß ja noch nicht mal, warum wir hier sind.« Etwas lauter wandte ich mich an die Notarin. »Es geht um ein Haus. Meine Großeltern haben 1948 in Alba-la-Romaine ein Haus zusammen gekauft.«

Maître Frizet notierte sich etwas.

Ich wollte fortfahren, aber meine Großmutter unterbrach mich. »Ich weiß schon, wovon ich rede.« Sie stürzte sich wieder in ihre Geschichte. »Also, ich verstehe ja, dass er wütend war, aber es war nicht fair von ihm, es an den Kindern auszulassen. Er schickte keinen Unterhalt, mal sagte er, er hätte es vergessen, mal wollte er nur die Hälfte überweisen, weil in Israel alles so billig war, mal wollte er nur für das eine zahlen oder nur für das andere. Ich hatte sehr wenig Geld. Niemand hatte damals Geld. Wenn man es also mal so bedenkt, schuldet er mir eine ganze Menge Geld. Stellen Sie sich vor, von Israel aus musste ich extra mit dem Schiff nach Nizza fahren und dann mit dem Zug nach Genf, um dort zum Familienbüro der UN zu gehen und die anzubetteln, ihn zum Zahlen zu zwingen – weil ich wusste, dass er von denen eine Familienzulage bekam, so hieß das, glaube ich. Ich habe den Kindern das College finanziert, die Universität, ich habe meinen Sohn aufs Internat geschickt, alles ganz allein. Er hat sich an nichts beteiligt.«

Maître Frizet hatte schon bald aufgegeben, sich zu Omas Rede Notizen zu machen. Nun warf sie einen Blick auf ihren

Block, als bereute sie ihre Entscheidung. »Ihr Exmann schuldet Ihnen also Geld.«

»Nein, nein«, sagte ich. »Das Haus haben sie unmittelbar, bevor sie nach Amerika gezogen sind, gekauft. Und ein paar Jahre später haben sie sich scheiden lassen. Na ja, zwanzig Jahre später. Das Haus wird in den Scheidungsunterlagen gar nicht erwähnt. Jetzt will er es verkaufen, kann aber nicht.«

Maître Frizet wirkte skeptisch. »Damals ging alles an den Ehemann. Außer, auf der Verkaufsurkunde stand nur der Name der Ehefrau. Haben Sie die?«

Ich schüttelte den Kopf. »Er will sie nicht schicken. Aber sein *notaire* sagt, er kann ohne Vollmacht nicht verkaufen.«

»Tja, dann muss wohl der Name Ihrer Großmutter als einziger auf der Verkaufsurkunde stehen. War es eine französische oder eine amerikanische Scheidung?«

Meine Großmutter schüttelte den Kopf. »Ich glaube, er hatte damals was mit einer anderen Frau. Einer Bildhauerin oder so. In diesen letzten Jahren war er wirklich unausstehlich zu mir. Die Streitereien … schrecklich. Und dann hat er behauptet, es wäre meine Schuld gewesen, weil ich gegangen bin. Ich bin eines Tages ausgezogen, während er bei der Arbeit war, weil ich wirklich kein Theater wollte. Die Kinder habe ich mitgenommen. Und die Schreibmaschine. Er hatte noch eine, im Büro.«

Ich unterbrach. »Keiner erinnert sich offenbar, ob es eine französische oder amerikanische Scheidung war.«

»Nun ja«, überlegte Maître Frizet. »Nach dem französischen Recht wird, wenn es keinen Ehevertrag gibt, im Falle einer Scheidung alles gleichmäßig aufgeteilt. Daher vermute ich – besonders, da es bei der Scheidung nicht erwähnt wurde –, dass Ihnen die Hälfte des Hauses gehört.«

Das hatten bereits mehrere andere Anwälte meiner Großmutter mitgeteilt. Sie nickte energisch. »Und er versucht, es zu verkaufen!«

»Könnten Sie nicht mit ihm darüber sprechen?«

Schweigen. Nun war es meine Großmutter, die verwirrt aussah.

»Ich meine, um Ihre Sicht der Dinge darzulegen …«

Erneut unterbrach ich. »Sie haben seit ungefähr fünfzig Jahren nicht miteinander gesprochen.«

Maître Frizet lehnte sich zurück. »Oh.«

»Er behauptet, das Haus gehöre ihm, weil er von Anfang an die Steuern und Reparaturen dafür bezahlt hat«, erklärte ich. »Meine Großmutter hat es nur ein einziges Mal gesehen, nämlich als sie es kaufte.«

»Er vermietet es, habe ich gehört«, ergänzte meine Großmutter.

Ich sah die Notarin das Wort »Miete« auf ihren Block schreiben. Sie starrte es an, als könnte es etwas Klarheit in die Sache bringen. »Brauchen Sie das Geld? Ich könnte mich mit seinem *notaire* in Verbindung setzen, und wir könnten ihn wahrscheinlich dazu veranlassen, Ihnen die Hälfte der Mieteinnahmen zukommen zu lassen. Und mit Sicherheit haben Sie Anspruch auf die Hälfte des Verkaufserlöses.« Sie klang erleichtert, eine Lösung gefunden zu haben. »Falls Sie es verkaufen, könnte ich sogar vereinbaren, dass Sie das Geld monatlich erhalten, als Rente.«

Wieder zog meine Großmutter eine verblüffte Miene.

»Nein, nein«, meinte ich hastig. »Meine Großmutter braucht das Geld nicht. Sie will nur …« Ich verstummte. Ich war mir nicht sicher, was sie wollte.

Das Gespräch zog sich fast eine Stunde lang hin. Am Ende hatte ich Kopfweh, aber meine Großmutter wirkte überaus zufrieden. Wir schüttelten uns alle die Hände. Oma nahm

Maître Frizets Visitenkarte mit und versprach, ihr einen Stapel Dokumente zu schicken. Es schien meiner Großmutter sehr, sehr gutgetan zu haben, einer neutralen Partei ihre Geschichte zu erzählen, und ich vermutete, dass Maître Frizet das bemerkt hatte, zumal ich mir absolut nicht vorstellen konnte, was sie tatsächlich mit den Unterlagen anfangen sollte. Hinterher, im Taxi, drückte Oma triumphierend meinen Arm. »Das war ein voller Erfolg.«

An jenem Abend aßen wir im gelben Speisesaal des Hotels. Oma wirkte überglücklich nach ihrem Termin bei der Notarin. »Weißt du, wie man verhindert, betrunken zu werden?«, fragte sie, als der Wein gebracht wurde.

Ich schüttelte den Kopf.

»Zumindest sagt das meine Schwester, deine Großtante Alma: Vor dem Trinken schluckt man einen Esslöffel Olivenöl, so.« Steif hob sie die verletzte Hand, führte sie an den Mund und warf den Kopf in den Nacken, als kippte sie einen Schnaps. »Weißt du, wo sie das gelernt hat? Sie war mal Sängerin in einem Nachtklub.«

Meine Augenbrauen schnellten nach oben. Oma nickte, zufrieden, mich überrascht zu haben. Ich kannte Alma als winzige, resolute alte Dame, die am Rande von Tel Aviv wohnte. Sie war einst eine Spitzensportlerin gewesen, in Rumänien hatte sie Landesrekorde aufgestellt und ihr Land 1932 bei der Makkabiade vertreten. Es fiel mir schwer, mir meine Rommé spielende Großtante in Nachtklubs singend vorzustellen.

»Weißt du, mein Vater besaß das größte, schickste Restaurant in Czernowitz, aber er hatte keinen Geschäftssinn. Immer hatte er die besten Köche, und alle liebten den großen, runden Speisesaal mit dem roten Teppichboden, Gold überall. Aber in einem Jahr hörte er von etwas Neuem, einem Automaten.«

»Einem Automaten?«

»Von der einen Seite stellt man die Gerichte rein, die Leute stecken Geld in den Schlitz und öffnen die Tür und haben ein Essen. So was gab es in den großen Städten in Westeuropa. Also, was macht er?«

Eine rhetorische Frage.

»Er fährt mit seinen gesamten Ersparnissen nach Berlin und kauft einen Automaten! Den ersten in der ganzen Gegend.«

»Hat es geklappt?«

»Zuerst war es eine Sensation, alle wollten es sich ansehen. Aber dann kam die Wirtschaftskrise, und es ging den Bach runter. All das viele Geld, und niemand mochte den Automaten mehr.«

»Das ist furchtbar.«

»Tja, wenn man mal drüber nachdenkt: Die Leute wollten ein richtiges Restaurant, wenn sie essen gingen, mit Kellnern, und den Köchen gefiel es auch nicht! Er hat das Lokal weitergeführt und allen die Ausbildung bezahlt. Und zwar, weil er den besten Wein von Rumänien hatte. Er hatte sogar einen Titel, er war Lieferant des österreichisch-ungarischen Kaisers. Und so hat er auch Alma das Leben gerettet.«

»Wie denn?«

»Der Polizeichef war ein großer Säufer, immer schon gewesen. Als die Nazis kamen, trieben sie Leute für die Züge zusammen. Sie erwischten Alma.« Oma nahm einen Schluck Wein. »Sie saß also in einem Viehwaggon, am Bahnhof, und der Zug sollte gleich abfahren. Also rannte mein Vater zum Polizeichef und packte ihn am Kragen. Er sagte: ›Hör mal, ich schenke dir Wein aus, seit du so groß warst.‹« Oma hielt die gute Hand auf Höhe der Tischplatte, und ich stellte mir einen winzigen Trinker vor. »›Zwölf Jahre alt! Nicht mal hoch genug, um über meinen Tresen zu sehen.‹«

Sie machte eine Pause.

»Was ist dann passiert?«

»Iss.«

Ich nahm meine Gabel in die Hand, steckte mir aber nichts in den Mund.

»Der Polizeichef sagte: ›Na und?‹ Und mein Vater brüllte: ›Na und? Und jetzt sitzt die beste Läuferin in der Geschichte Rumäniens in diesem Zug, und du lässt gefälligst nicht zu, dass sie weggeschickt wird.‹ Sie gingen zum Bahnhof und durchsuchten alle Waggons, fanden sie und holten sie aus dem Zug.«

»Ehrlich?« Ich sah mich in dem warmen gelben Speisesaal um. Mir war zumute, als wäre ich geschwommen und holte Luft, als wäre die Zeit flüssig, und es könnte jedes Jahr sein, damals oder jetzt.

Als hätte sie meine Gedanken gelesen, sagte Oma: »Zu der Zeit hatten die Stammgäste ihre eigenen Servietten, die sie in einem Fach in der Nähe der Theke aufbewahrten.« Sie nahm einen Bissen, einen Schluck Wein und erzählte weiter. »Als die Nazis zum zweiten Mal kamen, war Alma immer noch zu Hause.«

»Warum haben sie deine Eltern nicht verhaftet?«

»Sie waren zu sehr Teil der Gemeinschaft. Jeder liebte sie. Mein Vater gab jedem etwas. Meine Mutter auch. Und Alma wollte sie nicht alleinlassen. Immer wieder forderten sie sie auf, endlich zu gehen.«

»Wohin sollte sie denn?«

Meine Großmutter deutete irgendwo in die weite Ferne.

»An dem Tag, als sie kommen sollten, hatten die Nachbarn meine Eltern vorher gewarnt, und meine Mutter weckte Alma um vier Uhr morgens und sagte: ›Du musst jetzt gehen.‹ Alma wollte nicht. Sie ist sehr störrisch, du kennst sie.«

»Ich würde ganz bestimmt nicht mit ihr streiten«, bestätigte ich. Alma hatte einmal durchs Fenster eine Kaminuhr nach einem Nachbarn geworfen, der äußerte, es sei undamenhaft, an internationalen Sportwettbewerben teilzunehmen.

Oma lachte. »Tja, stell dir nur unsere Mutter vor. Sie war noch störrischer. Schließlich setzte sie Alma einfach vor die Tür und befahl ihr loszurennen.«

Ich versuchte, mir das vorzustellen.

»Also hat sie sich bis nach Bukarest durchgeschlagen, als Bardame, Nachtklubsängerin und Tänzerin. Das Land war voll von Russen. Die russischen Offiziere liebten sie!«

»War das was Gutes?«

»Eben! Es war gefährlich. Jeden Abend kamen sie und spendierten ihr Getränke. Sie werden sehr böse, wenn man nicht mit ihnen trinkt, weißt du. Also hat sie jeden Abend« – wieder machte sie die Schnapsglas-Geste – »vor der Arbeit ein bisschen Olivenöl getrunken. Sie wollten, dass sie nach Moskau fährt und für die hohen Generäle singt.«

»Was ist passiert?«

»Sie wusste, wenn sie fahren würde, wäre sie bald tot. Also ist sie weggelaufen.«

»Was war mit deinen Brüdern?«

»Arnold war in Sibirien, Werner kam mit vierzehn in ein Arbeitslager, und dann lief er zu Fuß durch die Türkei nach Israel – weißt du, er konnte nur überleben …«

Ihre Erinnerungen schweiften noch weiter in die Vergangenheit zurück, zu ihrer eigenen Großmutter mütterlicherseits. »Sie wusste alles über Kräuter, pflegte die Kranken in ihrem Dorf – die klügste Frau weit und breit, die gebildetste. Jeden Sonntagnachmittag kam der orthodoxe Priester zu Besuch, und sie holten die dicken religiösen Bücher mit dem Goldschnitt aus dem Regal, und dann diskutierten sie stundenlang im Salon. Was für ein schönes Haus«, fuhr Oma verträumt fort. »Aber als ich ein Kind war, war das alles weg. Wir saßen auf rauen Holzbänken.«

»Warum?«

»Während des ersten Krieges kamen die Russen und brannten alles nieder. Söldner. Kalmücken. Sie stapelten unsere Habe draußen auf einen großen Haufen und zündeten ihn an. Am liebsten mochten sie die Bücher, die Funken, die die vergoldeten Seiten beim Brennen machten. Dann zogen sie in die Scheune.«

Ich blinzelte mir Rauch und Funken aus den Augen. »Die Scheune?«

»Sicher. Da gefiel es ihnen. Sie halfen mit den Tieren – eigentlich waren es Hirten, weißt du, keine professionellen Soldaten. Sie haben ganz wunderbaren Käse gemacht.«

Omas Gedächtnis war übergeflossen wie ein Bach im Frühling, und ihre Geschichten plätscherten über mich hinweg. Man sagt, eine Flut lasse die Welt aussehen wie ganz am Anfang, bevor das trockene Land entstand. Mir kam es vor, als hätte der Strom ihrer Erinnerungen die breite Kluft zwischen uns und der Vergangenheit aufgelöst, als könnte ich neben meiner Großmutter ihre Großmutter sehen, und die Großmutter ihrer Großmutter, und all die Welten, die jede von ihnen in sich trug. Ich hatte schon vorher verstanden, dass der Krieg meine Großmutter von ihrem Alltagsleben abgetrennt, es der Vergessenheit und Verlorenheit preisgegeben hatte, aber nun erkannte ich, dass er auch ihre Vergangenheit fortgespült hatte – nicht nur geliebte Menschen, sondern auch Ratschläge und Unterweisungen, Vorlieben und alte Witze, Bücher und Rezepte, Schmuckstückchen und Andenken, ihr gesamtes rechtmäßiges Erbe. Den Bruchteil einer Sekunde sah ich eine unendliche Fülle von vergessenen Details über die schwindelerregende Weite der Geschichte tanzen. Eingeprägt in das Gedächtnis ist das Wissen um alles, an das sich nicht erinnert werden kann: Ich begriff, dass ich, wenn meine Großeltern starben, nicht nur die Erinnerung an sie in mir tragen würde, sondern auch die Erinnerung an ihre Erinnerungen, weiter und weiter über den Horizont des Seins, zurück bis zum Tohuwabohu, bevor das Wasser vom Land getrennt wurde.

Es war unser letzter Abend im Hôtel Dauphiné Provence. Der Teppich schien jetzt gar nicht mehr so schlimm. Ich schloss die Fensterläden und dämpfte das Licht, und das grüne Neonschild vor dem Fenster blinkte durch die Schlitze und warf einen schlammig trüben Schein auf unseren Fußboden. Ich half Oma beim Ausziehen und streifte ihr das Nachthemd über den Kopf, und wir legten uns ins Bett, Seite an Seite.

Ich schlief allmählich ein. Das Zimmer, der Teppich, das grüne Licht schwanden.

Da hörte ich Oma in der Dunkelheit flüstern. »Lager, weißt du …«

Ich hielt den Atem an.

»… sie wollten uns in Lager stecken.«

Die Stille dehnte sich aus, und ich spürte meine altvertraute Panik und Verzweiflung sich zu Liebe und Mitgefühl für diese Frau wandeln, die diese Empfindungen tatsächlich erlebt hatte. Unter der Decke nahm ich ihre Hand. Sie hielt mich ganz leicht fest, ihre Finger waren weich und kühl, ihre leise, nüchterne Stimme völlig anders als die überschwängliche Gewissheit, die ich sonst von ihr kannte. »Sie haben so viele Menschen umgebracht … wir hatten solche Angst, wir würden es nicht schaffen … ich hatte solche Angst.« Ich streichelte über die glatte Haut ihrer Hand, und ihr Griff festigte sich kaum wahrnehmbar. »Manche Worte kann man nicht mal sagen.«

»Ich weiß«, sagte ich, obwohl ich erst langsam zu wissen begann, nur ein klein wenig. Zusammen lagen wir in der Dunkelheit. Ich stellte mir das Haus in La Roche vor, düster und leer in seinem Dörfchen voller Schatten. *Vielleicht hatten sie nie vor, dass jemand darin wohnt*, dachte ich. *Vielleicht sollten darin nur ihre Geister hausen.*

Kapitel 7

Zu sagen, die Reise nach Frankreich sei eine ernüchternde Erfahrung gewesen, wäre eine Untertreibung. Nachdem ich die Reaktion meiner Großmutter auf das Haus erlebt hatte, fiel es mir schwer, noch die gleiche Begeisterung dafür zu empfinden, dass ich einen Sommer in Alba verbringen würde. Wenn das Leben mich schon in jungen Jahren gelehrt hatte, dass die Welt von Landminen der Erinnerung übersät war, dann wurde mir jetzt klar, dass das Haus in La Roche möglicherweise die größte Landmine von allen war. Aber es war zu spät, unser etwas albernes Miniatur-Künstlerkollektiv, das letzten Endes aus zwei Freunden und mir bestand, hatte bereits seine Stipendien erhalten und Flugtickets erworben. Ich kann nicht abstreiten, dass ich die Auswahl meines Forschungsthemas – Dorfleben im Mittelalter – ähnlich wie ein liebeskranker Teenager getroffen hatte, der seine Buslinie so wählt, dass sie ihn am Objekt der Begierde vorbeiführt. So, als könnte mich die Lektüre von Georges Duby und der Benediktinerregel irgendwie näher an La Roche bringen. Aber als wir ankamen, erkannte ich einmal mehr, dass das Haus nicht nur ein Aufbewahrungsort für Geister und Schatten war – es war der Platz, den mein Herz unerklärlich und unanfechtbar zu seinem Heim erklärt hatte.

Das Haus zu putzen erforderte einen Tag harter Arbeit, und dann war es ein angenehmer, wenn auch primitiver Wohnort. Wir hatten kein Auto, kein Internet und kein Telefon. Um irgendwo hinzukommen, mussten wir über drei Kilometer zu einer Bushaltestelle an der Landstraße laufen.

Ich könnte überschwänglich von den Passionsblumenranken schwärmen, die über die Steine krochen, über die Brise, die vom Fluss heraufwehte, und den überwältigenden, geheimnisvollen Blick auf die Burg – alles Gründe, aus denen ich Alba schätze, aber was ich damals, und heute noch, am meisten liebte, war das schwer zu beschreibende und eigenartige Gefühl von Geborgenheit und Tröstlichkeit, das ich daraus zog, an einem Ort zu leben, den es schon so lange gab. Das und die Isolation verliehen allem an La Roche den Anschein, eine größere Intensität zu besitzen, eine kraftvolle Energie, die ich bis dahin nur mit meiner Oma assoziiert hatte. Hatte sie darum beschlossen, das Haus zu kaufen?

La Roche im Sommer war ein Traum. Die Welt lag für mich weit entfernt und schemenhaft jenseits des winzigen Dorfuniversums, das mich an die kleinen Habitate erinnerte, die ich als Kind gebastelt hatte, vor gar nicht so langer Zeit. Es war, als wäre es mir endlich gelungen, in eines davon einzutreten. Alles um mich herum wirkte wie zu einem unverfälschten, wunderbaren Komplex einfacher Dinge vergrößert, unendlich viele Einzelheiten gab es zu bemerken, erforschen und genießen – den Geschmack von Brot, den Geruch von Gras, die Farbe des Sonnenscheins. Ich erinnerte mich daran, an jenem Sonntag im Wagen meines Großvaters gesessen und überlegt zu haben, wie es wohl wäre, an der behaglichen Schönheit Albas teilzuhaben, und nun war ich hier. Sogar eine grau getigerte Katze kam hin und wieder zum Kuscheln vorbei. Ich gab ihr Milch und malte mir ein Leben dort aus, das dauerhaft genug war, um eine Katze einzuschließen.

Tief drinnen wusste ich jedoch, dass ich eigentlich nicht dort wohnte, und das machte mich traurig. Manchmal hatte ich das Gefühl, noch nie irgendwo so heimisch gewesen zu sein, und manchmal kam ich mir vor wie ein Bettler am Fenster, geblendet von etwas, das mir nicht gehörte. Jetzt schon plante ich meine Rückkehr. Ich konnte den Gedanken nicht abschütteln, dass ich, wenn ich für immer herzöge, die Last meiner Geschichte abschütteln, dass ich der Vergangenheit entfliehen könnte, indem ich an einem Ort lebte, der sie verkörperte.

Meine Freunde und ich tranken Wein, kochten üppige Mahlzeiten und faulenzten auf der Terrasse, und das war großartig, aber intellektuell war dieser Sommer zutiefst frustrierend. Ich fuhr zu staubigen Archiven und fand Informationsfetzen über Urkunden und Titel und Eheschließungen und Lehnstreue und Freibriefe, aber sie verrieten wenig über die Menschen, die innerhalb der dicken Mauern von Alba und La Roche hungrig und wütend und fröhlich und müde gewesen waren. Die Mediävistik hatte mir eine Welt historischen Wissens enthüllt, die ich ebenso sehr liebte wie das Haus meiner Großeltern, und ich wünschte mir inständig, beides durch eine Art großangelegte, umfassende Feldtheorie der Vergangenheit zu verbinden. Mit dieser bescheidenen Hoffnung hatte ich mich für das Stipendium beworben, aber während ich Steinfußböden schrubbte, nach Schritten auf der Straße horchte oder meine Wäsche in einer Wanne auswrang, sah ich allmählich die Schwachstellen in meinem Plan. All meine Träumereien, wie das Leben wohl für die Menschen hier früher gewesen war, konnte man kaum als Geschichtswissenschaft bezeichnen, und sie erklärten auch nicht, warum ich eine solch tiefe Verbundenheit mit dem Dorf empfand. An vielen Tagen verzichtete ich auf die Archive und zog mich in den verfallenen Teil des Hauses zurück, starrte auf das Durcheinander von alten Zeitungen, staubigen Brettern und durch die Fenster hereinwachsendem

Dornengestrüpp und rätselte, wie das Leben mich an diesen abwegigen, heruntergekommenen Ort hatte treiben können. Ich wusste, dass meine Großeltern und ihr Schweigen dahintersteckten, aber je mehr ich grübelte, desto mysteriöser erschien mir der Zusammenhang zwischen ihren übergroßen Persönlichkeiten und dem Haus in La Roche. Die Geschichte meiner Großeltern war wie ein Märchen, dessen Handlungsablauf in Vergessenheit geraten war, schillernd in seinen Details und Geheimnissen. Ich stellte mir ihre Liebe gern als schwindelnd und sagenhaft vor, von einem schmerzlichen Sehnen getrieben, das ich nicht genau bestimmen konnte. Ich fühlte mich wie eine Archäologin oder Meerestaucherin, ich war überzeugt, wenn ich den Schutt des Hauses gründlich durchsuchte, würde ich etwas Furchtbares oder etwas Wunderbares finden oder vielleicht auch beides, das mir einen Schlüssel, oder doch wenigstens einen Hinweis, zur Geschichte ihrer Liebe und Trennung lieferte. Das jedenfalls spürte ich, doch die Wahrheit lag damals noch in weiter Ferne. Wie weit, ahnte ich nicht. Genauso wenig konnte ich voraussehen, wie lange es dauern würde, wenn ich erst zu graben begann.

Teil 2

Anna, um 1934.
Gefunden in einer alten
Brieftasche von Armand

Armand, 1937, ein Jahr,
nachdem er Anna
kennengelernt hatte

Kapitel 8

Im Anschluss an meine Fahrt nach Alba mit meiner Großmutter und den Sommer 2001, den ich dort verbrachte, beschlich mich ein Gefühl von Verunsicherung und Verlegenheit über meine seltsame, unreife fixe Idee, und eine Zeit lang versuchte ich mir einzureden, es gebe mehr im Leben als die Geschichte meiner Großeltern. Aber selbst als ich mir vornahm, meinem eigenen Weg zu folgen, übten Armand und Anna einen unleugbaren Einfluss auf meine Entscheidungen aus. Von mittelalterlicher Geschichte (dem Haus) zur Geschichte der frühen Neuzeit zu wechseln war, so sagte ich mir, ein sachlicher Entschluss. Ich interessierte mich für die Ursprünge politischer Ideologie und nationaler Identität, und wenn ich diese Themen anhand von Frankreich studierte, war das einfach eine Frage geografischer Kontinuität, sprachlicher Zweckmäßigkeit und der einzigartigen historischen Bedeutung der Französischen Revolution. Doch genauso gut hätte ich England, Italien oder Deutschland wählen können. Frankreich war die Heimat meiner Großeltern und war es auch nicht: Es war das Land, in dem sie sich begegnet waren, in dem sie studiert und sich verliebt hatten, in dem sie gejagt und versteckt worden waren – das Land, in dem zu leben beide bereuten und sich weigerten, in dem sie eine uralte Ruine gekauft und diese sich selbst überlassen hatten. In Kreisbewegungen, aber unaufhaltsam kehrte ich immer wieder an den Ort zurück, den meine Großmutter für mich ausgesucht hatte.

Der Einfluss meiner Großeltern war im Thema meiner

Abschlussarbeit – Jakobinertum im ländlichen Frankreich – nicht unmittelbar erkennbar, bis man eine Karte zurate zog und feststellte, dass die Archive, die ich für meine Recherche im Sommer vor meinem letzten Collegejahr auswählte, sich in Avignon befanden, das rein zufällig eine Stunde südlich von Alba lag. Selbst meine Unterkunft in der Papststadt bewies die beharrliche Einmischung meiner Großmutter in mein Schicksal: Als sie erfuhr, dass ich auf dem Weg nach Avignon war, erinnerte sie sich aufgeregt daran, dass ein Freund von ihr, der Dichter John Allman, einen engen Freund namens David Mairowitz hatte, einen angesehenen amerikanischen Schriftsteller, der dort an der Uni lehrte. Ich kümmerte mich nicht weiter um diese Information, aber ohne mich zu fragen, schrieb sie an John mit der Bitte, mich David anzuempfehlen. Eigentlich hatte ich vorgehabt, in einer Jugendherberge zu wohnen, doch leider war mir entgangen, dass mein Rechercheaufenthalt mit dem Theaterfestival in Avignon zusammenfiel, sodass sämtliche Unterkünfte in der Stadt Monate im Voraus ausgebucht waren. Dank meiner Großmutter hatte ich eine Anlaufstelle, als ich ankam. David hatte Mitleid mit mir, als ich mit meinen schiefen Flechtzöpfen, der Smokinghose aus dem Secondhandladen und der zerknitterten Bluse vor der Tür stand, und ließ mich im Gästezimmer wohnen. In diesem Jahr, 2002, schaffte ich es nur ein Mal für ein Wochenende nach Alba. Die zwei Tage verbrachte ich hauptsächlich mit dem Versuch, ein kaputtes Fenster zu reparieren, was meine Leidenschaft und meinen Beschützerinstinkt für das Haus nur noch verstärkte.

Sosehr ich mich auch für Wissenschaft und Jakobiner interessierte, die Geschichte meiner Großeltern schien mir doch wichtiger als mein gewähltes Sachgebiet. Die Französische Revolution war vorbei und konnte warten, Annas und Armands Abenteuer hingegen empfand ich als glühend lebendig. Je mehr ich darüber nachdachte, desto stärker wurde das Gefühl, ich hätte kein Recht, mein eigenes Leben weiterzuführen, ehe ich nicht erfahren hatte, was in ihrem geschehen war. Eine solche Liebesgeschichte musste doch festgehalten werden. Ich glaubte, das würde nicht viel Zeit in Anspruch nehmen und ich könnte die Arbeit daran in ein Jahr Auszeit zwischen College und Universität pressen. Dem Geheimnis der beiden auf den Grund zu gehen wäre wie Penelopes Weben des Totentuchs: Ich würde alles niederschreiben, es meinen Großeltern vorlegen, und sie würden rufen: »Nein, so war es aber gar nicht!« Dann begänne der Prozess von vorn, indem ich zwischen ihnen hin und her pendelte, eine Geschichte zusammen- und wieder auseinanderbaute, und indessen würde ich mich dem Nullpunkt ihres Todes nähern, ohne ihn je zu berühren.

Ich wollte nach La Roche fahren, da ich glaubte, allein schon dort zu wohnen wäre eine Art Zuhören und hälfe mir, zur Wahrheit vorzudringen. Aber mein Plan hatte Lücken. Zwei, um genau zu sein: Anna und Armand. Es gab keinen Grund zu der Annahme, dass meine Großmutter sich freiwillig zur Protagonistin einer Erzählung von Liebe, Verlust, Trauer und Überleben machen ließe; und mein Großvater wäre aller Wahrscheinlichkeit nach noch weniger kooperativ. Dennoch bat ich sie erneut um die Erlaubnis, in dem Haus zu wohnen.

Am Telefon schärfte mein Großvater mir, wie schon zuvor, ein, den Säufern und Dieben aus dem Weg zu gehen, die seiner festen Überzeugung nach das Dorf bevölkerten. »Ich zeichne dir einen Lageplan von den Leuten, denen du trauen kannst, wenn du dir den Schlüssel abholen kommst«, versprach er mir.

»Dann darf ich also? Du hast nichts dagegen, dass ich dort wohne?«

»Warum nicht? Es gibt aber bestimmt Skorpione«, ergänzte er. »Wahrscheinlich wimmelt es mittlerweile vor Ungeziefer.«

»Natürlich«, sagte meine Großmutter, als bestätigte sie nur einen Plan, den sie selbst geschmiedet hatte.

Ich war zu Besuch in Pearl River. Wir spazierten zusammen durch ihr Wohnviertel, und Oma, noch nie der Typ Mensch, der einem für ihn abgesteckten Pfad folgte, kürzte über einen Streifen Wiese zwischen zwei Bürgersteigen ab. Auf halber Strecke blieb sie plötzlich stehen. »Versprich mir nur eins«, sagte sie. Ich hielt ebenfalls an und wartete, bis sie wieder zu Atem gekommen war. Ihre Reise nach Frankreich war tatsächlich ihre letzte gewesen. Seitdem mied sie Flugzeuge und entfernte sich selten weiter von ihrem Haus als bis zum nahen Supermarkt oder zum Park und zur Bücherei, und das auch nur zu Fuß.

»Was denn?«

»Komm nicht nach Hause.«

»Ich soll nicht nach Hause kommen? Natürlich komme ich nach …«

»Zu meiner Beerdigung«, unterbrach sie mich. »Oder, du weißt schon, wenn mir irgendwas zustoßen sollte. Bleib, wo du bist.«

»Sag doch so was nicht.«

»Was? Ich bin in meinem einundneunzigsten Jahr.« Meine

Großmutter war die einzige Frau, der ich je begegnet bin, die sich selbst älter klingen ließ, als sie tatsächlich war. »Ich war nicht auf der Beerdigung meiner Großmutter. Wir haben uns vorher gesehen und gesagt, was wir einander zu sagen hatten. Ein Grab ist gar nichts. Nur die Erde, in die sie deinen Körper legen.«

»Wenn es sein muss. Aber bitte, ich hoffe, du bleibst noch ein Weilchen. Ich bin ja nur ein Jahr weg.«

Ich bot ihr meinen Arm. Sie nahm ihn nicht. »Was sage ich dir immer?«, tadelte sie. »Hilf niemals einem alten Menschen. Wir müssen in Form bleiben.«

»Du bist super in Form«, entgegnete ich, als könnte ich ihr ausreden, alt zu sein. »Sieh dich doch an. Du kommst wunderbar zurecht. Du machst sogar noch dein Yoga.«

Mit einer Handbewegung tat sie diese Feststellungen ab. »Meine Augen lassen nach.« Sie blieb unter einer Gruppe Eichen stehen, und die Nachmittagssonne sickerte durch die Zweige und beleuchtete die Blätter wie von innen. Ich fragte mich, was sie mit ihren alternden Augen wohl sah oder nicht sah. »Vierblättrige Kleeblätter«, entgegnete sie, als hätte ich die Frage laut gestellt. »Du weißt, dass ich früher andauernd welche gefunden habe.«

Ich nickte und dachte dabei an meinen Großvater und die Handvoll Kleeblätter, die ich ihm zu schenken versucht hatte. Auch fiel mir ein winterlicher Besuch bei meiner Großmutter ein, als ich vier oder fünf war. Oma hatte mich zum Spielen allein nach draußen in den Schnee gehen lassen, und ich war gleich aus meinen Gummistiefeln geschlüpft, weil sie mir zu groß waren, und in Strümpfen weitergestapft. Bevor ich überhaupt begriffen hatte, was passierte, war meine Großmutter schon aus dem Haus gestürmt, hatte mich die Treppe hochgetragen, mir die nassen Kleider ausgezogen, mich in eine Wolldecke gewickelt und vor den Holzofen gesetzt. Dabei hatte sie wütend etwas von Frostbeulen gemurmelt. Dieses Adlerauge und die Schnelligkeit trugen zu der Hexenhaftigkeit bei, die ich an ihr so bewunderte und mein Großvater so verstörend fand.

Oma hatte sich immer noch nicht gerührt. »Ich kann sie nicht mehr sehen. Ich kann nicht so weit sehen.« Seufzend zuckte sie die Achseln. »Macht aber nichts. Ich weiß, dass sie da sind. Ich sage mir, dass sie jetzt jemand anderes findet.« Ich betrachtete sie mit großer Liebe und ein wenig Traurigkeit, wie sie so reglos und resolut dastand in ihrem Kinderjeanshütchen mit den Neonspritzern und den komischen Schuhen, eine winzige Galionsfigur auf einem Grashügel am Rande von New York.

Dann sah ich noch einmal hin. Zu ihren Füßen wuchs ein Ring von vierblättrigen Kleeblättern, ordentlich um ihre Zehen herum gruppiert.

»Oma!«, rief ich und ging in die Hocke, um sie zu pflücken. Ich streckte sie ihr entgegen, aber sie schob meine Hand weg.

»Behalt du sie.« Sie legte meine Finger fest um den Strauß. »Du bist jetzt an der Reihe, Glück zu haben. Ich brauche sie nicht mehr.«

Als wir nach dem Spaziergang nach Hause kamen, setzte Oma sich hin und ruhte sich ganze dreißig Sekunden lang aus, dann stand sie wieder auf. »Ich hab was für dich.« Sie ging aus dem Zimmer und kehrte mit einem acht Zentimeter dicken Stapel kopierter Blätter zurück.

»Was ist das?«

»Meine Flüchtlingsakte. Ich habe sie aus dem Schweizer Archiv bestellt. Kannst du dir das vorstellen? Sie haben solche Akten über uns angelegt, und sie haben sie noch.«

»Was steht drin?«

Oma zuckte die Achseln. »Ich hab sie mir nicht allzu genau angesehen. Es hat Erinnerungen geweckt.«

Ich blätterte kurz durch die Seiten, und als sie wieder auf den Stapel zurückfielen, wehte mir ein Lüftchen über die Fingerspitzen. »Danke.«

»Na ja, du stellst mir immer Fragen, und ich werde langsam zu müde, um sie zu beantworten.« Oma setzte sich wieder, dieses Mal schwerfällig. »Möchtest du was essen?«

Ich schüttelte den Kopf.

Und dann, ganz nebenbei, sagte sie: »Es ist gut, dass du in der Nähe deines Großvaters bist. So kannst du ein Auge auf ihn haben. Er braucht dich.«

Im Februar 2004, als ich in der Wohnung meines Großvaters in Genf eintraf, um den Schlüssel zum Haus in La Roche abzuholen, bemerkte ich, dass die sonst perfekte Ordnung bei ihm leicht durcheinandergeraten wirkte. Ich hatte geschrieben und angerufen, um ihn an meine Ankunftszeit zu erinnern, aber er schien überrascht, wenn auch nicht gänzlich unerfreut, mich zu sehen.

»Das ist eine ganze Menge Gepäck«, bemerkte er mit einer missbilligenden Geste auf meinen Koffer.

Automatisch nahm ich an, sein Vergessen sei eine Art Tadel. »Es ist ja für ein ganzes Jahr«, erklärte ich.

»Ach ja? Na, in dem Fall ist es wohl gar nicht so viel. Möchtest du Tee?«

»Ja, bitte.« Ich zog meinen Koffer ins Wohnzimmer und achtete sorgsam darauf, die Spuren im grünen Teppichboden wieder zu glätten. Normalerweise legte Opa, wenn ich zu Besuch kam, einen säuberlichen Stapel Bettzeug auf den Stuhl am Fußende der Klappcouch. Dieses Mal lag da nur ein Stapel Papier.

Opa erschien im Türrahmen. »Miranda, ich weiß nicht, wie du deinen Tee gern trinkst. Schwach, mittel oder stark?«

»Mittel, bitte.« Ich richtete mich auf und lächelte. Irgendwie wirkte er milder als sonst, was mich misstrauisch machte.

Aus der Küche hörte ich ihn rufen: »Entschuldige, ich habe deine Antwort nicht gehört. Schwach, mittel oder stark?«

»Mittel reicht vollauf – ich wasche mir nur schnell die Hände.«

»Miranda«, ertönte es.

Ich eilte zurück in die Küche.

»Ah, da bist du ja. Also, wie trinkst du deinen Tee am liebsten? Schwach, mittel, stark?«

»So, wie du ihn magst«, erwiderte ich. War das eine Art Test? »Mittel?«

Das Teekochen, früher ein einfaches, festes Ritual, war seltsam chaotisch geworden. Opas Wasserkocher stand unbeachtet auf der Fensterbank, während in einem Topf auf dem Herd Wasser verkochte. Er nahm wahllos einen Tee aus dem Schrank, und ich sah, dass die sorgsam beschrifteten Gläser, die immer in Reih und Glied angeordnet gewesen waren, nur noch planlos herumstanden. »Wie möchtest du den …«

»Mittel, bitte.«

»Ach ja« – da war seine triumphierende Verschmitztheit wieder –, »aber heißt das mittelstark oder mittelschwach?«

»Mach, wie du meinst.« Meine Besorgnis ließ etwas nach.

»Ich weiß nicht mehr, ob du Milch in den Tee nimmst?«

»Ja, bitte.«

»Ich bin mir nicht sicher, ob welche da ist.« Er zog ein nachdenkliches Gesicht.

»Ich sehe mal nach.« Ich öffnete den Kühlschrank und

fand darin ein Durcheinander, das meinen Verdacht bestätigte. Die Fächer quollen über von einem schier endlosen Vorrat der Zutaten, die Opa offenbar jeden Tag einkaufte, dann vergaß und neu kaufte: Gruyère-Käse, Endivien, Butter, Oliven, Eier und Kartoffeln, immer und immer wieder.

In der Tür entdeckte ich eine ungeöffnete Milchpackung, überprüfte das Haltbarkeitsdatum und nahm sie mit in die Küche.

»Zucker brauchst du nicht, oder?«, fragte Opa.

»Nein, nein.«

»Milch?«

»Ist hier.« Ich nahm zwei chinesische Teeschalen aus dem Schrank und stellte sie auf das Tablett.

»Ich glaube, wir trinken den Tee im Esszimmer«, schlug er vor. »Wenn du bitte das Tablett trägst.«

Drüben wartete ich, bis er einige Papierstapel ans andere Ende des Tisches geschoben hatte, um ein bisschen Platz für uns zu machen. Er blickte auf. »Möchtest du Milch in den Tee, Miranda?«

»Ist schon hier, Opa.«

»Ah, ja. Ich hole nur schnell die Teekanne.«

»Ist auch hier.«

»Ach, ja. Dumm von mir. Zucker?«

»Nein, danke.«

»Ich auch nicht.« Bedauernd betrachtete er seine kleine Schüssel voller Zuckertütchen, viele davon geöffnet und halb leer, alle aus unterschiedlichen Genfer Cafés.

Wir setzten uns.

»Darf ich dir Tee einschenken?«

Wir nippten an unserem Tee. Er lächelte mich an.

»Es ist schön, hier zu sein«, sagte ich.

»Ich freue mich, dass du da bist. Wie bist du hergekommen? Tut mir leid, dass ich dich nicht abholen konnte – vielleicht habe ich dir schon erzählt, dass ich mein Auto weggegeben habe«, erklärte er. »An ein junges Paar bei den UN.«

»Warum?«, fragte ich.

Er zuckte mit den Schultern. »Ich brauche es nicht mehr. Es ist zu viel Aufwand. Ich werde zu alt für ein eigenes Auto. Wenn ich irgendwohin muss, kann ich ja den Zug oder das Flugzeug nehmen.«

Ich wusste nicht, was ich sagen sollte. Es war das erste Mal, dass ich meinen Großvater je hatte zugeben hören, dass er älter wurde. Schweigend tranken wir unseren Tee aus, dann stand ich auf.

»Wenn es dich nicht stört, räume ich mal deinen Kühlschrank auf«, sagte ich und wartete darauf, dass er bei einem solch unverschämten Vorschlag einen Wutanfall bekam.

»Wenn du möchtest«, sagte er. »Ich glaube, ich habe das schon länger nicht mehr gemacht.«

Ich verkniff mir ein Lächeln. »Das glaube ich auch.« Opa stand auf und sah mir eine Weile zu, dann spazierte er ins Wohnzimmer. Beim Putzen überlegte ich angestrengt, was ich tun sollte. Mein Großvater war achtundachtzig, und abgesehen von einem freundlichen Paar in der Wohnung gegenüber hatte er niemanden, der ihm helfen oder sich um ihn kümmern konnte. Er hatte beinahe jeden aus seinem Leben vergrault. Und er hatte offensichtlich auch keine Vorkehrungen für sein Alter getroffen. Dass er noch sauber und ordentlich und bei Verstand war, schien ihm auszureichen. Wie viel Hilfe brauchte er, und wie bald? Und wie sollte ich sie leisten? Als ich mit dem Kühlschrank fertig war, ging ich ihn suchen. Er saß mit einem Stapel Büchern im Wohnzimmer und starrte ins Leere. »Ich muss den Müll rausbringen«, erklärte ich. »Und dann gehe ich ein Paar Gummihandschuhe und Putzzeug kaufen. Außerdem noch ein paar Sachen fürs Abendessen.«

»Wozu?«

»Ich habe den Kühlschrank aufgeräumt. Er ist wirklich ziemlich dreckig.« Mir blieb meine Unhöflichkeit, mein herrischer Tonfall, meine Anmaßung fast im Halse stecken, aber er schien es gar nicht zu bemerken. »Und jetzt, wo ich alles weggeworfen habe, was verdorben oder abgelaufen war, haben wir nichts mehr zu essen.« Er sah mich skeptisch an. »Ich zeig es dir.« Er stand auf, und wir liefen zusammen in die Küche.

»Aha.« Es wurde kurz still. »Das alles war im Kühlschrank?« Er zählte die Mülltüten, die im Flur darauf warteten, nach unten getragen zu werden. »Du hast hier wirklich ganz schön gearbeitet, Miranda. Ich habe ein ziemlich schlechtes Gewissen.«

Wenn ich schon überrascht gewesen war, dass Opa sein eigenes Altern eingestand, dann war ich geradezu erschrocken, dass er freiwillig aussprach, was er empfand. »Ist ja nicht deine Schuld«, versicherte ich ihm. »Du erinnerst dich eben nicht.«

Letzten Endes aßen wir an jenem Abend auswärts, und ich beobachtete meinen Großvater beim Studieren der Speisekarte. Er notierte sich seine Wahl auf einem Zettelchen, steckte es in seine Hemdtasche, schrieb ein anderes Gericht auf die Serviette und bestellte dann etwas völlig anderes, als der Kellner kam. Es war sehr kalt geworden, als wir das Restaurant verließen. Das sagte ich, und Opa bot mir seinen Arm an. In einträchtigem Schweigen spazierten wir weiter.

»Ich hoffe, du findest die Couch bequem«, sagte Opa, als hätte er über das Thema schon geraume Zeit nachgedacht.

»Natürlich. Ich liebe diese Couch. Sie ist wie ein alter Freund.«

»Ehrlich?« Opas Stimme klang, als hätte ich etwas extrem Sonderbares gesagt.

»Na ja, ich schlafe ja schon darauf, seit ich ein Kind bin«, erinnerte ich ihn.

»Ehrlich?«

»Als ich auf dem Internat war, habe ich jedes Wochenende darauf geschlafen.« Ich spürte einen schwachen Anflug von Besorgnis.

»Aber wo haben wir uns kennengelernt?« Das war Opa, der Gentleman, verwirrt, aber immer höflich, immer geduldig mit Fremden.

»Weißt du, wer ich bin?«

Er schüttelte den Kopf.

»Ich bin deine Enkelin.«

Er blieb stehen und sah mich an.

»Weißt du, wer meine Mutter ist?« Ich drehte mich ebenfalls zu ihm um. *Wie kalt es draußen ist, wie bitterkalt*, dachte ich. Ich wollte weiterlaufen, konnte aber nicht, da mein Arm fest in seiner Armbeuge klemmte. »Angèle«, erklärte ich. »Ich bin Angèles Tochter.«

Seine blauen Augen wurden groß und traurig. »Aber sicher. *Tu vois? Tu vois comme je suis devenu idiot.*« Wir gingen weiter. Zu Hause wünschten wir einander eine gute Nacht, und ich setzte mich auf mein schmales Bett und weinte. Ich hätte alles gegeben, meinen bissigen alten Großvater wiederzuhaben.

Am nächsten Morgen wachte ich in einer stillen Wohnung auf. Aus dem Schlafzimmer meines Großvaters hörte ich das Radio murmeln, also klopfte ich zaghaft an seine Tür. »Herein«, rief er. Ich machte auf und stellte fest, dass ich meinen Großvater noch nie im Liegen gesehen hatte. Er lächelte mich an, das alte vorsichtige Lächeln mit den seelenvollen blauen Augen. »Ah, Miranda.«

Ich empfand eine so ungeheure Erleichterung, dass ich dachte, ich würde zerfließen. »Du erinnerst dich an mich?«

Er wirkte leicht beleidigt – wundervoll! »Aber natürlich. Ich mag ja langsam alt werden, aber so tatterig bin ich noch nicht.«

In den nächsten Tagen telefonierte ich hektisch mit diversen Seniorendiensten. Ich vereinbarte einen Hausbesuch mit der für die Belange von Pensionären zuständigen Sozialarbeiterin der UN, und mein Großvater empfing sie herzlich. Er nahm die Broschüren über Altersvorsorge, betreutes Wohnen und Pflegedienste entgegen, bot ihr wiederholt Tee an und schüttelte ihr zwei Mal die Hand, als sie ging. »Sie wirkt recht nett«, meinte er, als sie fort war. »Aber ich habe keine Ahnung, wozu ich das ihrer Meinung nach alles brauchen soll.« Er deutete auf die Broschüren.

Vorsichtig sagte ich: »Du hattest in letzter Zeit Probleme mit dem Gedächtnis.«

»*Das* weiß ich auch. Aber es ist ja wohl noch lange kein Grund, mich wie einen alten Trottel zu behandeln.«

Ich gab keine Antwort. Wenn er den Überblick über Tee und Lebensmittel nicht mehr behalten konnte, was kam als Nächstes? Was würde ihm als Nächstes entgleiten?

Solche Fragen machten meinem Großvater offenbar nicht im Geringsten zu schaffen. »Hast du gesehen, dass ich meine Bibliothek neu sortiert habe?«

»Nein, ist mir noch nicht aufgefallen.« Mein Großvater besaß so viele Bücher, dass er sie doppelreihig aufstellen musste. Außer im Esszimmer, wo er eine weiße Regalwand nur halb voll behielt, ein Versprechen an sich selbst, dass immer noch Platz war.

»Na ja, nicht die ganze Bibliothek«, schränkte er ein. »Nur das Regal hinter dir.«

Er beschrieb mir seine neue Ordnung, erklärte, dass er zum Beispiel seine ledergebundenen Ausgaben von Lessing und Mendelssohn nebeneinandergestellt habe, da die beiden Männer im echten Leben befreundet gewesen seien. Ich strich mit den Fingern über die goldgeprägten Rücken. Im nächsten Fach entdeckte ich eine Anthologie zeitgenössischer Lyrik, deren bunter Taschenbucheinband überhaupt nicht zu den umstehenden Bänden passte. Ich holte sie heraus und blätterte darin.

»Welches ist das?«, fragte mein Großvater. Ich zeigte es ihm.

»Ach ja. Das habe ich in einem Buchladen in St. Pancras gekauft, wegen des Namens eines der Dichter.«

»Welcher?«

Er lächelte. Das war genau die Art von Ratespiel, die er mochte. »Was glaubst du?«

Ich las die Autorenliste durch. Keiner kam mir bekannt vor. Ich schüttelte den Kopf. »Weiß ich nicht.«

Er deutete auf einen Namen: »Fraenkel.«

»Wer war das?«

Mein Großvater klappte das Buch zu und stellte es weg. »Ich hatte einen Freund mit demselben Namen. Fébus Fraenkel. Ein österreichisch-ungarischer Medizinstudent. Er spielte Schach, beziehungsweise hat er sich sogar Geld damit verdient, Schachaufgaben zu schreiben. Ein wirklich außergewöhnlicher Spieler. Wir spielten früher miteinander. Er ließ mich zur Eröffnung einer Partie immer zweimal hintereinander ziehen. Ein kluger Mann.« Er seufzte. »Er war derjenige, der mich mit deiner Großmutter bekanntgemacht hat.«

»Ach wirklich?«

Er nickte.

»Wann war das? Wann bist du … meiner Großmutter begegnet?« Mittlerweile hatte Opa den abwesenden Gesichtsausdruck, der oft seinen Tiraden über meine Großmutter vorausging, und ich machte mich auf den unvermeidlichen Ausbruch gefasst.

»Mitte der Dreißiger.«

»Neunzehnhundertfünfunddreißig? Sechsunddreißig?«

»Das weiß ich nicht mehr genau. Es muss nach fünfunddreißig gewesen sein, weil ich schon auf der Universität war. Sie wollte, dass ich ihre Doktorarbeit Korrektur lese.« Er verstummte.

»Und, hast du?«

»Ein bisschen.«

»Wie hat dein Freund euch miteinander bekanntgemacht?«

»Oh, Fraenkel war clever, sehr clever. Viel schlauer als ich – hätte ich das nur gewusst … Er wollte sie loswerden, verstehst du.«

»Und?«

»Tja, er wusste, er würde ihren Klauen weniger schmerzhaft entkommen, wenn sie sich an jemand anderem festbeißen könnte. Ziemlich schmutziger Trick, was?«

Ich war unsicher, was ich dazu sagen sollte.

»Damals war ich sehr naiv. Hast du Proust gelesen?«

Etwas verletzt nickte ich. »Aber natürlich, du hast ihn mir doch früher vorgelesen.«

»Ehrlich?«

»Ja, gleich dort am Esszimmertisch. Du hast mir Lindenblütentee und Madeleines vorgesetzt und mir vorgelesen.«

Er wirkte zufrieden mit sich. »Wie klug von mir.«

Das war nicht das erste Mal, dass er seine Beziehung zu

meiner Großmutter mit der von Swann und Odette verglich, und ich hatte *Eine Liebe von Swann* bereits nach sachdienlich erscheinenden Passagen durchsucht:

> *(...) [die] ihm von einem Freund aus alten Tagen im Theater vorgestellt wurde, der von ihr als einer hinreißenden Frau gesprochen hatte, mit der man vielleicht etwas anfangen könnte, wobei er sie aber als schwerer zu erobern darstellte, als sie in Wirklichkeit war, um sich den Anschein zu geben, mit der Vorstellung eine große Gunst erwiesen zu haben (...)*

»Sah sie aus wie Odette?«

»Wer?«

Ich machte einen neuen Versuch. »Wie war sie? Was gefiel dir an ihr?«

»Sie hatte wunderschöne Haare. Pechschwarz. Blasse, weiße Haut. Blaue Augen.«

»Wie Schneewittchen?«

»Ja. Wie Schneewittchen.«

Wir schwiegen beide. Nach einer Weile schreckte mich die trockene, glatte Stimme meines Großvaters aus den Gedanken auf. »Besucht sie dich? Seraphina?« Ich blickte auf. Er beugte sich vor. »Das ist mein ironischer Spitzname für sie, weißt du.«

Das hat er wenigstens noch nicht vergessen, dachte ich. In seiner Stimme schwang der mir wohlbekannte gefährliche Unterton mit, aber dieses Mal mischte sich bei mir Erleichterung unter die nervöse Anspannung, die mich immer erfasste, wenn er kurz vor einem seiner Wutanfälle über meine Großmutter stand.

»Besucht sie dich noch, Miranda?« fragte Opa erneut.

Ich wählte meine Worte mit Bedacht. »Sie wird auch älter. Das Reisen fällt ihr schwer.«

Er paffte seine Pfeife, wodurch das Esszimmer aromatisch und warm roch. »Du hast nicht viel mit ihr zu tun, oder?«

Ich rutschte auf meinem Stuhl herum und legte die Füße auf den Mittelbalken des Tisches. »Ich schreibe ihr«, erwiderte ich misstrauisch. »Und ich besuche sie.«

Seine Stimme klang gepresst. »Du kennst sie nicht so wie ich.«

»Nein«, räumte ich ein. Seine eigentlich luftige, schöne Wohnung zog sich um uns zusammen. »Ich glaube nicht.«

»Selbst damals hätte ich es wissen müssen.«

»Was wissen müssen?«

Er sah mich finster an. »Einmal habe ich sie abgeholt, um mit ihr gemeinsam an ihrer Dissertation zu arbeiten. Aber sie wollte mich partout nicht in ihr Zimmer lassen. Sie steckte nur den Kopf heraus und sagte: ›Warte.‹« Er sprach mit der hohen, affektierten Stimme, die er immer einsetzte, wenn er sie nachahmte. »Dann schloss sie die Tür wieder. Also wartete ich und hörte Geräusche, und dann quetschte sie sich durch einen Türspalt heraus, wie ein Krebs«, er wedelte mit imaginären Scheren, »schloss sie hinter sich und lächelte.« Jetzt verzog er den Mund zu einem klebrig süßen Lächeln. »Dann sagte sie: ›Wir können jetzt gehen.‹«

»Was bedeutet das?«

»Das *bedeutet*«, sagte er, beugte sich wieder über den Esszimmertisch und sah mich über seine Brille hinweg an, die hellblauen Augen zornig geweitet. »Es *bedeutet*, dass sie einen Mann da drin versteckt hatte.«

Kapitel 9

Da es in dem Haus in La Roche keine Heizung gab, kehrte ich zunächst in das Gästezimmer in Davids Wohnung in Avignon zurück. Er hatte angeboten, es mir zu vermieten, falls ich einmal eine Unterkunft brauchen sollte. Dort wollte ich bleiben, bis es warm genug wurde, um nach Alba zu ziehen. Ursprünglich hatte ich vor, die kalten Monate zu nutzen, um zu sortieren, was ich über meine Großeltern wusste und was nicht, ihre Geschichten zu skizzieren und mir zu überlegen, welche Fragen ich ihnen zu stellen hatte – und zu stellen wagte. Mein vorübergehendes neues Heim mit seinen hohen Fenstern, vollen Bücherregalen und farbenfrohen Teppichen kam mir vor wie eine Atempause von den Sorgen um meinen Großvater. Außerdem bot es den zusätzlichen Vorteil, nur eine kurze Zugfahrt von Genf entfernt zu liegen.

Die U-förmige Wohnung nahm das gesamte Erdgeschoss eines Gebäudes noch innerhalb der alten Stadtmauer ein. Ich bewohnte eine Seite des U und hatte ein Bad und ein Arbeitszimmer ganz für mich. Es war genau das, was Virginia Woolf mit einem Zimmer für sich allein gemeint hatte, ein wunderschöner, ruhiger Raum zum Schreiben – und, ebenso wichtig, ein Raum, in dem ich ungestört von der Außenwelt ich selbst sein konnte.

Wenn David nicht gerade unterwegs war, um sich mit Radiosendern in ehemaligen Ostblockländern zu beraten, merkwürdige Fakten über Diktatoren auszugraben, an Opernlibretti mitzuschreiben oder sich Preise in Italien abzuholen, zog er sich in seine Wohnungshälfte zurück und schrieb. Wir ließen einander viel Raum und vermieden Plaudereien, aber in der Küche, unserem Gemeinschaftsrevier, entwickelten wir eine merkwürdige Vertrautheit. David war weder mein Dozent noch mein Kommilitone noch mein Mentor, und er versuchte auch nicht, eines davon zu sein. In der Folge wurde er von allem ein bisschen. Er lieh mir Bücher über die Zeit, mit der ich mich befasste, hörte sich meine Überlegungen über die Vergangenheit meiner Großeltern an und las verschiedene Fassungen meiner ersten Buchkapitel. Ich versuchte, mir ein Beispiel an der Disziplin und Sorgfalt zu nehmen, die er auf seine eigene Arbeit verwandte. Sonst kannte ich niemanden in der Stadt, aber das machte mir nichts aus. Ich war zum Schreiben da. In vielerlei Hinsicht kam es mir nicht so vor, als lebte ich an einem echten Ort. Frankreich war für mich eher wie eine riesige Gedächtnishilfe: Wenn Fébus Fraenkel und das Datum der ersten Begegnung meiner Großeltern einfach so aus einem zufällig im Regal meines Großvaters ausgewählten Buch springen konnten, musste ich unentwegt horchen, unentwegt wachsam sein, Ausschau nach dem winzigsten Hinweis halten.

In Avignon wurde mir langsam das Ausmaß meiner Ahnungslosigkeit bewusst: Ich kannte fast keine Fakten, keine Abläufe, keine Ortsangaben. Als ich versuchte, eine Zeitachse für die Beziehung meiner Großeltern zu erstellen, merkte ich, dass ich nicht einmal wusste, in welchem Jahr sie geheiratet hatten. Als hätte sie diese Schwachstelle in meinem Plan vorausgesehen, schickte meine Großmutter mir in der Woche meiner Ankunft ein Päckchen mit einer Sammlung von Notizbüchern und Texten. »*Ich dachte mir, du findest sie vielleicht nützlich*«, schrieb sie. Die Geschichten und Aufsätze, die sie zum Großteil in kreativen Schreibkursen an ihrem örtlichen Seniorenzentrum verfasst hatte, wiesen keine spezielle Ordnung auf, und es waren auch mehrere Fassungen und Kopien derselben Texte darunter. Wenn Omas gesprochene Worte ein Strom waren, ähnelte ihr Schreiben einem dichten Informationsdschungel, von dem nur manches etwas mit den Fragen zu tun hatte, für deren Antworten ich mich interessierte. Ich las alles, in der Hoffnung, meinen Großvater irgendwo zu entdecken oder doch zumindest ein Schweigen oder eine Leerstelle, in die er vielleicht passte.

1931 begann meine Großmutter ihr Medizinstudium in Straßburg, mit achtzehn Jahren.

> *Ich war begeistert. Es herrschte ein sehr reges und intensives kulturelles Leben … Während meiner Zeit in Straßburg sah ich die gesamten* Nibelungen *von Wagner … Jedes Frühjahr die englischen Shakespeare-Stücke, Konzerte, Theater in Hülle und Fülle, um davon zu zehren, wenn ich, träumte ich anfänglich, im Dorf meiner Großmutter oder in der Nähe praktizieren würde.*

Frankreich zwischen den Weltkriegen war ein berauschender Ort zum Jungsein, wenn auch die Freiheit, Kreativität und Toleranz, selbst in der Erinnerung meiner Großmutter, schon von der Dunkelheit, die bald folgen sollte, getrübt war.

> *In Pharmakologie schnitt ich so gut ab, dass der Prüfer mir anbot, in seinem Forschungslabor zu arbeiten. Daraus wurde nichts, weil Hitler schon an die Macht gekommen war, und wir sahen jüdische Studenten den Rhein überqueren, um Zuflucht zu suchen. Ein paar Tage lang versteckte ich nachts einen jüdischen Medizinstudenten in meinem*

Zimmer. Frauen durften zu Besuch kommen, aber selbst Väter und Brüder waren auf den Zimmern verboten.

Als ich das las, erinnerte ich mich an das Zischen meines Großvaters: »Sie hatte einen Mann da drin versteckt.« Ich fragte mich, ob ihm seit siebzig Jahren ein Missverständnis zu schaffen machte. Dennoch konnte ich seine heftige Eifersucht allmählich nachvollziehen. Nicht nur fehlte er vollständig in ihren Texten, er hatte offenbar auch eine Menge Konkurrenz gehabt.

Ein Absatz mäanderte durch eine Auseinandersetzung mit einem Bakteriologiedozenten, der sie durchfallen ließ, weil sie einem anderen Studenten geholfen hatte, einem Mann namens Rosenfeld, der dank Annas Unterstützung den Kurs bestand. Der Absatz endete mit einem Antrag: »*In unserem Abschlussjahr bat er mich, ihn zu heiraten und nach Montreal zu ziehen.*« Unwillkürlich fragte ich mich, ob sie je bereut hatte, Rosenfelds Angebot und die Sicherheit, die ein Leben in Kanada ihr geboten hätte, ausgeschlagen zu haben. Oder auch das der anderen, die sie zurückgewiesen hatte: den Sohn des ägyptischen Konsuls zum Beispiel oder einen Studenten aus Indochina, den sie bei einem Sonntagstee kennengelernt hatte.

Ich durchforschte ihre Schilderungen von Kursen, Verehrern und gesellschaftlichen Ereignissen nach einer Gelegenheit, bei der meine Großeltern sich in dem Jahr, in dem Oma ihre Dissertation schrieb, hätten begegnen können. Aber es machte den Eindruck, als hätten die beiden kaum Zeit für eine Tasse Kaffee gehabt. In ihrem letzten Studienjahr fuhr Anna nach England, um ihren Laborleiter auf einer Konferenz zu vertreten (wo jeder, wie sie mir immer genüsslich erzählte, sie mit der Prinzessin Marie von Rumänien verglich), und unternahm ihre letzte Reise nach Hause, um für ihre Doktorarbeit zu recherchieren, jene legendäre Zugfahrt, bei der sie den Handlungsreisenden die Karten legte. Nach ihrer Rückkehr nach Frankreich »*kam ich wegen einer besonders bösartigen Lungenentzündung mit sehr hohem Fieber ins Krankenhaus, wo ich, wie man mir später erzählte, die erste Woche in einem leichten Koma lag, auf der Isolierstation, mit Besuchsverbot*«. Ihre Freunde, die sich am Krankenhausempfang nach ihr erkundigten, erhielten eine so düstere Prognose, dass sie schon für einen Trauerkranz sammelten, ein Umstand, den meine Großmutter unendlich erheiternd fand. »*Nur die Abgabe meiner Dissertation hat sich verzögert*«, freute sie sich. Möglicherweise weil ich mich selbst gerade ziemlich entmutigt fühlte, stellte ich mir meinen Großvater vor, wie er niedergeschlagen von der Klinik nach Hause lief und eine Münze für das Gesteck in die Sammelbüchse warf. Und sollte er (oder ich) gehofft haben, dass Annas Rekonvaleszenz ihnen etwas Zeit zusammen ermöglichen würde, verriet die weitere Lektüre, dass sie nach ihrer Entlassung aus dem Krankenhaus zur Erholungskur in die Berge fuhr.

Die fehlenden Beweise für ein Teilhaben meines Großvaters an ihrem Leben verstärkten nur meine Überzeugung, dass die beste Methode zur Aufdeckung des Geheimnisses meiner Großeltern war, mich in sie hineinzuversetzen. Mit meiner Großmutter identifizierte ich mich so stark, und meinen Großvater kannte ich so gut, dass ich mir sicher war, herausfinden zu können, was passiert war, wenn ich nur sämtliche Fakten um mich herumbauen konnte wie in den Pappschachtel-Dioramen meiner Kindheit.

Brieflich beantwortete Oma meine Fragen wie üblich um die Ecke. »*Ich habe vergessen, in welchem Studienjahr ich deinen Großvater kennengelernt habe, weiß aber, wo. In einem sehr beliebten Café für Studenten nicht weit von der Universität.«* Beiläufig erwähnte sie, dass er damals Kurse in deutscher Literatur belegte, obwohl er keine Hochschulreife besaß – ich erinnerte mich, dass sie ihn einmal einen Kriegsgewinnler genannt hatte, da es ihm später gelungen war, über ein Flüchtlingshilfsprogramm in der Schweiz einen Uniabschluss zu machen, ohne je die höhere Schule beendet zu haben. Ein Witz für sie; eine Kränkung für ihn. »*Als ich mich mit Armand anfreundete… begann ich die Recherche für meine Doktorarbeit, [und] er half*«, räumte Oma ein. »*Aber nicht so viel wie Prof. Larousse.«*

Ich stellte mir Armand und Anna vor, wie sie im Trubel eines großen Cafés saßen und einander verstohlen betrachteten. Er war sicherlich befremdet von ihrer grenzenlosen, offenherzigen Gesprächigkeit gewesen, sie fasziniert und genervt von seiner Verschlossenheit und der peniblen Sorgfalt, mit der er jedes Wort gewählt hatte. Je mehr ich darüber nachdachte, desto weniger glaubte ich, dass es, wie meine Mutter mir mit dreizehn gesagt hatte, einfach gefunkt hatte. Beziehungsweise mutmaßte ich, dass der Funke nur unterschwellig da gewesen war.

Auf den ersten Blick mochten sie einander nicht, entschied ich. Es war Herbst 1936, und Anna hatte einen furchtlosen Blick und ein Lächeln, das sie wie einen Suchscheinwerfer auf ihr Gegenüber richtete. Ihre schwarzen Haare waren wahrscheinlich im Nacken zu einem lockeren Knoten geschlungen, immer kurz davor, sich zu lösen. Sie hatte ein bisschen gebraucht, um sich hinzusetzen, da sie erst ein halbes Dutzend Leute begrüßte, jeden anlächelte oder die Stirn besorgt in Falten legte oder auf eine Art und Weise lachte, der Armand misstraute.

Armand saß mit seinem Freund Fraenkel am Tisch und

wartete darauf, dass der seine Unterhaltung beendete, damit sie ihre Schachpartie beginnen konnten. Vielleicht sprach Fraenkel über Politik, und Armand war nicht in Stimmung für ernste, anspruchsvolle Debatten. Er war nicht sehr schlagfertig. Ruhig saß er da und lächelte knapp, als jemand sich ihm zuwandte, um ihn in das Gespräch mit einzubeziehen. Es fiel ihm sicher schwer, sie nicht anzusehen. Jedes Mal, wenn sie etwas sagte, schaute er sich bestimmt unauffällig am Tisch um, was die anderen wohl von ihr hielten, halb in der Hoffnung, jemandes Blick aufzufangen und darin eine ähnliche Geringschätzung zu entdecken.

Anna bemerkte vermutlich, dass Armand sie beobachtete – sie merkte immer, wenn jemand sie beobachtete –, und auch, dass er demonstrativ ignorierte, was sie sagte. Anna mochte Witze auf ihre eigenen Kosten, also erzählte sie vielleicht die Geschichte von ihrer Verhaftung in einem Kabarett wegen zu lauten Lachens. Daraufhin raunte Armand Fraenkel eine spöttische Bemerkung zu – »Ihr Charme ist offenbar so einschüchternd, dass ein Gesetzeshüter erforderlich ist, um ihn gefahrlos zu würdigen« –, und Fraenkel stellte die beiden einander vor.

Oma gab natürlich nichts dergleichen preis. Ihrem Brief zufolge ließ sie meinen Großvater fast sofort zugunsten ihres Doktorvaters Professor Larousse stehen. Sie schloss mit einer mysteriösen Erinnerung: »*Weil er* ›fiévreux‹ *war, ging ich abends zu ihm nach Hause, und das wurde für mich in vielerlei Hinsicht eine intensive Lernphase.*« Wieder empfand ich unwillkürlich Verständnis für die heftige Unsicherheit meines Großvaters in Bezug auf die Zuneigung meiner Großmutter.

Ich besaß eine Kopie der Doktorarbeit meiner Großmutter, daher wusste ich, dass sie sie im Frühling 1937 einreichte und bald darauf zur weiteren Ausbildung zum Sanatorium von Saint-Hilaire du Touvet unweit der französischen Region Haute-Savoie aufbrach. Wenn sie im Herbst 1936 immer noch mit der Recherche beschäftigt war, konnte die fertige Arbeit frühestens gegen Ende des Jahres zum Korrekturlesen vorgelegen haben. Das Zeitfenster, in dem die beiden sich begegnet sein konnten, war entsprechend winzig – sechs Monate vielleicht.

Ich dachte an all die Männer, die sie heiraten wollten, und dann an meinen schwierigen, zurückhaltenden Großvater. Hatte sie Armand auserwählt, eben weil er ihr *nicht* nachlief? *Nicht, dass sich zu verlieben wirklich eine aktive Entscheidung wäre*, dachte ich und suchte weiter nach Fakten, die ich in mein Diorama einbauen konnte. *Warst du schon mit Opa zusammen, als du von Straßburg nach Saint-Hilaire gingst?*, schrieb ich an Oma.

Während ich auf ihre Antwort wartete, kehrte ich gedanklich zum Schauplatz ihrer Begegnung zurück: Im verlorenen Straßburg meiner Fantasie war der Platz bei der Universität immer hell erleuchtet, immer voller Menschen, die vor Cafés saßen, Stühle an wackelig auf dem Kopfsteinpflaster stehende Tische schleiften, die Arme über die Rückenlehnen hängen ließen, stritten, Volksreden hielten, Spiele spielten, schöne Augen machten, großspurige Dinge über internationale Politik und den drohenden Krieg jenseits der Grenze Frankreichs von sich gaben. Ich malte mir aus, wie Anna und Armand einander während der Arbeit an der Dissertation besser kennenlernten, nebeneinander im Café saßen, die Köpfe zusammensteckten, wenn sie Armands Korrekturen durchgingen. Ihre Blicke trafen sich vielleicht etwas häufiger als absolut notwendig. Irgendwann in dieser Zeit wurde der Abstand zwischen ihren Körpern wahrnehmbar, überbrückbar.

Eine plötzliche, unsterbliche Liebe zu Anna – falls sie tatsächlich Swanns Liebe zu Odette vergleichbar war, dann musste eine solche Hingabe, solch ein Verlangen meinen Großvater überkommen haben. Swann hatte Odette in seinem Kopf zu einem Kunstwerk gemacht; vielleicht hatte Armand dasselbe mit Anna getan. Vielleicht war das Faszinierende an Anna damals für ihn, dass sie, wie ein großes Kunstwerk, eine wechselhafte Schönheit besaß. Auf den Fotos in dem Album meiner Mutter war meine Großmutter manchmal so schön, so umwerfend, dass sie geradezu unwirklich schien, wie eine Najade oder eine Dryade oder eine Sylphe – eines dieser überirdischen Geschöpfe eben. Und manchmal dagegen wirkte sie irgendwie zu urtümlich, verstörend, unbezähmbar. Man konnte sich leicht vorstellen, dass Bilder dieser Schönheit sich in Armands Kopf verzerrten, wenn es schlimm wurde, und Anna in die durchtriebene Zauberin verwandelten, die sie heute für ihn war und die in seinem Leben nichts als Chaos und Unfrieden stiftete.

Die Antwort meiner Großmutter auf meine Frage war eigentlich überhaupt keine Antwort, und ich seufzte frustriert.

1937 ... verschaffte mir ein berühmter »Prof«, in dessen Labor ich gearbeitet hatte, eine unbezahlte Stelle, die mir aber eine Spezialisierung in Phthisiologie ermöglichte, in St. Hilaire du Touvet im alpinen »massif de la Chartreuse« an der Hauptstraße nach Grenoble. Meinen 24. Geburtstag verbrachte ich auf Einladung des Zahnarztes, dem einzig anderen Juden, einem Sefardi aus Nordafrika und dem kolonialen Frankreich, in Grenoble ... Wir brachen mit einer frühen [Seilbahn] auf, besuchten alte und neue Stadtviertel, aßen in der Bastille zu Mittag ... [dem] schicksten und teuersten Restaurant von Grenoble … und ich wollte zurück, als Samama [der Zahnarzt] sagte, er habe vorgehabt, sich eine Aufführung mit mir anzusehen und in der Stadt zu übernachten … Auf keinen Fall! Wir wechselten ein paar scharfe Worte. Ich fuhr allein zurück.

Ich seufzte wieder: Wenn mein Großvater bei jeder Erwähnung meiner Großmutter einen Wutanfall bekam und meine Großmutter auf Fragen über meinen Großvater damit reagierte, dass sie zu anderen Themen abschweifte, wie sollte ich dann jemals die Fakten vernünftig klären? Bei nochmaligem Lesen stellte ich allerdings fest, dass Oma mir wenigstens den Hauch einer Antwort gegeben hatte: Sie und Armand mussten schon zusammen gewesen sein, aber nicht so ernsthaft, dass sie sich nicht von einem anderen Mann zu einem schicken Mittagessen einladen lassen konnte. Ihre Beziehung, mutmaßte ich, konnte noch nicht so furchtbar fest gewesen sein – zumindest nicht offiziell.

Ihrem Brief hatte meine Großmutter weitere Unterlagen beigefügt. Sie lieferten einen einzigen Satz:

Mein Freund, der später mein Mann wurde … war in Straßburg ansässig, und daher versuchte ich, eine Assistenzstelle in Sanatorien in der Region zu finden, aber ohne Erfolg.

An diesem Punkt tat ich, was ich üblicherweise tue, wenn ich mich von widersprüchlichen Gedanken überfordert fühle: Ich rief meine Mutter an.

Wie es der Zufall wollte, war sie gerade von einem Besuch bei meiner Großmutter zurück. »Du rätst niemals, was in Omas Wohnzimmer steht!«, frohlockte sie.

»Was denn?«

»Ein Silbertellerchen. Die ganzen Jahre lag es mitten auf dem großen Messingtablett, auf dem sie Krimskrams aufbewahrt. Sieht aus wie ein Untersetzer für ein sehr kleines Stielglas, oder vielleicht ein Schälchen, auf dem einem der Kellner das Wechselgeld bringt, ich weiß es nicht genau.«

Als Kind hatte ich stundenlang diesen Krimskrams untersucht und meine Großmutter nach den jeweiligen Herkunftsgeschichten gefragt, aber an diesem angelaufenen Tellerchen war mir nie etwas Besonderes aufgefallen. »Ach ja, darauf lag ein weißer Korallenzweig, den Vladimir ihr vom Roten Meer mitgebracht hat.«

»Ja, und auf der Unterseite ist ein Wort eingeprägt. Erinnerst du dich daran?«

»Nein.«

»Du wirst nicht glauben, was da steht«, meinte meine Mutter erneut.

»Sag schon!«

»›Aubette‹.«

»Was ist das?«

»Oma sagt, es stammt aus dem Café, in dem sie deinen Großvater kennengelernt hat.«

»Was? Wirklich? Hat sie noch was gesagt?«

»Absolut nichts. Sie hat behauptet, sich nicht erinnern zu können, warum sie es hat, und dann hat sie das Thema gewechselt. Ich habe kein weiteres Wort mehr aus ihr herausgekriegt.«

»Kannst du dir das vorstellen? Kannst du dir vorstellen, wie weit es gereist ist?«

»Vermutlich hat es den Krieg überlebt, weil es so klein ist. Genau die Größe, um es in eine Hosentasche zu stecken.«

»Ich wette, Opa hat es mitgehen lassen«, sagte ich.

»Bestimmt. So wie seine Sammlung von Kaffeelöffeln.« Mein Großvater besaß ein elegantes Edelstahlbesteck von Georg Jensen, aber alle seine Kaffeelöffel waren aus unterschiedlichen Cafés, Restaurants, Hotels und Flugzeugen stibitzt.

»Aber wie ist es dann bei Oma gelandet? Hätte sie es ihm nicht klauen müssen? Glaubst du, sie hat es mitgenommen, als sie ihn verlassen hat?«

»Weiß ich auch nicht. Aber jedenfalls hat es doch etwas zu bedeuten, dass sie es die ganzen Jahre aufbewahrt hat.«

Für mich sagte es alles: Wie rätselhaft die Einzelheiten weiterhin auch sein mochten, welche Details meine Großeltern versteckt, verloren, vergessen oder verschleiert hatten, dieses Tellerchen war da. Einer von ihnen – oder beide – hatte dafür gesorgt, dass es überlebte. Ein winziges silbernes Tellerchen, quer durch Europa und übers Meer gebracht: Sein Schweigen schien mir weit beredter als jedes Liebesgedicht, das ich je gelesen hatte.

»Erinnerst du dich an ein Café namens Aubette?«, fragte ich meinen Großvater, als wir uns das nächste Mal zu unserem rituellen Nachmittagstee an seinen Tisch setzten. Ein Schweigen legte sich über den Raum.

»Woher kennst du diesen Namen?«

»Meine Großmutter hat mir erzählt …« Mich verließ der Mut. »Sie sagt, dort wart ihr als Studenten gern.« Ich hielt den Atem an.

»Lügnerin«, zischte er.

»Lügnerin?«

»Ich bin dort nicht hingegangen. Ich habe mit Fébus in einem viel bescheideneren Lokal gespielt, im ersten Stock eines der Gebäude um den Platz herum.«

»Mit Fébus – nicht mit meiner Großmutter.«

»Natürlich mit Fébus. Deine Großmutter war eine miserable Schachspielerin.«

»Dann ist es also möglich, dass du ihr im Aubette begegnet sein könntest?«

»Selbstverständlich ist das möglich.« Er rümpfte die Nase. »Das war genau die Art von angeberischem, protzigem Laden, der ihr gefallen hätte.«

An jenem Abend klopfte es an der Tür, als ich schon im Bett lag.

»Herein«, rief ich, und mein Großvater schob die Tür auf. Er stand am Fußende des Bettes, die Lippen zu einem dünnen, weißen Strich zusammengepresst. Ich wartete.

»Diese Frau«, sagte er. »Du musst wissen, diese Frau …« Mit einem erstickten, verzweifelten Geräusch verstummte er. »Wie konnte ich? Wie konnte ich so dumm sein?« Er ballte die Hand zur Faust und gestikulierte wild. »*Diese Frau.*« Er spuckte die Worte fast aus. »Sie würde mich liebend gern ruiniert sehen. Das lasse ich nicht zu. Verstehst du mich? Das lasse ich nicht zu.«

Kapitel 10

In Avignon schlenderte ich eines Abends in die Küche, um mir etwas zu essen zu machen, und traf auf David, der gerade einen Topf aus dem Schrank holte. »Ich koche Suppe«, verkündete er. »Ich habe beim Metzger ein Huhn gekauft. Willst du mitessen?«

»Klar doch. Kann ich helfen?«

David gab mir ein paar Möhren zu schneiden. »Ich will mich ja nicht einmischen, aber wünschst du dir nicht ein bisschen mehr Gesellschaft? Leute deines Alters?«

Ich zuckte die Achseln. »Irgendwie schon. Kann sein. Ich weiß nicht. Eigentlich will ich einfach nur arbeiten, glaube ich.«

David zog die Augenbrauen hoch. »Also, ich weiß nicht, als ich in deinem Alter war – du wirkst immer so schrecklich ernst. Bist du nicht einsam?«

»Mir bleibt gerade mal ein Jahr für das Ganze«, entgegnete ich. »Und außerdem bin ich sowieso bald in Alba. Ich habe nicht viel Zeit, Leute kennenzulernen.«

»Stimmt. Hier, könntest du auch den Sellerie klein schneiden?« Er öffnete den Kühlschrank. »Ich weiß nicht, Miranda, wenn du über deine Großeltern sprichst, die jetzt, was, neunzig sind?«

Ich nickte.

»Tja, an die neunzig, seit Langem geschieden, durch einen ganzen Ozean voneinander getrennt – außergewöhnlich an ihnen ist, dass sie emotional stärker miteinander beschäftigt sind als die meisten Ehepaare, die so lange zusammengelebt haben.« Er holte das Hühnchen und einen Sack Zwiebeln aus der Tüte und legte sie auf die Arbeitsfläche. »Bei einem solchen Vermächtnis gibt es kein ›irgendwie schon‹.«

»Was meinst du damit?«

»Na ja, du bist drauf und dran, ganz allein in einem alten, verfallenen Haus in der Ardèche zu leben, und …«

»Ich liebe dieses Haus«, unterbrach ich ihn.

»Das weiß ich, aber reicht das aus? Ist es stark genug?«

»Was willst du damit sagen?«

Er hackte ein paar Zwiebeln und warf sie in den Suppentopf. »Du weißt, dass ich Psychoanalytiker leidenschaftlich hasse, aber irgendwo habe ich mal gelesen, dass Häuser Symbole für die menschliche Psyche sind.« Er drehte sich zu mir um. »Was hast du vor, wenn du erst mal dort bist? Was machst du, wenn du herausgefunden hast, woher all diese Gefühle kommen? Was ist mit dir? Wo ist deine Liebesgeschichte?«

Mir fiel keine Antwort ein. Obwohl mir allmählich klar wurde, dass ich meinen Lebensweg selbst wählen konnte, hatte mich jeder Pfad, den ich fand, immer zurück in die Vergangenheit geführt. Ich konnte mir nicht vorstellen, wie ich meine Zeit besser nutzen sollte, als darauf zu warten, einen Fingerzeig aus den stillen Gedächtniskammern meiner Großeltern zu erhalten.

Beim nächsten Mal waren es getrocknete Feigen.

»Soll ich sie einweichen?«, fragte ich, als Opa zu unserem Tee Feigen hervorholte.

Mein Großvater nahm es mit seinen Feigen so genau wie mit allem anderen: Bevor er sie aß, hielt er sie unter warmes Wasser und drückte sie sanft, bis sie annähernd ihre ursprüngliche Form und Konsistenz zurückgewannen. Für mich selbst hätte ich niemals Feigen eingeweicht, aber bei meinem Großvater hatte ich in solchen Dingen keine Wahl; ohne zu fragen aß ich sie und fand sie gut. Aber dieses Mal sagte Opa »Nicht nötig«, und ich spürte einen Anflug von Sehnsucht nach seiner früheren Kleinlichkeit.

Jeder von uns nahm sich eine Feige. Vielleicht klangen die Samen zwischen seinen Zähnen ähnlich wie Stiefel, die über den Kies von Südfrankreich knirschten. »Ich glaube, frische Feigen habe ich zum ersten Mal gegessen, als ich in der Armee war«, überlegte er. »Wir hatten immer Hunger.«

»Habt ihr nichts zu essen bekommen?«

Er schüttelte den Kopf. »Das Essen war furchtbar. Und junge Männer haben immer Hunger. Es war Herbst, im Süden. Überall wuchsen Feigen.« Er steckte sich das letzte Stückchen Feige in den Mund und zeigte mit den Händen einen Kreis in der Größe eines Tellers. »Die *chasseurs à pied* hatten große Kappen, so ungefähr, und ich weiß noch, dass ich meine mit Feigen füllte.«

»Was ist noch passiert?«

»Dann habe ich mich unter einen Baum gelegt und ein Nickerchen gehalten.«

»Ich meine, was hast du sonst noch gemacht, während du in der Armee warst?«

Er marschierte mit den Fingern auf dem Tisch auf und ab. »Das. Und ich habe gelernt, ein Gewehr auseinanderzubauen und wieder zusammenzusetzen, und es zu reinigen.«

»War das alles?«

»Mehr oder weniger.«

»Aber war nicht Krieg?«

»Doch, aber es war noch nichts passiert. Und die Deutschen waren sowieso oben im Norden.«

Vielleicht ermutigt durch seine Nachsichtigkeit bezüglich der getrockneten Feigen, hakte ich weiter nach. »Warum hast du dich im Süden gemeldet, wenn du eigentlich in Straßburg wohntest?«

»Ich bin mit dem Fahrrad hingefahren.«

»Mit dem Fahrrad? War das nicht weit?«

»Ich fuhr gern Fahrrad«, sagte mein Großvater und trank einen Schluck Tee. »Und als Straßburg evakuiert wurde, als der Krieg ausbrach ...« Er sah aus dem Fenster. »Die Züge waren alle überfüllt ... ich war kräftig und gesund. Ich fand es angebrachter, die Sitzplätze denjenigen zu überlassen, die sie brauchten. Und ich war neugierig, wie die Stadt aussähe, wenn sie leer war.« Meine Großmutter hatte mir erzählt, dass mein Großvater sich mit seinem Vater gestritten hatte, als ihre Wege sich trennten. War das der eigentliche Grund gewesen, warum er nicht mit seiner Familie zusammen aufgebrochen war? Das war eine Ecke des Minenfelds, die ich nicht zu betreten wagte.

Zu meiner Überraschung sprach mein Großvater weiter. Am zweiten September verabschiedete er seine Familie – Mutter, Vater, Schwägerin Rose, Neffe Paul – und wartete bis zum nächsten oder möglicherweise auch übernächsten Tag ab. Als es Zeit wurde, nahm er sein Fahrrad, befestigte die Satteltaschen, stellte sich neben das Wohnhaus und sah sich auf der leeren Straße um. Papierfetzen und Dosen flogen über den Bürgersteig, streunende Katzen miauten, zurückgelassene Hunde wanderten einsam herum. Bevor er losfuhr, ging er noch einmal nach oben und warf einen letzten Blick auf das Heim seiner Familie, in dem jetzt die wichtigsten Besitztümer fehlten. Alles andere war mit Schonbezügen abgedeckt. Die Fensterläden waren geschlossen, der Herd kalt und die Küche leer, bis auf das große Glas Gurken, die Armands Vater jedes Jahr einlegte. Sie zogen noch. Einem Impuls folgend holte Armand es vom Regal und trug es nach unten auf die Straße. Er konnte es auf keinen Fall mitnehmen, das war ihm klar, aber er wollte es auch nicht stehen lassen. Er wollte nichts zurücklassen, was die deutschen Soldaten genießen könnten. Also zerbrach er es. Er hob es so hoch über den Kopf, wie er konnte, und schleuderte es auf den Bürgersteig. Die Scherben klirrten, und die Gurken rollten überallhin. Der Meeresduft von Salzwasser drang ihm in die Nase, während es ins Pflaster sickerte. Armand glaubte, Schritte zu hören, und stieg schnell aufs Fahrrad. Er stieß sich ab, hielt wieder an, horchte. Der Klang der Schritte war jetzt lauter, näher, begleitet von einem leisen Quietschen. Armand hielt den Atem an. Ein alter Mann in zerlumptem Anzug und Pantoffeln kam um die Ecke. Er schob einen Kinderwagen. Um den Hals hatte er zwei Krawatten und eine Konservendose an einer Schnur. Ein Rudel traurig aussehender Hunde folgte ihm mit hoffnungsvollem Blick. Erschrocken trat Armand in die Pedale und fuhr, so schnell er konnte, Richtung Süden.

»Warum Süden?«, fragte ich noch einmal. Ich hoffte auf eine Erwähnung meiner Großmutter, denn ich wusste, dass er sie besucht hatte.

»Ich wollte zur Marine«, sagte Opa. »Da wusste ich noch nicht, wie leicht ich seekrank wurde«, ergänzte er trocken.

»Warum zur Marine?«

»Weil die Deutschen eine schwache Marine hatten. Jeder sagte, der Krieg würde sich an Land abspielen, nicht auf See.« Er lachte, voller Bedauern und Selbstironie. »Selbstverständlich hatten alle dieselbe Idee wie ich, und … wie sagt man, *j'ai traîné les pieds* – ach ja, ich war hingeschlurft, um mich zu melden, und die Marine war voll.« Er beschrieb den Musterungsoffizier, einen großen, jovialen Mann, der auf und ab federte, sich die schmucke Marineoffiziersjacke über dem Bauch glatt strich und meinen Großvater *»mon petit«* nannte. »*Mon petit*« – mein Großvater ahmte die dröhnende Stimme des Mannes nach –, »wir nehmen nicht mal die Söhne von Fischern.« Dann schrieb der Offizier Namen und Adresse eines Freundes, der ebenfalls Musterungsoffizier war, auf einen Zettel, steckte ihn meinem Großvater in die Brusttasche und schickte ihn nach Sète, wo er sich den *Chasseurs alpins* anschloss, einer Elite-Infanterietruppe der französischen Armee. In gewöhnlichen Zeiten hätte Armand Bergsteigen, Langlaufen und Überlebenstechniken gelernt, vielleicht sogar, wie man ein Iglu baute, aber nun befand sich die gesamte französische Armee in einer konfusen, desorganisierten Vorbereitung auf einen Krieg, der nicht so stattfand, wie sie gedacht hatte, also saßen alle nur herum und warteten.

Das war das Stichwort, auf das ich gehofft hatte. Die Spur der Liebe meiner Großeltern verlor sich in Saint Hilaire du Touvet, aber ich wusste, dass meine Großmutter dort nicht lange blieb. Im November 1937 bekam sie eine Stelle als Assistentin von Dr. Joseph Angirany, dem Leiter eines Privatsanatoriums auf halbem Weg zwischen Lyon und Genf, in einem Tuberkulosekurort namens Hauteville. Aus dem blauen Fotoalbum meiner Mutter wusste ich, dass er sie dort besucht hatte, und von meiner Großmutter selbst, dass sie gemeinsam Urlaub gemacht hatten, bevor er sich bei der Armee meldete. »Warst du in Hauteville?«, fragte ich.

Mein Großvater wirkte erschrocken, als hätte ich ein unanständiges und unschönes Geräusch im stillen Esszimmer gemacht. »Was meinst du denn damit?«

»Sie – meine Großmutter … Ich dachte … hast du meine Großmutter in Hauteville besucht?«

Anna (vordere Reihe, Zweite von rechts) 1939 mit den Angestellten des Sanatoriums in Hauteville. Dr. Angirany sitzt neben ihr, in der Mitte.

»Ja, das habe ich«, sagte Opa hochmütig. »Einmal zu meinem Geburtstag und einmal bei Kriegsbeginn.« Er seufzte. »Sie hat mir eine Reisedecke zum Geburtstag geschenkt und mich *ausgeschimpft*, als ich sie verlor. Unerträglich.« Sein Gesicht verdunkelte sich, und einen Moment lang hatte ich Angst, er würde die Teetasse in seiner Hand zerbrechen. Doch er stellte sie ab und fauchte: »Niemand konnte sie ausstehen. Selbst ihr heiß geliebter Dr. Angirany warf sie raus. Er war natürlich Antisemit.«

»Ach ja?«

»Das wusste jeder.«

»Du kanntest ihn?«

»Ja.« Er beugte sich zu mir vor. »Nicht so, wie sie ihn kannte selbstverständlich.« Er zog die Augenbrauen hoch.

»Sie hatten eine Beziehung, die eindeutig *hors professionell* war.«

»Was heißt das?«

»Ich glaube, du bist alt genug, um das zu verstehen.«

Er goss sich noch etwas Tee ein und sah mich durchdringend an, forderte mich heraus weiterzufragen, aber ich traute mich nicht mehr.

Zurück in Avignon schlug ich die Entfernung nach. Fünfhundert Kilometer hatte er mit dem Fahrrad zurückgelegt, um bei ihr zu sein. Ich rief meine Großmutter an. »Hast du damit gerechnet, Opa zu heiraten, als er dich in Hauteville besuchen kam?«

»Was? Sprich lauter. Ich kann am Telefon kein Wort verstehen.«

Ich wiederholte meine Frage etwas lauter. Zu meiner Verblüffung lachte sie. »Eigentlich nicht, nein. Dr. Angirany versuchte ständig, mich mit anderen bekanntzumachen. Er mochte deinen Großvater nicht. Ich war ein bisschen überrascht, als er sagte, wir sollten zusammen in Urlaub fahren.«

»Habt ihr euch ein Hotelzimmer geteilt?«

»Natürlich.« Quer über den Atlantik hörte ich das leise, piepsige Vogelgeräusch, das sie immer machte, wenn sie sich über etwas unschlüssig war. Freuten die beiden sich sehr, einander zu sehen? Lenkte der Gedanke an den Krieg sie ab? Waren sie anfangs etwas verlegen? Aber das schienen nicht die Fragen, über die Oma sich unschlüssig war. »*Patron*«, sagte sie. »So haben wir ihn alle genannt. Er warf mich raus, als die Deutschen kamen, ich habe mich immer gefragt, warum. Dein Großvater meint, er war Antisemit.«

»Hat er mal etwas gesagt, das darauf hindeutete?«

»Angirany? Nein. Aber warum sonst hätte er mich rauswerfen sollen?«

Dr. Angirany war das berufliche Vorbild meiner Großmutter gewesen, ihr Held, ihr Meister. *»In meinem späteren Berufsleben«*, schrieb sie, *»verglich ich immer mein Können als Ärztin mit seinem und überlegte, ob ich so gut war wie er.«* Die beiden lernten neue Diagnosetechniken zusammen, besprachen sich bei schwierigen Fällen und verfassten mindestens einen Artikel gemeinsam. Als der Krieg ausbrach, wurde jeder andere Arzt im Sanatorium eingezogen, und Anna und Dr. Angirany führten die gesamte Zweihundertbettenklinik zu zweit.

Diese Umstände allein, dachte ich, hätten schon ausgereicht, um meinen Großvater rasend eifersüchtig zu machen. Es war durchaus vorstellbar, dass er versucht hatte, Anna eine schlechte Meinung über ihren *patron* einzureden, als sie weggeschickt wurde. Aber warum *hatte* der sie überhaupt weggeschickt? In meinem Zimmer, zwischen den kalten Mauern von Avignon, versuchte ich mir Anna und Angirany im Winter 1939 vorzustellen. Erschöpft und immer frierend machten sie ihre Visite bei den verängstigten Patienten.

Trotz unserer Sonderzuteilungen als Tuberkulosekrankenhaus wurde alles schwieriger. Der Winter 1939-1940 war streng, und der »patron« war häufig krank wegen Überarbeitung und zu kurzen Ruhepausen, genau wie ich. Meine schlimmste Aufgabe war die obligatorische Anwesenheit bei allen Beerdigungen. Vor dem Krieg hatten wir nie welche. Die Prognose war ziemlich präzise, und wir benachrichtigten die Familien sehr kranker Patienten und rieten ihnen, den Angehörigen in Einrichtungen vor Ort zu bringen, da-

mit sie in Familiengräbern und auf örtlichen Friedhöfen beerdigt werden konnten. [Jetzt] natürlich waren die Evakuierten die Kränksten, [und] wir hatten mehr Arbeit bei weniger Personal und viele, viele Verluste. Diesen ganzen Winter lang ging ich zu den Beerdigungen, vertrat Familie und Klinik … im eisigen Regen oder Schnee auf dem windigen Friedhofshügel über dem Dorf … immer eine traurige und quälende Angelegenheit … Bis zum heutigen Tag könnte ich ein katholisches Begräbnis abhalten und habe das in meinen Träumen auch immer wieder getan.

Eine Erinnerung an meine Großmutter kehrte zurück. Eines Sommers saß sie auf der Terrasse meines Elternhauses in Asheville und starrte auf einen Dessertteller, auf dem etwas blutroter Himbeersaft verschmiert war. Ich fragte sie, woran sie dachte, und sie gab zurück: »Ich hatte einen Patienten, ein Student. Ein Belgier, der einen Rückfall gehabt hatte und nach Frankreich floh. Er überlebte ein Erschießungskommando, weil einer der anderen, als alle umfielen, auf ihm landete und man ihn für tot hielt. Ein Wunder.« Damit schob sie diese gefährlichen Erinnerungen energisch fort und erzählte hastig weiter. »In dem Winter hat Dr. Angirany – er war ein ehemaliger Tuberkulöser, wie ich, wie die meisten TB-Spezialisten –, eines Tages jedenfalls hat er mich angesehen und mich in ein leeres Behandlungszimmer gezogen und sein Hemd aufgeknöpft.« Sie lächelte. »Ich habe immer zu ihm gesagt, das sei mein wahres Facharztzertifikat. Er hustete schon den ganzen Winter und wollte Bestätigung.«

Ich verglich diese recht zusammenhangslose Version der Geschichte mit der geschriebenen, die ich vor mir hatte. Es war nicht schwer zu erkennen, warum mein Großvater dachte, sie und Angirany hätten eine Affäre. Die Vorstellung, dass ein Mann sich vor Anna entkleidete, besonders jemand, den sie so bewunderte, musste ihn vor Wut schäumen lassen.

Der Höhepunkt meiner Zusammenarbeit mit [Angirany] war, als er mich eines Tages während des ersten Kriegswinters bat, ihn zu untersuchen. Wir waren überarbeitet und behandelten mehr Kranke, als das Sanatorium aufnehmen konnte, denn die Patienten aus der Gegend von Paris waren beim Herannahen der deutschen Truppen in unsere Region evakuiert worden. Der patron *hatte abgenommen und hustete. Ich konnte es kaum glauben, als er mich (und keinen der ehrwürdigen Ärzte der anderen Sanatorien) bat, ihn zu untersuchen. Ich weiß noch, dass ich beinahe zu Tränen gerührt war und zu ihm sagte, dass diese Geste mein wahres Facharztzertifikat sei.*

Trotz des beruflich engen Verhältnisses meiner Großmutter zu Dr. Angirany konnte ich keinen Beweis für eine persönliche Freundschaft mit ihm entdecken. Nachdem der Krieg ausgebrochen war, drängte er sie, nach Süden zu gehen, und zwar immer häufiger, als deutlich wurde, dass Frankreich auf eine Niederlage zusteuerte. »*Eine jüdische Assistentin machte nicht den richtigen Eindruck*«, so erklärte es meine Großmutter. »*Da ich nicht wirklich wusste, was mit meinen jüdischen Mitbürgern geschah, hatte ich nie geplant zu fliehen, da meiner Ansicht nach mein Platz bei den Patienten war.*«

Flucht mag nie ihre Absicht gewesen sein, doch der Druck des Krieges nahm immer stärker zu: Die Nazis preschten durch die Ardennen und rückten auf Paris vor. Eines Tages im Juni 1940 kam Anna zufällig am Haus einer Bekannten vorbei, einer deutschen Jüdin namens Madame Rollo, die ein Häuschen in Hauteville gemietet hatte. Anna hatte oft bei Madame Rollo und ihren Eltern gegessen, bevor sie wegen des Krieges zu viel zu tun bekam, um unter Leute zu gehen.

> *Sie packte gerade ihre Sachen, um nach Amélie-les-Bains zu ziehen, wohin sich die Pariser Regierung begeben hatte, wie auch viele Botschaften und Konsulate. Sie hatte etwas Extra-Benzin für die lange Fahrt. Sie lud mich ein, mich ihr anzuschließen, und das tat ich, nachdem ich ein paar Dinge abgeholt hatte, die ich mitnehmen wollte.*

Es sah so aus, als hätte Dr. Angirany Anna gar nicht vor die Tür gesetzt; sie war diejenige, die beschlossen hatte, dass es Zeit war zu gehen. Darüber hinaus erfuhr ich aus ihrer Schweizer Flüchtlingsakte etwas Interessantes: Joseph Angirany ließ die Arbeitserlaubnis meiner Großmutter an genau dem Tag verlängern, als Frankreich vor Deutschland kapitulierte. Es drängt sich der Gedanke – die Hoffnung – auf, dass er ihr zuredete, nach Süden zu ziehen, weil er um ihre Sicherheit fürchtete. Er musste alt genug gewesen sein, um sich nur allzu deutlich an das Gemetzel des letzten Weltkrieges zu erinnern. Vielleicht war die brennende Eifersucht meines Großvaters nicht ganz unbegründet: Vielleicht bedeutete Anna Dr. Angirany wirklich etwas, und er wollte sie schützen.

Sie müssen zumindest einigermaßen im Guten auseinandergegangen sein, denn Dr. Angirany versprach, Anna ihre Koffer zukommen zu lassen, sobald sie eine Adresse hätte. Er muss auch versprochen haben, Post nachzusenden. Vielleicht ist es ja sogar ihm zu verdanken, dass meine Großmutter und mein Großvater in Kontakt blieben. Doch wie freundschaftlich ihr Abschied auch gewesen sein mag, es hätte übermenschlicher Reife und Gelassenheit bedurft, sich nicht von ihrem *patron* betrogen und im Stich gelassen zu fühlen, weil er sie ins Chaos hinausgestoßen hatte.

Die Erinnerung an die Reise, sobald wir auf die Hauptstraße im Tal stießen, ist nur dunkel. Wir fuhren langsam durch Massen von belgischen und nordfranzösischen Flüchtlingen mit vielen Kindern und alten Menschen. Manche waren zu Fuß unterwegs, andere in allen möglichen Autos oder auf von Eseln, Pferden, Maultieren gezogenen Wagen, und jeder trug gut sichtbar eine der Gasmaskendosen bei sich, die bei Ausbruch des Krieges an die Bevölkerung verteilt worden waren. Über uns der stetige Lärm deutscher Flugzeuge.

Wo und wie wir übernachteten, weiß ich nicht mehr, aber deutlich erinnere ich mich an die Verdunkelung. Überall in Zügen und auf Straßen waren nur blaue Glühbirnen erlaubt, sogar in Taschenlampen. Am zweiten Tag gegen Einbruch der Dunkelheit trafen wir in Amélie-les-Bains ein. Die Straßen waren ultravoll, jeder wirkte hektisch. Wir übernachteten in der kleinen Wohnung von Freunden [Madame Rollos]. Nirgendwo waren Unterkünfte zu bekommen. Unsere Gastgeber waren bedrückt und aufgeregt. Nahrungsmittel waren knapp geworden, und sie hatten nichts von ihren Angehörigen gehört. Wir mussten uns sofort für Lebensmittelkarten anmelden. Nach ein oder zwei Tagen wurde mir ein anderer Wohnsitz nördlich von Perpignan zugewiesen, weil ich Rumänin war. Ich wurde in einen Bus nach Perpignan gesetzt, wo ich in einen anderen Bus nach Caudiès-de-Fenouillèdes umsteigen musste. Ich erinnere mich, unter einem blauen Himmel in uner-

träglicher Hitze in einem blauen Wollmantel herumzulaufen (ich bewahrte mir somit ein Kleidungsstück, indem ich es trug) und vor Selbstmitleid zu weinen, während ich auf den richtigen Bus wartete. Ich hatte sehr wenig Geld, ich fühlte mich ganz allein in der Welt des Südens, da ich aus dem Norden und den Bergen kam. Ich war zu müde, auch hungrig und dehydriert, um an das beängstigende Unbekannte vor mir zu denken.

Ich hatte Oma immer vergöttert, aber in Avignon erfuhr ich allmählich all die Gründe, sie zu verehren, die es über ihren Charme, ihre Schönheit, Intelligenz und Hexenhaftigkeit hinaus noch gab. Nun entdeckte ich den Augenblick in ihrem Leben, in dem sie, allein an einem völlig fremden Ort, mit wenig Geld und keinerlei Mitteln, die Ärmel hochkrempelte und zur Heldin wurde.

Zu diesem Zeitpunkt wohnte Madame Rollo mit [ihrer Mutter und ihrem Stiefvater] zusammen, während sie versuchte, Visa durch Spanien und Portugal für ihre Reise nach Alexandria und zu ihrem Mann zu beschaffen. Da sie sich der Besetzung ganz Frankreichs durch die Deutschen sicher waren, verschwanden [Madame Rollos Eltern] in die umliegenden Berge, um Selbstmord zu begehen, damit sie ihr nicht im Weg standen. Sie [kam nach Caudiès und] bat mich, ihr bei der Suche nach ihnen zu helfen.

Mittlerweile hatte ich genug über den Krieg erfahren, um von diesem Umstand nicht geschockt zu sein. Mein Großvater hatte ein ganzes Buch über Selbstmorde im Zusammenhang mit der politischen Situation in Österreich und Deutschland in den späten Dreißigern und frühen Vierzigern übersetzt.

Meine Großmutter mit ihrer üblichen Findigkeit ermittelte den Standort der nächsten Armeeeinheit.

Ich trat auf den Kommandanten der senegalesischen Truppen zu, die zu der Zeit in der Region stationiert waren und auf ihre Rückkehr nach Afrika warteten … [Sie] schickten bereitwillig mehrere Gruppen in alle Richtungen in die Berge, um das alte Ehepaar zu suchen. Eine Gruppe fand die beiden und brachte sie ins Dorf. Die Frau war tot, der Mann im Koma, atmete aber noch. Eine Begräbnisstätte und ein Krankenhaus wurden gebraucht, aber nur weiter [weg] in Perpignan gefunden. Die Tochter … [betrachtete] es als selbstverständlich, dass ich sie begleitete, was ich auch tat.

Der sachliche Tonfall meiner Großmutter, dachte ich, verdeckte beinahe den erstaunlichen Mut dieser Tat. »*Der Transport von Toten durch Unbefugte*«, schrieb sie ungerührt, »*stand unter Strafe, wie ich sehr wohl wusste.*« Wären sie entdeckt worden, hätte man Anna und Madame Rollo verhaftet und sofort deportiert. Doch unverzagt ließ Anna Madame Rollos Eltern von den senegalesischen Soldaten zum wartenden Auto tragen.

Der Stiefvater, dessen Atmung noch erkennbar war, saß neben ihr. Ich war hinten, den blassen Leichnam neben mir aufrecht hingesetzt, und unternahm die gesamte Fahrt über Bemühungen, ihn so zu halten … Auf dem ganzen Weg … [gab es] zahlreiche Kontrollpunkte … wo Gendarmen Fragen stellten und in den Wagen und den Kofferraum schauten. Ich übernahm das Erklären: Ich sei Ärztin, und wir seien auf dem Weg ins Krankenhaus, um diesen sichtlich sehr kranken und sterbenden alten Menschen zu helfen. Wunder! Sie ließen uns jedes Mal passieren.

Als sie in Perpignan ankamen, erfuhr Madame Rollo, dass ihr ägyptisches Visum bewilligt worden war, und stand vor einem für sie unerträglichen Dilemma: Sie konnte abreisen und ihre Eltern zurücklassen oder bei ihnen bleiben und selbst die Deportation riskieren. Da sie Ausländer waren, schrieb meine Großmutter,

war das einzige uns zur Verfügung stehende Krankenhaus ein sehr ärmliches, das am Stadtrand für den Zustrom republikanischer Flüchtlinge während des Spanischen Bürgerkriegs und des auf Francos Sieg folgenden Debakels eingerichtet worden war.… Bei unserer Ankunft… wurde die Frau für tot erklärt und eine Bestattungsgenehmigung erteilt. Der Mann starb am nächsten Tag, ohne noch einmal das Bewusstsein wiederzuerlangen.

Meine Großmutter schrieb nicht, ob Madame Rollo zögerte und gedrängt werden musste, ihre eigene Haut zu retten, oder ob sie meine Großmutter und ihre Eltern ohne einen Blick zurück im Stich ließ. Dennoch: »*Ich blieb, bis ihre Eltern beide auf dem für Ausländer und spanische Flüchtlinge bestimmten Friedhof, einem trostlosen Platz unweit des Krankenhauses, beerdigt waren. Von der Tochter sah oder hörte ich nie wieder etwas.*« Ich spielte mit dem Gedanken, nach Madame Rollo zu suchen, wusste aber nicht einmal, wo anfangen, denn meine Großmutter konnte sich nicht an die genaue Schreibweise ihres Nachnamens erinnern, geschweige denn an ihren Vornamen. Aber Oma hinterfragte das unbefriedigende Ende dieser Geschichte nicht weiter – was bedeutete schon ein weiteres Schicksal unter all jenen, die nie zu erfahren sie notgedrungen akzeptiert hatte?

Ich erinnerte mich an eine Taxifahrt aus Alba in dem Sommer, den ich dort verbracht hatte. Der Fahrer, ein Einheimischer, hatte gefragt, was mich in die Ardèche führte. Ich erklärte es kurz, und er erkundigte sich: »Wann sind Ihre Großeltern nach Amerika gezogen?«

»Nach dem Krieg.«

»Wo waren sie während des Krieges?«

»Hier in Frankreich, versteckt. Zweiundvierzig sind sie in die Schweiz geflohen. Meine Familie ist jüdisch.«

»Meine Familie hat im Krieg Juden versteckt.«

»Wo denn?«

»Hier.« Er zeigte aus dem Taxi. »Zuerst in der Scheune, dann auf dem Dachboden. Ich habe ihnen immer Essen gebracht. Ich erinnere mich an eine Familie aus Lyon mit einem Jungen meines Alters. Sie sind rausgekommen. Sie sind weitergezogen, meine ich. Wir haben nie wieder von ihnen gehört.« Wir schwiegen. Es konnte alles Mögliche mit ihnen passiert sein, wie wir beide wussten. »Ich denke sehr oft an sie. Ich stelle sie mir gern in Amerika vor.« Seine Miene hellte sich auf. »Wie Sie.«

»Tja, Menschen wie Ihrer Familie ist es zu verdanken, dass Menschen wie meine Familie überlebt haben.«

Zufällige Begegnungen wie seine, oder wie die meiner Großmutter mit Madame Rollo, waren unerhebliche anekdotische und zugleich anonyme Tropfen im Geschichtsgewitter. Bei so vielen Regentropfen, wozu sich mit Armand und Anna aufhalten? Vielleicht war ein halbes Jahrhundert des Schweigens ebenfalls unerheblich – sogar für sie selbst nicht weiter bemerkenswert in einem Leben voller Unvollständigkeit. Doch dann dachte ich an den kurzen Blick, den ich mit dem

Taxifahrer gewechselt hatte. Uns beiden stand eine leichte Ehrfurcht darüber ins Gesicht geschrieben, dass manchmal unvollendete Geschichten viel, viel später von anderen Menschen zumindest zum Teil abgeschlossen werden – zwei lose Fäden, aufgenommen und zusammengebunden, quer über ein Loch, das durch nichts jemals gefüllt werden konnte.

Kapitel 11

Der April kam und wärmte die Straßen von Avignon. An manchen Tagen fühlte es sich in der Sonne fast wie Sommer an, also beschloss ich, dass es höchste Zeit war, nach Alba zu ziehen. Wie es der Zufall wollte, arbeitete ein Freund von mir aus Asheville gerade als Englischlehrer an einer Schule eine Stunde nördlich von Alba, und er erbot sich, mir beim Einzug in das Haus zu helfen. Als an Grants Schule die Osterferien anfingen, trafen wir uns am Bahnhof von Montélimar und fuhren mit dem Bus nach Alba, besser gesagt zu der drei Kilometer entfernten Haltestelle. Von Weitem sahen die Burg und La Roche im orange schimmernden Nachmittagslicht ganz besonders märchenhaft und eindrucksvoll aus, und ich freute mich und war stolz, ihm das Haus zu zeigen.

Aber Shakespeare hatte recht mit der unbeständigen Schönheit des Aprils. Sobald wir durch den Bogengang in die Rue de la Double traten, fiel mir die stille Eigenartigkeit dieses Ortes auf. Im Gegensatz zu Avignon, wo die Sonne nur noch einen Hauch von Kühle übrig gelassen hatte, bekam man in La Roche das Gefühl, es hätte einen ganzen Winter von Dunkelheit und Kälte angesammelt und hielte sie nun verbissen fest. Der Kontrast zu dem sonnigen Parkplatz, den wir gerade überquert hatten, war so stark, als fielen wir in einen tiefen Brunnen. Als wir am Haus ankamen, wischte ich die Spinnweben von der Klinke, schob die Tür über dem unebenen Steinfußboden auf und atmete den süßlichen, leicht mineralischen Duft des verlassenen Hauses ein.

Es war später Nachmittag, und das Tageslicht schwand rapide. Wir liefen durch den dämmrigen, graugrünen Flur und versuchten, uns zu akklimatisieren. Ich spürte einen starken Windstoß und hörte Grant rufen. Als ich über die Schwelle in den hinteren Raum trat, sah ich, dass sämtliche Fenster zerbrochen waren. Es sah aus, als wäre der halbe Garten durch die kaputten Scheiben hereingeweht und auf dem Fußboden verwelkt: Ein Teppich aus Laub und Ranken, Erde und Steinen bedeckte alles.

»Das müssen Kinder gewesen sein.« Grant hob einen Stein hoch und drehte ihn in der Hand. Er hielt ihn mir hin, und ich nahm ihn und ließ ihn wieder auf den Boden fallen, trat ihn weg, als könnte ich dadurch jemanden bestrafen.

Es war klar, dass wir an dem Abend nichts mehr unternehmen konnten, also verriegelten wir die Tür und gingen zurück in das vordere Zimmer.

»Wir schaffen das schon«, beteuerte ich.

Grant nickte. »So schlimm ist es nicht.«

Ich bereute meinen Entschluss, keinen Schlafsack gekauft zu haben. Für den Anfang hielten wir uns durch Putzen warm und reduzierten den Schmutz so weit, dass es uns nicht mehr schüttelte, wenn wir etwas anfassten. Zu Abend aßen wir kalt, Müsli mit Bananen, was uns noch kälter vorkam, als wir feststellten, dass die Gasflasche für den Küchenherd nicht leer war. Hinterher zogen wir das verschnörkelte Metallbettgestell in die Mitte des Raumes, als könnten wir dadurch der Kälte entkommen, die durch die Mauern drang, oder uns ein Feuer in dem verrußten Kamin vorstellen. Grant stieg in seinen Schlafsack, und ich wickelte mir meine Daunenweste um die Füße und zog mir Grants Mantel über die Schultern. Ich fror immer noch. Es war so eisig, dass die Luft davon wie eingefärbt wirkte, als wäre das Zimmer nicht in der Lage, die Kälte aufzunehmen. Ich konnte nicht schlafen, starrte in die

Dunkelheit und dachte an meine Großmutter im Chaos der Kapitulation, auf der Suche nach einer Unterkunft.

Ich wurde auf dem Dorfplatz abgeladen und händigte den Zettel, den ich in Amélie-les-Bains bekommen hatte, dem Gendarmen aus, der mich empfing. Alle Umstehenden betrachteten mich misstrauisch. Mit einem strengen Lächeln teilte der Gendarm mir mit, dass nirgendwo ein Zimmer zu bekommen sei und ich besser nicht draußen kampierte. Was tun?!

Ich glaube, es war der Dorfpriester, ebenfalls zu dem Zeitpunkt auf dem Platz anwesend, der mir riet, das Veuve Flamand zu probieren. Damit war ein Café in einer Seitenstraße gemeint, zu dem mir der Weg gewiesen wurde. Ich betrat einen leeren, langen Raum im Souterrain, schwach beleuchtet, mit Reihen von Tischen und Stühlen an den Wänden. Es war kühl, und ich war erschöpft. Madame Flamand begrüßte mich, und ich erklärte meine Anwesenheit. Sie war klein, rundlich, dunkel gekleidet. Ihr Gesicht war rund-quadratisch, übersät mit Pockennarben, ihre Augen waren braun und klug. Da ich die Geschichte der Krankheit kannte, die ihr diese bleibenden Narben zugefügt hatte, wusste ich, dass ich eine Kämpfernatur vor mir hatte. Sie befragte mich streng, erzählte mir aber gleichzeitig viel über sich. Sie war eine republikanische Spanierin, die in Frankreich gearbeitet … und den alten »Trinker« Flamand geheiratet hatte, um das Haus mit dem Café und ein paar kleinere Grundstücke zu bekommen. … Sie glaubte mir nicht, dass ich Ärztin war. Gewiss sah ich in meinem unordentlichen, erschöpften Zustand nicht wie eine aus. Sie äußerte ihre Zweifel nicht, aber ich wusste Bescheid. Schließlich, nach einem kühlen, erfrischenden Getränk, sagte sie, sie habe nur eine Dachkammer, die sie mir überlassen könne, aber sie glaube nicht, dass sie das Richtige sei. Ich bat, sie sehen zu dürfen. Zwei Treppen hoch, die letzte unfassbar staubig und schmutzig. Am Ende eine wackelige Tür, die nur schlecht schloss und in einen Raum mit einem großen Fenster über der Straße führte. Mme. F. öffnete das Fenster und die Läden, wodurch eine zentimeterdicke Staubschicht auf dem Fußboden und jeder anderen Oberfläche ans Licht kam. Ein rostiges Metallbett mit Matratze und einem Haufen, wie es aussah, Lumpen darauf. Eine Waschschüssel auf einem primitiven Halbtisch, ein Stuhl vervollständigten das Mobiliar des Zimmers. Mit einem breiten Lächeln befragte Mme. F. mich wortlos. Das war es – oder die Nacht wo verbringen?

Ich bat um einen Eimer Wasser, etwas Seife, einen Besen und Lappen und vielleicht einen Hammer und Nägel zum In-die-Wand-Schlagen, um ein paar meiner Habseligkeiten aufzuhängen, nachdem ich das Zimmer geputzt hatte, da es weder einen Schrank noch eine Kommode gab. Mme. F. sah mich groß an, sammelte auf, was auf dem Bett lag, sagte, die Matratze sei nicht allzu schlecht und sie werde mir Bettzeug geben. Ich weiß nicht, ob es genau da war, dass das begann, was ich später die »Universität meines Lebens« nannte. Sicherlich hätte ich ohne meine Kriegserfahrungen nicht der Mensch werden können, der ich heute bin. Ich folgte Mme. F. die Treppe hinunter und dieses Mal in die Küche mit großer offener Feuerstelle, wo das Kochen mit Dreibeinen geschah, in denen die rußgeschwärzten Töpfe hingen. Ein sehr großer Tisch mit Stühlen stand auf dem Lehmboden. Ein Waschbecken mit fließend kaltem Wasser befand sich unter einem großen nach Süden zeigenden Fenster. In dem Waschbecken füllte ich den

Eimer, bekam ein großes Stück Seife (savon de Marseille, die Beste in ganz Frankreich) wie auch reichlich saubere Lappen. Ich weiß nicht mehr, wie oft ich die Treppe hinauf und hinunter lief und wie viele Lappen ich brauchte, um den Schmutz und den Staub zu entfernen, die Matratze zu lüften und das Zimmer einzurichten. Mme. F. kam schnaufend und keuchend nach oben und brachte mir grobe, aber sehr weiße und duftende Bettwäsche und sogar eine Tagesdecke. Sie bewunderte – mit Blicken, nicht Worten – meine Leistung. Ich fragte nach dem Preis, und mit Vollpension, drei Mahlzeiten, kostete es fünf Franc pro Tag, wenn ich mich ansonsten komplett um alles selbst kümmerte. Ich war entschlossen zu bleiben, da meine mageren Ersparnisse bei diesem Preis eine ganze Weile reichen konnten. Ich hatte den Eindruck, dass Mme. F. von den Dorfbewohnern als Außenseiterin und Opportunistin betrachtet wurde. Sie schien mir gegenüber wohlwollend, sah mich ebenfalls als Außenseiterin, da ich keine französische Staatsbürgerin war.

In dem dunklen, staubigen Haus in La Roche erhellte die grüne Straßenlaterne den Raum gerade so weit, dass ich das Gefühl bekam, ein zitterndes, verlorenes kleines Geschöpf auf dem Grund eines trüben Meeres zu sein. Ich tröstete mich damit, mir meine Großmutter in der heißen Juninacht vorzustellen, als sie sich in dem vorläufigen Heim, das sie sich geschaffen hatte, umsah, dem Kommen und Gehen im Café lauschte, bis sie in einen unruhigen Schlaf fiel. Und ich malte mir Oma jetzt aus, in ihrem eigenen weichen Bett in ihrem Haus in Pearl River, und wie stolz sie wäre, dass ich den weiten Weg gemacht hatte, gekommen war, um das Haus wieder bewohnbar zu machen, das sie vor so langer Zeit gekauft hatte. Ich spürte ein sanftes Kribbeln von Zugehörigkeit, so unsicher es auch war, und klammerte mich mit aller Kraft daran.

In dem Moment wachte Grant auf und öffnete die Tür, um ins Bad zu gehen. Sekunden später kam er rückwärts ins Zimmer zurück und knallte die Tür wieder zu. »Da draußen sind welche.«

»Da draußen sind welche?«

»Ich meine keine Menschen, aber da sind …«

»Ich weiß«, erwiderte ich, ohne nachzudenken. »Aber sie sind freundlich gesinnt.«

»Du weißt das? Du spürst sie auch?«

Ich rieb mir die Augen und versuchte, diese Frage rational zu erwägen, gab es dann auf, da es eindeutig keine rationale Frage war. »Ja. Ich meine, ich weiß, dass sie da sind.«

»Ich spüre, dass sie mich ansehen. Mich mustern.« Er erschauerte.

»Sie möchten uns hier haben.« Ich wickelte mir Grants Mantel um die sich verflüchtigende Wärme am Bauch. »Sie begutachten dich nur.«

»Also, ich pinkle in ein Glas. Ich geh da nicht raus.«

»Doch, ich komme mit.« Ich stand auf, zog den Mantel eng um mich, und wir gingen zusammen in den Flur zurück. Während ich auf Grant wartete, fragte ich mich, wie es wohl wäre, von dieser Empfindung überrascht zu werden, sich nicht immer und überall von der Vergangenheit umringt zu fühlen.

Am nächsten Morgen, bei heißem Kaffee im Sonnenschein auf der Terrasse, konnten wir das hässliche, kaputte Innere des Hauses beinahe vergessen. Grant und ich saugten das

Licht und die Wärme des Tages in uns auf und besprachen, was wir tun sollten, da wir weder Werkzeug noch Auto noch Geld hatten.

Damals war ich davon überzeugt, dass es mir möglich war, in die Vergangenheit zu tasten und die Erfahrungen meiner Großmutter zu erfühlen, aber heute glaube ich, dass das Gegenteil der Fall war. Ich sehe Omas Geist sich vorwärtsrecken, über Zeit und Raum hinweg, um mir zu helfen, mir ein Heim zu schaffen. An jenem speziellen Tag im April kam die Hilfe in Gestalt von Youssef, einem Handwerker, den ich von meinem kurzen Aufenthalt in Alba während jenes Sommers kannte, den ich zur Recherche in Avignon verbracht hatte. Youssef ist ein Mann, der von absolut nichts zu leben scheint: Niemand weiß, wo er ist oder wann er dort sein wird, er ist selten dort, wo man ihn erwartet, und er ist immer da, wenn einem nicht bewusst ist, dass man ihn braucht. Seit ich mir tatsächlich ein Zuhause in Alba eingerichtet habe, sehe ich ihn kaum. Und wenn, hält er gerade mal für eine hastige Begrüßung an. Aber damals, als ich nichts hatte und niemanden kannte, tauchte Youssef aus heiterem Himmel auf und half. Er brachte Werkzeug mit, um die Glasscherben aus den Fensterrahmen zu schaben, Plastikplane zum Verkleiden und Holz für den Kamin. Und am wichtigsten überhaupt, wenn ich das damals auch noch nicht ahnte: Youssef nahm uns mit über die kleine Fußgängerbrücke über den Escoutay zu »Le Camping«, Albas Campingplatz, der über ein Café mit Restaurant auf einer großen schattigen Terrasse verfügte. Inzwischen hat sich alles verändert, aber damals gingen die Leute tagsüber auf einen Kaffee oder ein Sandwich dorthin und abends nach der Arbeit oder am Wochenende auf einen Wein. Youssef stellte uns allen vor, die er kannte, einschließlich Yohann, dem Eigentümer, der mir anbot, dort zu duschen, als er hörte, dass es in dem Haus in La Roche kein heißes Wasser gab.

Durch das Plastik in den Fenstern fühlte man sich im Haus weniger den Elementen ausgeliefert, aber es war immer noch zu kalt, um dort zu wohnen. Nach einer Woche ging Grant wieder unterrichten, und ich kehrte nach Avignon zurück. Bis zu seiner Abreise aus Frankreich im Juni kam er fast jedes Wochenende nach Alba, meistens mit ein oder zwei Freunden im Schlepptau. Wenn ich Besuch aus den Staaten hatte, brachte ich ihn ebenfalls mit. Normalerweise wachte ich früher auf als die anderen, und wenn ich Frühstück machte, fühlte ich mich ein bisschen wie eine Frau in einem Goldgräberlager, die Haferschleim und heißen Kaffee an ihre verdreckte kleine Mannschaft austeilte. Mit unseren begrenzten Mitteln arbeiteten wir daran, das Haus bewohnbarer zu machen, aber wir zogen auch einfach los und liefen so weit wir konnten über die Steine, die aus dem Wasser des Escoutay ragten, tanzten im Frühlingsregen auf der Terrasse herum oder spielten Mitternachtsbaseball auf dem Pfad hinter La Roche. Das Schöne am ländlichen Frankreich ist natürlich, dass man schlemmen kann wie eine Kaiserin, selbst wenn man in einem besseren Steinhaufen wohnt. Wir kochten abends groß, tranken Wein und hörten auf dem kleinen Radiowecker, den Grant dem Haus gestiftet hatte, Musik. Oder wir gingen über den Fluss und setzten uns ins Campingplatzcafé.

Wenn ich genug von Katzenwäschen und kalten Nächten hatte (wobei ich mir ziemlich bald doch einen Schlafsack zulegte), fuhr ich zurück nach Avignon für ein schönes, ausgiebiges Bad und eine Nacht ohne Spinnen und Skorpione. Während ich im Dorf allmählich Leute kennenlernte, dachte ich oft an meine Großmutter in ihrer ersten Zeit in Caudiès und an den eisernen Ratschlag, den sie mir beharrlich gab: »Man muss einfach mit den Leuten reden. So *ieberrleebt* man.«

Anfangs redete meine Großmutter nur mit Madame Flamand, wenn sie bei ihr in der kühlen, dunklen Küche saß und ihr bei der Hausarbeit und dem Kochen half. »*Um herauszufinden, ob ich eine rechtmäßige Ärztin war, führte Mme. F. mir jede Frau und jedes Kind mit Beschwerden (nie Männer) zu. Später sagte man ihr, ich müsse wohl eine sein, nach der Art, in der ich Fragen stellte und sie untersuchte.*« Auf diese Weise verwandelte meine Großmutter das fremde Dorf in ein Zuhause, schlug zaghafte Wurzeln, indem sie sich um ihre neuen Nachbarn kümmerte. Ich überlegte, wie es wohl gewesen war, ihrem Chef ihre neue Adresse zu schreiben, damit er ihre Habe an sie schicken konnte, ob die Freude, die Koffer auszupacken und ihr Fahrrad wiederzubekommen, überschattet war von dem Schmerz, die von ihr so geliebte Stellung zu verlieren.

Meine Großmutter hatte diese Erinnerungen auf gelben Zetteln festgehalten, in einem Aufsatz, der ihrer Aussage nach von »der Lektüre von *Barcelona* von Robert Hughes« inspiriert war. Wegen der Erklärungen, die klarer als üblich klangen, dachte ich, sie hätte ihn bei einem Schreiblehrer eingereicht, der sich die Zeit genommen hatte, den Text zu bearbeiten und Fragen zu stellen. Und ausnahmsweise, stellte ich erstaunt fest, gab sie nicht nur zu, an meinen Großvater geschrieben zu haben, sondern berichtete sogar ausführlich von seinem Besuch in Hauteville nach der Evakuierung Straßburgs und vor seiner Einberufung.

Da dies allerdings ein Aufsatz aus der Feder meiner Großmutter war, leitete sie direkt zu einer Geschichte über, die noch nach ihrem Wegzug aus Caudiès Auswirkungen auf sie und Armand haben sollte. Eines Nachts wurde sie nämlich gerufen, um den örtlichen Gendarmen zu verarzten, der sich bei einem Motorradunfall verletzt hatte. »*Er lag mitten auf der Straße und schrie laut vor Schmerzen. Wegen der Verdunkelung und des schwachen Mondes zeigte sich die versammelte Menschenmenge als schwarze Schatten, wie auch die Fahrzeuge.*« Ich malte mir aus, wie sie in der Dunkelheit nach ihrem Stethoskop tastete und auf seinen beschleunigten Herzschlag horchte, ihm die Hände flach auf beide Seiten des Brustkorbs legte. Wenn er einatmete, sackte eine Brustseite unter ihrer Hand weg: schlimme Brüche, möglicherweise tödlich, wenn sie ihn nicht ruhigstellte. »Das wird jetzt wehtun«, warnte sie ihn vermutlich, arbeitete schnell, bat die Umstehenden um Kleidungsstücke, um sie zusammenzurollen und unter ihn zu klemmen. Ohne Gurte oder Decken zur Hand musste sie ihn wahrscheinlich mit seiner eigenen Jacke drehen, legte die eingesammelten Kleidungsstücke unter die gebrochenen Rippen und zog dann an seinen Ärmeln, um ihn zu fixieren, bis der Krankenwagen kam. »*Das alles erklärte ich dem Gendarmen, dessen Gesicht ich nie zu sehen bekam, hörte nur seine Stimme und lernte seine Brust unter meinen untersuchenden Händen kennen.*« Ein weiterer Mann, um die Eifersucht meines Großvaters zu entfachen. »*Viel später erfuhr ich, dass meine Diagnose im Krankenhaus bestätigt wurde und man der Meinung war, er habe Glück gehabt, dass ich in der Lage gewesen war, so exakt zu sein und ihn zu retten*«, schloss meine Großmutter. »*Er und ein anderer Gendarm in Saint-Paul (wohin ich anschließend mit Armand zog) strichen uns von der Deportationsliste.*«

Beim Lesen der beiden letzten Sätze des Textes, der erste

anstrengend verschachtelt und lang, der zweite präzise und andeutungsweise selbstkritisch, vermisste ich sie ganz schrecklich:

Da ich selbst von landbesitzenden Juden abstamme – meine Eltern waren die erste Generation in der Stadt, meine Großeltern auf beiden Seiten waren Dorfmenschen und betrieben in ihren Ortschaften jeweils einen Gemischtwarenladen, aber ihr Hauptinteresse galt den Äckern und dem Vieh, die sie besaßen –, hatte ich oft an bäuerlichen Aktivitäten teilgenommen und ausführlichen Gesprächen über Getreide, Stallbewohner (Hennen, Enten, Gänse, Truthähne) gelauscht, wie man ihren Nachwuchs rettete, wenn es Schwierigkeiten gab, und derlei. Daher hielt ich mich mit Ratschlägen an die Dörfler in solchen Angelegenheiten nie zurück.

Aus Sehnsucht nach ein paar von diesen unerbetenen Ratschlägen, die mich als Kind beruhigt und als Teenager genervt hatten, rief ich sie auf der Stelle an. »Ich wollte nur deine Stimme hören«, brüllte ich, als sie abhob.

»Tja, hier bin ich, immer noch am Leben.«

»Das will ich doch hoffen!«

»Na ja, in meinem Alter weiß man nie. In gewisser Weise ist es interessant, den eigenen Körper dabei zu beobachten, wie er den Betrieb einstellt«, bemerkte sie fröhlich.

Mir war nicht danach, mich in dieser Lautstärke über ihren den Betrieb einstellenden Körper zu unterhalten, und ich war mir sicher, dass es ihr ebenso ging. »Ich hab dir viel zu erzählen«, rief ich. »Über Alba. Ich schreibe dir einen Brief.«

»WAS? Schreib es in einem Brief, Mirandali. Du weißt doch, dass ich dich nicht hören kann.«

»Das habe ich ja gesagt, ich schreibe dir.«

»Sehr gut.«

»Ich wollte dir nur sagen, dass ich dich liebe und vermisse«, fuhr ich fort, aber sie hatte schon aufgelegt.

Bei jedem Besuch in Genf, alle paar Wochen, räumte ich den Kühlschrank meines Großvaters aus und sorgte mich um seinen Verfall. Auf jede verfügbare Fläche klebte ich Karteikärtchen mit meiner Telefonnummer, damit Opa daran dachte, mich anzurufen, falls etwas passieren sollte. Und jedes Mal, wenn ich abreiste, nahm er sie alle wieder ab, sodass wir etwas zu tun und zu besprechen hatten, bevor wir uns beim nächsten Besuch zum Tee setzten.

Opa schien gerade auf einem Feigen-Trip zu sein. Wie beim letzten Mal stellte er welche zum Tee auf den Tisch, und wie beim letzten Mal regte die klebrige Süße in seinem Mund eine Geschichte an. Zuerst dachte ich, es sei dieselbe wie zuvor, und war enttäuscht, sowohl um meiner Neugier als auch um seines versagenden Gedächtnisses willen, aber ich hielt den Mund, für den Fall, dass er ein neues Detail hinzufügte.

»Wir aßen viele Feigen während des Krieges. Ich erinnere mich, nach Süden zu wandern, nach …« Er überlegte es sich anders und begann den Satz neu. »Nach Süden zu wandern, nachdem ich entlassen worden war, und Feigen zum Essen zu pflücken.« Wir kauten schweigend, und er ergänzte: »Sie machen müde, weißt du. Aber man muss aufpassen, wenn man draußen schläft.«

»Aufpassen auf was?«

»Na ja, zum Beispiel muss man sich den richtigen Baum aussuchen. Man darf nie unter einem Walnussbaum schlafen.«

»Warum?«

»Davon bekommt man Kopfschmerzen.«

»Ehrlich?«

Sein Blick deutete an, dass er Anstoß an meinem Einwurf nahm. »Warum sollte ich es sagen, wenn es nicht stimmt?«

Früher hätte sein Tonfall mich sofort verstummen lassen. Jetzt schlug ich nur eine neue Richtung ein. »Was hast du während des Kriegs gemacht?«

»Gewartet hauptsächlich, bei den *Chasseurs*. Die Kämpfe fanden alle im Norden statt, weißt du. Als man herausfand, dass ich Jude war, wurde ich zu den *Tirailleurs marocains* versetzt. Und dann wurde ich entlassen.«

»Wohin bist du gegangen?«

»In die Pyrénées-Orientales. Ich hatte dort Arbeit, bei der Weinlese, und eine Unterkunft.« Er aß seine Feige auf, trank einen letzten Schluck Tee und nahm den Lederbeutel in die Hand, in dem er seine Pfeife aufbewahrte.

»Bei Madame Flamand?«

Mein Großvater erstarrte. »Woher kennst du diesen Namen?«

Alles, was ich über Madame Flamand wusste, hatte ich von meiner Großmutter, aber ich wollte Opas Zorn so lange wie möglich hinauszögern, also flunkerte ich ein bisschen. »Den – den hast du mal erwähnt.«

Opa legte die linke Hand um den Kopf seiner Pfeife, etwas Tabak zwischen rechtem Daumen und Zeigefinger. »Natürlich kannte ich sie. Sie war eine gute Frau, eine spanische Anarchistin. Nach dem Krieg wollte ich sie besuchen, ihr danken. Ich fuhr hin. Ich wollte ihr Blumen schenken. Aber sie war tot.« Es war ganz still. Ich hatte Angst, er würde zu weinen beginnen, und wir müssten in unserem schmerzhaften Erinnerungsschweigen dasitzen, aber er sprach weiter, mit einem distanzierten, abwesenden Tonfall. »Ihre Tochter war da. Aber sie wirkte nicht sonderlich interessiert an dem Ganzen.«

»Hast du bei ihr gewohnt?«

»Bei wem?«

»Bei Madame Flamand?«

»Ja, natürlich.« Er sah mich an, als wäre ich nicht ganz bei mir, als wollte er sagen: *Wo soll ich denn sonst gewohnt haben?* »Sie besaß eine Art Gasthaus, glaube ich, das wir mieteten.« Dieses seltene und flüchtige *Wir!* Ich wartete mit angehaltenem Atem, aber Opa fing sich gleich wieder. »Man konnte ein Zimmer mieten«, berichtigte er sich. »Ich habe bei der Weinlese gearbeitet.« Er stopfte seine Pfeife weiter und machte eine kaum merkliche, unbehagliche Bewegung mit den Schultern.

Ich dachte mir, ich könnte ein kleines Risiko eingehen. »Deshalb wurdest du nicht nach Marokko geschickt, oder? Weil sie dir eine Freistellung geschickt hat, dass du bei der Lese gebraucht wirst.«

»Wer hat mir eine Freistellung geschickt?«

»Madame Flamand – und meine Großmutter.«

»Wie sollte sie mir irgendetwas schicken? Ich hatte doch keine Adresse.«

»Was war mit dem Armeestützpunkt?«

»Es war das Kriegsende«, erklärte er gereizt. »Alles versank im Chaos.« Er griff nach den Streichhölzern, zündete die Pfeife an und inhalierte. Eine aromatische Rauchwolke schwebte in den Raum. »Sie haben mich mit fünfhundert Franc und einer Bescheinigung, dass ich meinen Militärdienst abgeleistet hätte, entlassen. Meine Papiere hatten sie mir zu Beginn des Krieges abgenommen – es hieß, nach meinem Militärdienst hätte ich die Staatsbürgerschaft.«

»Und, hattest du sie?«

»Natürlich nicht.« Er saugte an seiner Pfeife. »Nein, natürlich nicht. Aber sie hatten mir meine Papiere abgenommen, und als ich sie wieder abholen wollte, waren sie weg.«

»Weg?«

»Verlegt, nicht mehr gültig, ich kann mich nicht mehr genau erinnern.« Noch einmal machte er diese unbestimmte Schulterbewegung. »Das liegt alles in der Vergangenheit.« Er schob die leere Teetasse von sich weg, steckte die Pfeife wieder in den Mund und blickte aus dem Fenster auf die Berge. Das Gespräch war vorbei.

Beim Abspülen nach dem Tee stellte ich mir Armand vor, der auf einer langen Straße durch den heißen Sommer von 1940 trottete, die Füße schwer in den Stiefeln und Socken, die Zunge ausgedörrt, vom Gedanken an kühles Wasser beherrscht. Ich malte ihn mir mit einer trockenen, riesigen Sehnsucht nach meiner Großmutter aus, die sogar noch seinen großen Durst überstieg. In meiner Fantasie sah er sie vor seinem geistigen Auge und spürte eine gewisse Anspannung in seinem Inneren, ein schwaches Ziehen, eine andauernde Leere. Einen Fuß vor den anderen auf der heißen, verdorrten Straße mit der Erinnerung an ihre dunklen, weichen Haare zwischen seinen Fingern. Manchmal beschleunigte er seinen Schritt, angepeitscht von seiner Leidenschaft, sie ganz zu besitzen. Mir gefiel die Vorstellung, dass sie ihm überhaupt nicht geschrieben hatte, gefiel der Gedanke, dass meine Großmutter auf meinen Großvater wirkte, wie der Norden eine Kompassnadel dreht. Aber wahrscheinlich war sie diejenige, die recht hatte, und er hatte ihre Adresse schlicht und einfach, weil sie sie ihm geschickt hatte. In jedem Fall aber eilte mein Großvater mitten durch einen heißen Tag, der noch nicht wusste, welchen Teil der Geschichte er einnehmen würde. Armand war auf dem Weg nach Caudiès, weil Anna dort war, und er eilte, weil er sonst nirgendwohin konnte.

In meiner Vorstellung war Caudiès ein Ort in der Farbe von goldgelbem Mais, wo die hoch stehende Sonne die Steinhäuser in schwarze Schatten ihrer selbst verwandelte. Madame Flamands Café war bestimmt so düster wie das Innere eines Regenfasses, und ich malte mir aus, wie Armand den Kopf einzog, als er die Tür öffnete und eintrat, im Halbdunkel blinzelte und sich in diesem seltsamen neuen Zuhause umsah.

In ihrer ersten gemeinsamen Nacht bei Madame Flamand lagen sie später schweigend nebeneinander, lauschten dem Atem des anderen, gewöhnten sich an seine Anwesenheit. Durch die Schlitze der verwitterten Fensterläden sahen sie vielleicht den verdunkelten Himmel, der übersät war von kleinen Lichtern, einer Unzahl von Sternen, so dicht aneinandergedrängt wie die Nerven in ihren ruhelosen, verschwitzten Leibern. In der weichen Hitze malte das schwache Mondlicht schmale leuchtende Streifen auf ihre Haut, und sie betrachteten einander staunend.

Ich stellte die Teetassen auf das Abtropfgitter, schaute aus dem Fenster und bemerkte, dass die Leisten von Fensterläden nach unten zeigen, um den Regen abzuweisen, weswegen die beiden den Himmel gar nicht hätten sehen können. Niedergeschlagen schüttelte ich den Kopf. Welche Fehler hatte ich mir sonst noch in ihre Geschichte geträumt?

Gegen Ende Juni war es warm genug, aus meinem Zimmer in Avignon auszuziehen und ganz in La Roche zu wohnen, allein. Grant war nach Ende des Schuljahrs in die Vereinigten

Staaten zurückgekehrt, und bei mir hatte sich für die nächste Zeit kein Besuch angemeldet. David half mir, meine Habseligkeiten in sein Auto zu laden, und fuhr mich hin. Er steuerte einen Spiegel, eine Petunie im Topf, eine Teekanne und ein paar Becher zu meinem neuen Haushalt bei, aber als er ankam, rief er: »Mein Gott, ich hätte dir einen Betonmischer und einen Werkzeugkasten schenken sollen. Bist du sicher, dass du klarkommst?«

Einen Moment lang sah ich das Haus, wie er es sehen musste, als heruntergekommenen Steinhaufen in einem anonymen Dorf, und spürte eine leichte Beklommenheit. Aber dann dachte ich an meine Großmutter und schüttelte das Gefühl ab.

»Du kannst jederzeit zurück nach Avignon kommen, wenn nötig«, bot er beim Abschied an. Ich dankte ihm, bedauerte aber nicht, Avignon zu verlassen, da ich keinen Zweifel daran hegte, dass La Roche genau der Ort war, an dem ich sein wollte.

Als David weg war, saß ich lange auf der Gartenmauer und sah der Sonne zu, wie sie über die orangefarbenen Flechten, den grünen Efeu und die struppigen Gräser wanderte, die das Basaltgestein von La Roche bedeckten. Wenn ich den Kopf drehte, konnte ich die Burg von Alba von ihrem Hügel aus auf mich herabblicken sehen, halb hinter Bäumen verborgen. Das Haus war so sauber geputzt, wie es ging, und es war so warm, dass die fehlenden Scheiben in den Fenstern kein Problem darstellten, solange ich die Möbel zur Seite rückte, wenn es regnete.

Eine eigenartige Verantwortung hatte ich da auf mich geladen, mein Lager in diesem völlig offenen Haus aufzuschlagen, mehr oder weniger ständig dem Risiko des Vandalismus ausgesetzt. Niemand machte sich je daran zu schaffen, solange ich da war, aber sobald ich das Haus für mehr als ein paar Tage verließ, kehrten die Randalierer zurück, verschoben Gegenstände, warfen Sachen um, zerbrachen Dinge. Das Haus gehörte mir nicht, aber ich wollte es nicht seinem Schicksal überlassen. Was auch immer ich in Frankreich erreichen wollte, ich wollte es hier tun. La Roche war mein Platz, auf Gedeih und Verderb. Einen kurzen Moment lang war ich irrsinnig glücklich, als ich da auf der Gartenmauer saß und den Wind durch das Laub der Bäume am Escoutay streichen sah. Geradezu ehrfürchtig erinnerte ich mich an meine Vision sieben Jahre zuvor, als ich das Haus zum ersten Mal gesehen hatte. *Das ist mein Herzenswunsch*, dachte ich, *und ich habe ihn mir erfüllt.* Es war ein ganz außergewöhnliches Gefühl.

Kapitel 12

Meine Begeisterung hielt an, bis die Sonne hinter dem Dorf zu sinken begann. Nach und nach drängten die Schatten das Licht und die Wärme von der Terrasse, und ich zog meinen Pulli wieder an. Abgesehen vom Wind war es in La Roche vollkommen still. Wenn ich riefe, würde niemand mich hören. Ich dachte an die kaputten Fenster, die morsche Terrassentür und das undichte Dach. Ich dachte daran, dass das Haus nicht mir gehörte und vielleicht auch nie mir gehören würde. Ich dachte daran, dass es, selbst wenn es meins wäre und es mir gelänge, irgendetwas zu reparieren, immer noch nicht behaglich oder auch nur richtig bewohnbar wäre. Die Elektrik war mangelhaft, es gab kein heißes Wasser im Badezimmer, und von innen war es ein Labyrinth von unfertigen, düsteren, unpraktischen Räumen. Mein Glücksgefühl verließ mich so abrupt, wie es gekommen war, und ich war entmutigt, regelrecht frustriert, dass ich diesem seltsamen Wunsch tatsächlich nachgegeben hatte. Was hatte ich gewollt? Was genau hatte ich zu finden erwartet?

Ich stand auf und hastete aus dem Haus hinaus und den Hügel hinauf zum Dorf, als könnte ich mich diesen Fragen entziehen, indem ich mich schnell bewegte. Da ich nichts mit mir anzufangen wusste, kaufte ich mir eine Zeitung und lief hinunter zu Le Camping.

Die Terrasse war ziemlich voll, und Yohann hatte viel zu tun. Ich bestellte mir an der Theke einen Kaffee und trug ihn an einen leeren Tisch, von dem aus ich die Bäume, den Fluss und die Burg dahinter sehen konnte. Als ich in meiner Zeitung las und gerade etwas wehmütig an Nachmittage mit Freunden und Familie dachte, hörte ich gegenüber von mir einen Stuhl über den Boden schaben und sah auf. Es war Julien, den ich an einem der Samstagabende kennengelernt hatte, die Grant, seine Freunde und ich am Campingplatz verbracht hatten. Bei jener ersten Begegnung hatte ich erfahren, dass Julien Steinmetz war, ein Jahr in Amerika gelebt hatte, ein Architekturstudium begonnen und abgebrochen hatte und mit seinem Vater zusammen alte Häuser restaurierte. Er machte Wortspiele, die nur funktionierten, wenn man zweisprachig war, und er vertrat glühende politische, literarische und architektonische Ansichten. Er war groß, trug eine Nickelbrille und hatte dicke rotblonde Haare und blaugraue Augen. Von Weitem wirkte er etwas einschüchternd, sogar fast martialisch, aber von Nahem hatte er ein tiefes, ansteckendes Lachen und ein Grinsen wie ein fröhlicher kleiner Junge. Er erinnerte mich an eine griechische Statue oder einen Erzengel, dem die Flügel fehlten.

Nun stand er mit der Hand auf einer Stuhllehne an meinem Tisch. »Darf ich mich zu dir setzen?«

»Aber sicher doch.«

Julien setzte sich, nahm seine Brille ab und rieb sich den Nasenrücken, der mit weißen Gipsspritzern gesprenkelt war. »Was für ein Tag.« Er nahm meine Zeitung in die Hand und warf einen Blick darauf. »Störe ich? Vielleicht möchtest du lieber lesen.«

»Nein, nein, ich habe den ganzen Tag noch nicht wirklich mit jemandem gesprochen. Schön, ein bisschen Gesellschaft zu haben.« Seit ich ihn kennengelernt hatte, überlegte ich, was ihn von den anderen Leuten im Dorf unterschied. »Bist du hier geboren?«, fragte ich ihn deshalb nun.

Er nickte. »Nicht weit von hier, ungefähr eine Stunde, in

der hohen Ardèche. In einer Kommune. Meine Eltern sind aus Paris. Kamen in den Siebzigern hierher, als Aussteiger, du weißt schon, Jean Giono und so weiter.«

»Leben sie immer noch in der Kommune?«

»Nein, das hat nicht ganz so funktioniert, wie sie sich das vorgestellt hatten.« Er schien zu überlegen, wie viel er mir erzählen wollte. »Ist eine lange Geschichte mit keinem guten Ende … Protestaktionen, Gewalt, der SAC, so in die Richtung …« Er verstummte und machte eine Handbewegung, als wollte er alles wegschieben. »Und was ist mit dir?«

Ich erzählte ihm von dem Haus und meinen Großeltern.

»Ja, aber was ist mit dir?«, wiederholte er.

»Wie meinst du das?«

»Ich meine, was machst du jetzt hier? Hast du einen Job? Bleibst du hier?« Er hatte eine feste, warme Stimme, die gleichzeitig humorvoll und streng war, und er beugte sich bei seinen Fragen vor und spielte mit dem Löffel, der auf meiner Untertasse lag. Dann lehnte er sich lächelnd zurück. »Du bist eine Romantikerin, oder?«

»Ich habe ein Forschungsstipendium von meiner Uni. Für ein Jahr. Danach weiß ich nicht.«

»Also, was machst du ein Jahr lang?« Er saß entspannt auf dem Plastikstuhl und beobachtete mich. Da er ziemlich groß war, streckte er die Beine seitlich am Tisch vorbei. Trotz seiner lässigen Haltung gab mir etwas an seinem Blick, an der Art und Weise, wie er zuhörte, das Gefühl, er könnte die Dinge erraten, die ich nicht aussprach.

»Herausfinden, was mit meinen Großeltern passiert ist, und darüber schreiben. Ihre Geschichte ist außergewöhnlich – ich meine, es ist doch immer wichtig zu wissen, was mit der eigenen Familie war, findest du nicht?« Ich hörte auf zu reden, weil ich Angst hatte, defensiv zu klingen.

»Klar«, meinte Julien. »Aber man kann nicht in der Vergangenheit leben. Zumindest nicht immer.«

»Du solltest mal mein Wohnzimmer sehen. Besser gesagt das ganze Haus.«

Er lachte. »Das würde ich gern.« Er streckte sich. »Jetzt sitze ich schon zwanzig Minuten hier und habe noch nicht mal was bestellt. Möchtest du was trinken?«

»Ich weiß ja nicht – erst nennst du mich Romantikerin, dann sagst du mir, ich lebe in der Vergangenheit, und jetzt willst du mir was zu trinken ausgeben?«

Er winkte Yohann, der sich auf den Weg zu unserem Tisch machte. »Ich hab gar nichts gegen Romantiker«, erklärte Julien.

Als wir ausgetrunken hatten, nahm Julien mich im Auto mit nach La Roche, und ich zeigte ihm das Haus. Als er die verzogene Terrassentür und die Plastikplanen vor den Fenstern sah, runzelte er die Stirn. »Was hast du damit vor?«, fragte er. »Wenn der Sommer vorbei ist, meine ich.« Er ging in die Hocke und fuhr mit einem Fingernagel über den Zement, in den der Rahmen der Terrassentür eingelassen war. »Das muss neu gemacht werden.« Er strich sich die Haare von der Brille. »Siehst du, wie das Wasser hier runterläuft und das Holz verrotten lässt? Deshalb ist die Tür verzogen.«

»Ich weiß – ich meine, ich weiß, dass ich sie ersetzen muss. Ich hab sogar schon eine«, fügte ich etwas munterer hinzu. »Youssef hat gesagt, er hilft mir, sie einzubauen, wenn er Zeit hat.«

Ich führte Julien in den Turm, wo ich die Tür abgestellt hatte, die Grant und ich einen Monat zuvor auf Youssefs Drängen hin in einem großen Baumarkt gekauft hatten. Wir hatten sie mit einer Rolle Kordel auf das Dach von Grants geliehenem Renault Super 5 geschnürt, und ich hatte die gesamte Heimfahrt aus dem Fenster gehangen und sie festgehalten, damit der Wind nicht zwischen Tür und Auto blies und uns von der Straße wehte. Ich war mir vorgekommen wie *Die Beverly Hillbillies in Frankreich.*

Jetzt betrachtete Julien die Tür zweifelnd. »Habt ihr den Türrahmen ausgemessen?«

»Ich hatte keinen Zollstock. Und die Tür war im Angebot. Youssef hat gesagt, wir sollten zugreifen.«

Julien sagte nicht sofort etwas. Damals kannte ich es zwar noch nicht, aber das verdutzte Zusammenkneifen seiner Augen, wenn etwas unlogisch war, sollte mir schon bald vertraut werden. »Warte mal kurz«, sagte er und verschwand nach draußen. Kurz darauf kehrte er mit einem Maßband zurück, das er auf der neuen Tür ausrollte. »Zweihundertvier auf neunzig. Standard.« Er lief zurück zur Terrasse und wandte sich dem morschen Türrahmen zu. »Zweiundachtzig. Und hier unten dreiundachtzig.« Er hakte das Bandmaß zwischen der steinernen Schwelle und der Türkante ein und stand wieder auf. »Hundertachtundsechzig.« Er schob das Bandmaß ans andere Ende der Schwelle. »Und hier drüben hundertsiebzig Komma fünf, wenn man pingelig sein möchte.« Das energische Klappern, mit dem das Bandmaß in sein Gehäuse zurückflutschte, fällte das Urteil, das zu äußern Julien zu taktvoll war.

»Aber Youssef hat gesagt …« Noch als die Worte aus meinem Mund kamen, musste ich bei der Vorstellung, die neue Tür in den alten Rahmen zu quetschen, laut lachen. »Ich weiß nicht, was ich mir dabei gedacht habe.«

Julien wirkte etwas verdrossen. »Entweder hat Youssef halluziniert, oder er ist ein viel besserer Handwerker als ich.« Er klemmte sich das Bandmaß an die Hosentasche und setzte sich auf die Terrassenmauer. »Ich fürchte, du musst dir eine

Tür anfertigen lassen. Aber ich setze sie dir ein, wenn du eine hast.«

Ich hatte keine Ahnung, wann das sein oder woher ich das Geld dafür nehmen sollte.

Omas Worte wurden mein Credo – man musste wirklich nur mit den Leuten reden. Bald nach meinem Einzug kam ich bei dem Hotel vorbei, in dem sie und ich zu Mittag gegessen hatten, als wir 2001 in Alba gewesen waren (und wo sie glaubte, 1948 übernachtet zu haben), um die Besitzer zu begrüßen. Natürlich erinnerten sie sich an meine Großmutter. Sie wollten alles über sie hören und auch, was ich im Dorf machte, und als sie erfuhren, dass ich versuchte, genug Geld für Türen und Fenster zusammenzukratzen, boten sie mir eine Stelle als Zimmermädchen und Kellnerin bei größeren Veranstaltungen an. Es war keine regelmäßige Arbeit, aber es war eine große Hilfe.

»*Auf jede ehrliche Arbeit, bei der du dich wirklich anstrengst, solltest du stolz sein*«, schrieb mir meine Großmutter zurück, als ich ihr in einem Brief von dem neuen Job erzählte. »*Eine Leistung, auf die ich besonders stolz bin, war, während des Krieges Wein zu pflücken. Sechsundfünfzig Tage hintereinander pflückten wir Wein, ohne Pause. Sie sagten, so etwas hätten sie noch nie erlebt, nicht mal bei den professionellen Pflückern.*«

Diesen Teil von Annas und Armands Geschichte kannte ich gut. Er spielte sogar eine bedeutende Rolle in meinem Märchen von ihrem gemeinsamen Leben: Eine böse Macht hatte einen Prinzen und eine Prinzessin von ihrer rechtmäßigen Stellung im Leben verdrängt, sie gezwungen, sich zu verstecken und unmögliche Aufgaben zu erfüllen. Begonnen hatten sie an der Meeresküste und waren weitergezogen durch einen schweißtreibenden Dunst von Sonne, Staub und zirpenden Zikaden, zwischen leuchtend grünen Weinranken, die sich weiter, als das Auge reichte, auf den ockerfarbenen Hügeln wiegten. Sie arbeiteten inmitten einer zerlumpten Schar, gewiss Herzöge, Prinzen, Könige und edle Damen wie sie selbst, ihrer Namen und Vergangenheit beraubt, verkleidet als Wanderarbeiter und Zigeuner, ganze magere Familien, aufgereiht zwischen den Rebstöcken auf den großen Landgütern. Die Frauen schnitten die dicken Trauben ab und legten sie in die schmalen Metallbehälter, die die Männer auf dem Rücken trugen, und die älteren Kinder kümmerten sich am Rande der Weinberge um die jüngeren.

Meine Großmutter liebte es, von dem Zauber zu erzählen, der in diesen Zeiten wirkte. Dass der steinige Boden weich wie ein Federbett wurde, wenn sie sich in der Mittagspause hinlegten. Ihr Lieblingsteil war die verlassene Burg, in der sie schliefen, in meiner Denkweise das stillschweigende Eingeständnis ihrer geheimen königlichen Abstammung. *Ein Heuhaufen in einem Steinturm aus dem zehnten Jahrhundert mit dem schönsten Blick*, erzählte Oma dann, *unfassbar, wie schön es war*. Und da wirkte der Zauber wieder: Sie waren in einen Mantel von Erschöpfung gehüllt, der so dicht gewebt war, dass sie das Stechen und Jucken der Flohbisse kaum bemerkten, wenn sie im Heu lagen. Am Ende des Tages, wenn die Brise vom Meer heraufwehte, blickten sie aus der Dunkelheit des Turms über das Land und wussten nicht, wann das Ende ihrer Geschichte käme oder was geschehen würde, wenn es so weit war.

»*Schwere Arbeit*«, schrieb meine Großmutter mir jetzt. »*Wir hatten solchen Hunger. Abends schlichen wir uns zurück in die Weinberge, um die heruntergefallenen Trauben auf-*

zusammeln oder die grünen, harten, die noch an den Reben hingen, und aßen sie. Am Ende dieses Sommers wog ich noch neunzig Pfund.«

Ich legte den Brief weg und schämte mich. Wie hatte ich Monate beschwerlicher körperlicher Arbeit, ohne festen Wohnsitz, halb verhungert, romantisieren können?

Nach der Weinlese 1940 kehrten sie zu Madame Flamand zurück, blieben aber nicht lange bei ihr. Gegen Ende des Jahres waren sie zu dem Schluss gekommen, dass es zu gefährlich war, weiter dort zu wohnen, und zogen nach Saint-Paul-de-Fenouillet, ein größeres Marktstädtchen etwa zehn Kilometer östlich. Obwohl das Vichy-Regime französische Juden noch nicht systematisch verhaften ließ, wurde Anfang 1941 damit begonnen, Ausländer, sowohl jüdische als auch nichtjüdische, zu sammeln und nach Süden in Gefangenenlager in den Pyrenäen zu transportieren. Die Rechtsstellung meiner Großeltern, besser gesagt der Mangel daran, wurde mehr und mehr zum Problem für sie, besonders nachdem das Vichy-Regime im August 1940 ein Gesetz erlassen hatte, das jedem, der nicht die französische Nationalität besaß, verbot, als Arzt zu praktizieren. Möglicherweise zogen meine Großeltern auch weg, um Madame Flamand zu schützen, deren Staatsbürgerschaft 1940 wahrscheinlich zur Überprüfung anstand, da sie spanischer Flüchtling und nach 1927 eingebürgert worden war, einem der Termine, die das Vichy-Regime zur Feststellung der Nationalität verwendete. Vielleicht wollten Anna und Armand keine übermäßige Aufmerksamkeit auf sie lenken.

Die beiden zogen während des regenreichsten Winters in diesem Landstrich seit Beginn der Wetteraufzeichnungen um, ein Umstand, den ich durch eines der geheimen Tore zur Vergangenheit meines Großvaters erfahren hatte, und zwar ein kleines Bild, das er in einem Buch versteckt aufbewahrte. Ich hatte es an einem der Wochenenden entdeckt, die ich während meiner Zeit im Internat bei ihm verbrachte. Wie bei all diesen kleinen Symbolen wusste ich nicht, warum er beschloss, es mir zu zeigen. Eines Tages holte er ein Buch aus einem der oberen Regalfächer und entnahm ihm ein kleines, vielfarbiges Gemälde auf dickem Aquarellpapier. Es sah aus wie ein Mosaik oder ein Buntglasfenster, eckige Flächen, die in Form eines Schilds ineinandergefügt waren.

Es war ein grauer Tag, und ganz Genf war von einem matten, schimmernden Licht erfüllt, das auch in das Zimmer schien, in dem wir standen, und die Farben des Bildes zum Leuchten brachten.

»Wer hat das gemalt?«, wagte ich schließlich zu fragen, als Opa nichts weiter sagte.

»Otto Freundlich. Weißt du, wer das ist?«

Ich schüttelte den Kopf. Er holte sein Lexikon heraus, schlug die passende Seite auf und reichte es mir, den Finger auf den Eintrag gelegt. Ich las den ersten Satz laut. »›*Freundlich (Otto) Peintre et sculpteur allemand (Stolp, auj. Slupsk, Poméranie 1878 – camp de concentration de Lublin-Majdanek, Pologne 1943.*‹« Ich las den Absatz über den deutschen Maler und Bildhauer Freundlich zu Ende, der 1943 in dem polnischen Konzentrationslager Lublin-Majdanek umgekommen war und dessen Gemälde mein Großvater in seiner Bibliothek versteckte. Dann gab ich ihm das Lexikon zurück. Ohne ein Wort stellte er es weg. »Kanntest du ihn?«

Um das Lexikon zu holen, hatte mein Großvater das Bild auf den Schreibtisch gelegt. Nun nahm er es wieder in die Hand, und wir betrachteten es.

»Ich kannte ihn während des Krieges. Ich weiß nicht genau, wie er es von Paris nach Süden geschafft hatte, aber das hatte er.«

»Wie hast du ihn kennengelernt? Habt ihr im gleichen Ort gewohnt?«

»Im Süden hatte es Überschwemmungen gegeben, und sehr viele Straßen und kleine Brücken um Caudiès und Saint-Paul herum waren weggespült worden. Als die Weinlese vorbei war, bekam ich deshalb Arbeit bei einem der Trupps, die von der Regierung mit den Reparaturen beauftragt worden waren.«

Ich fragte, was er damals zu tun hatte.

»Ich lernte, eine Schaufel zu benutzen. Ich hob Gräben aus. Ich mischte Mörtel an.« Er streckte die Hände aus, die trotz seines hohen Alters noch dick und kräftig waren. »Ich bekam Schwielen.« Beide inspizierten wir seine Hände. »Aber als Entschädigung erhielten wir besondere Titel: Ich durfte ein *technicien des ponts et chaussées* sein.« Er reckte gespielt wichtigtuerisch die Nase in die Luft, als er das sagte. »Brücken- und Fahrbahntechniker, wenn ich bitten darf. Und eines Tages arbeitete ich an der Straße.« Opa tat, als schaufelte er. »Und ich sah einen sehr großen Mann auf mich zukommen, mit weißen Haaren, sehr eindrucksvoll. Er hatte etwas so Gebieterisches an sich, dass ich meine Schaufel fallen ließ, zu ihm ging und so machte.« Mein Großvater streckte die Hand aus und schüttelte sie mir wie ein junger Mann, der seiner schüchternen Bewunderung Ausdruck verleiht.

»Und was ist dann passiert?«

»Na ja, ich habe mich vorgestellt, und er hat sich vorgestellt. Er sagte, sein Name sei Otto Freundlich und er sei Maler. Wir freundeten uns an. Wir – ich habe sie ziemlich oft besucht, ihn und seine Frau, und manchmal kamen auch sie zu mir. Er schenkte mir das Bild – sie hatten sämtliche seiner Bilder zerstört, und er versuchte, sie alle noch einmal nachzumalen.«

»Sie hatten seine Gemälde zerstört?«

»Sie sagten, er sei ein entarteter Künstler.«

»Was ist mit ihm passiert?«

»Jemand hat ihn denunziert. Und dann haben sie ihn nach Majdanek geschickt.«

Schweigen. Wir gingen zurück ins Esszimmer, fort von der Stille, fort von dem Buch und seiner verborgenen Erinnerung.

»Von Caudiès zogen wir nach Saint-Paul-de-Fenouillet«, schrieb meine Großmutter. *»Ein Marktstädtchen mit Geschäften, einem Arzt und einigen hübschen Häusern, Unterkünften zur Miete sowie einem Hotel, vor dem später die Flüchtlinge für die Vernichtungslager gesammelt wurden.«* In Saint-Paul wohnten sie an zwei Orten: zuerst, im Winter 1940, in einem kleinen Zimmer mit offener Feuerstelle und eisernem Dreibein zum Kochen und ab Frühling 1941 dann in einer Wohnung im ersten Stock eines Hauses mit Garten, in dem man Gemüse anbauen und Kaninchen halten konnte, mit fließend kaltem Wasser, einem Holzofen zum Heizen und Kochen und zwei Nachbarinnen im Stockwerk über sich: *»Tante Erna [und] eine furchtbar nette und hervorragende Schneiderin (aus Polen). Armand arbeitete bei der Kooperative, die Erzeugnisse aus Landwirtschaft und Weinbau … für die Region zuteilte.«*

Ich kannte Erna als beste Freundin meiner Großmutter und Patentante meiner Mutter, die wir früher öfter im schweizerischen St. Gallen besuchten, bis sie an Nierenkrebs starb, als ich zwölf war. Wenn meine Mutter und ihr Bruder als Kinder bei ihrem Vater in Genf waren, setzte Armand sie hin und wieder in den Zug nach St. Gallen, um Erna zu besuchen, und sie setzte sie dann später wieder in den Zug zurück nach Genf. Das war so ungefähr alles, was er an Kontakt

Erna, um 1947

mit Erna ertragen konnte, die für seinen Geschmack ein zu enges Verhältnis zu meiner Großmutter hatte. Einmal hatte Erna ihn gefragt, warum er sich weigerte, mit meiner Großmutter zu sprechen. »Sie redet zu viel«, hatte er erklärt und war davongestürmt.

Bei meinem nächsten Besuch in Genf fragte ich: »Was hast du nach deiner Entlassung aus der Armee sonst noch für Arbeiten während des Krieges gemacht? Warst du die ganze Zeit im Straßenbau?«

»Nein, nur in diesem ersten Frühling in Saint-Paul-de-Fenouillet.«

»Oma – meine Großmutter – sagte, du hättest bei einer landwirtschaftlichen Kooperative gearbeitet«, sagte ich vorsichtig.

»Ach ja?« Opas Gesicht bekam diesen gefährlichen Ausdruck, und ich bereute, sie erwähnt zu haben. »Ja, das stimmt. Ich war sogar nominell der Leiter. Aber weißt du, wie das mit der landwirtschaftlichen Kooperative war?«

Ich schüttelte den Kopf, nein.

»Ich war das einzige Mitglied. Der einzige Angestellte.« Sein Tonfall war hochmütig geworden, aggressiv. »Du siehst also, es konnte nicht von Dauer sein.«

Das ergab für mich keinen Sinn, aber ich traute mich nicht, das Thema weiterzuverfolgen. »Was hast du sonst noch gemacht?«

»Dies und das. Was ich eben konnte. Ich habe in einer Werkstatt für Muttern und Schrauben gearbeitet. Ich habe Besen hergestellt, für einen Besenvertreter. Eigentlich sollte er uns das Material bringen, für das wir einen kleinen Betrag zahlten, und dann wiederkommen, die Besen abholen, sie verkaufen und uns das Geld aushändigen.« Er lächelte schief. »Aber wie du dir vorstellen kannst, hat er das nicht getan. Danach hatte ich eine Weile Arbeit als Buchhalter bei einem Kaufmann, der viele Dinge auf dem Schwarzmarkt verkaufte, Schinken und Schokolade und so weiter, wovon er uns natürlich nie etwas abgab. Aber es waren sehr schwere Zeiten, weißt du. Er konnte mich nicht weiterbeschäftigen. Zumindest sagte er das.«

»Hat meine Großmutter gearbeitet?«

»Nein. Sie hatte keine Stelle. Sie blieb zu Hause«, sagte er wegwerfend und stand auf. »Sie tat sich nach Lebensmitteln um, arbeitete im Garten, kümmerte sich um die Kaninchen, machte den Haushalt. Was weiß ich. Ich koche einen Tee. Möchtest du welchen?«

»Ja, bitte.«

Meine Großmutter hatte mir diese zweite Wohnung beschrieben.

Unser Mobiliar bestand aus einem Küchentisch, zwei Stühlen und einer kleinen Truhe für das sehr wenige Kochgerät, Besteck und Geschirr, das wir besaßen. Viel wurde in Kisten aufbewahrt. In unserem Schlafzimmer hatten wir ein etwas breiteres Einzelbett, und in dem zweiten Zimmer hing unsere Kleidung an Kordeln oder lag in Koffern. Dort verstauten wir auch Vorräte von was auch immer wir finden konnten, während sich die Lebensmittelknappheit von Tag zu Tag verschlimmerte.

Oma verbrachte endlose Stunden mit der Suche nach Essen, fuhr manchmal mit dem Fahrrad einen ganzen Tag lang in die Berge, nur um mit einem einzelnen Ei zum Abendessen zurückzukehren. Ihre neue Wohnung hatte einen Garten und Platz für Kaninchenställe, was ihren Hunger etwas linderte. Ebenso wichtig war aber, dass sie Gesellschaft in Gestalt jener beiden Nachbarinnen im oberen Stockwerk bot. Die Freundschaft meiner Großmutter mit Erna sollte meinen Großeltern letztendlich das Leben retten, aber im Frühling 1941 in Saint-Paul empfand Oma sie bereits als Geschenk des Himmels. Obwohl (oder vielleicht weil) mein Großvater da war, muss sie schrecklich einsam gewesen sein, nachdem sie von ihrer Stelle in Hauteville fliehen musste und nicht mehr als Ärztin praktizieren durfte, obwohl dies ihre große Berufung war.

Dann fand ihr Vermieter ein wildes Kaninchenjunges und brachte es mit nach Hause.

Irgendwie verliebte ich mich in dieses winzige Geschöpf und schlug vor, es aufzunehmen und [zu sehen], ob man es zähmen konnte. Ich fand ein Fläschchen und einen Gummisauger und fütterte es zuerst mit Milch, die es gut trank, und nach und nach gab ich Gräser und Zweige für die wachsenden Zähne dazu. Es wuchs und wurde dick. Wir tauften es Zigomar. Den Namen erfand ich, weil mir der Klang gefiel. … Zigomar wurde zahm, lief uns nach und sah uns verspielt an, so als wüsste er, wer wir waren. Wir hielten ihn ausschließlich in der Küche … [die] bald zu eng wurde, und er versuchte jedes Mal, wenn die … Tür geöffnet wurde, zu entkommen. So fand er einen frühen und versehentlichen Tod, als er irgendwie unter einen in Bewegung befindlichen Fuß geriet und zertreten wurde. Wir betrauerten ihn aufrichtig.

Mein Großvater rief aus der Küche.

»Könntest du bitte mal herkommen?«

»Aber natürlich.« Ein beißender Geruch nach verbranntem Plastik hing in der Luft, und ich öffnete schnell das Fenster. Opa hielt seinen Wasserkocher in die Höhe. »Irgendwas ist damit passiert, er funktioniert nicht mehr.« Der Boden des Geräts war zu einem schaurigen Grinsen zerschmolzen. »Siehst du?« Er stellte ihn auf den kleinen dreiflammigen Gasherd in seiner Küche. »Wenn ich ihn auf den Herd stelle, riecht es so komisch …«

»Opa, nicht!«, rief ich und riss den Wasserkocher von der Flamme.

»Was ist denn?«

»Er – er funktioniert nicht mehr. Am besten gehen wir dir einen neuen kaufen, ja?« Ich klappte den Metalldeckel auf den Herd und schaltete das Gas ab, und dann zogen wir unsere Jacken an und fuhren mit dem Aufzug nach unten. »Gehen wir zu Fuß oder nehmen wir den Bus?«, fragte ich, als wir vor die Haustür traten.

»Ich glaube, wir sollten zu Fuß gehen, wenn dir das nicht zu viel wird«, meinte Opa. »Bist du gut in Form?«

Ich verkniff mir ein Lächeln. »Die Frage sollte ich eigentlich dir stellen.«

»Warum?«

»Na ja, du wirst nächsten Sommer neunzig.«

»Bist du sicher? Welches Jahr haben wir?«

Ich sagte es ihm, und er rechnete nach. »Tatsächlich. Ein richtiger Methusalem.«

Im Geschäft suchte ich eine elektrische Kochplatte und einen Wasserkocher mit Abschaltautomatik aus.

»Ist das für dich?«, fragte Opa in der Schlange an der Kasse.

»Sozusagen.«

»Aha.«

Als wir zurück nach Hause kamen, setzte mein Großvater sich hin, während ich das Gas abstellte und seine neuen Küchengeräte anschloss. Ein Zettel war hinter die Gasflasche gefallen, und ich hob ihn auf, in der Hoffnung, es wäre nichts Wichtiges. Es war ein Stück von einer Stromrechnung. Opa hatte das Datum darauf notiert, an dem er sie bezahlt hatte, ein Jahr vorher. Daneben hatte er geschrieben: *»C'est comme si un clapet se fermait sur ma mémoire.«* – Es ist, als würde sich eine Klappe über meinem Gedächtnis schließen.

»Was ist das alles?« Opa stand in der Küchentür und zeigte auf die Kochplatte und den Wasserkocher.

Rasch steckte ich den Zettel in die Hosentasche und lächelte ihn an. »Neue Küchengeräte.«

»Was war mit den alten nicht in Ordnung?«

Ich zögerte, da ich ihm nicht das Gefühl geben wollte, ihn

zu bevormunden. »Weißt du, Gas ist gefährlich in Wohnhäusern. Ich glaube, es ist vielleicht sogar verboten.«

Er strich über den schicken weißen Wasserkocher. »Ich weiß nicht, wie man den benutzt.«

»Das ist ganz einfach.« Ich zeigte ihm den Knopf, den man drückte, um das Wasser zu erhitzen, und erklärte ihm, wie die Abschaltautomatik funktionierte.

»Ich sehe schon, du hast vor, mich ins moderne Zeitalter zu schubsen«, bemerkte er. »Tja, lass mich mal einen Tee kochen und sehen, wie er mir schmeckt.«

Ich deckte den Tisch, während er Tee in die Kanne löffelte. Neben der Dose, in der er normalerweise seine Kekse aufbewahrte, fand ich noch ein Stück Papier. Darauf hatte er geschrieben: *»Ma mémoire = ma passoire.«* – Mein Gedächtnis = mein Sieb.

Ich beschloss, ihm diesen Zettel zu zeigen. Er lächelte, als er ihn las. »Ich kann mich nicht mehr erinnern, wer das gesagt hat. Ein Witz, oder?«

Ich nickte, bewegt von der Sanftheit, die diese neue Schwäche bei meinem Großvater offenbar erzeugte. Wieder spürte ich eine Dringlichkeit: Ich musste seine Erinnerungen sammeln, bevor sie verschwanden. »Weißt du noch, wie es in Saint-Paul-de-Fenouillet war?«

Er nickte. Zu meiner Überraschung schien er gern über die Vergangenheit zu reden, als wäre er froh, sich auf einem Terrain zu bewegen, das nichts mit dem Inhalt seines Kühlschranks oder der Bedienung neumodischer Geräte zu tun hatte.

»Erinnerst du dich daran, Kaninchen gehalten zu haben?«

»Woher weißt du diese ganzen Sachen, Miranda?«

»Ich finde sie wichtig«, stotterte ich, da ich den Augenblick nicht durch eine Erwähnung meiner Großmutter ruinieren wollte, aber wusste, dass das auf Dauer unvermeidbar war. »Du bist immerhin mein Großvater. Es ist – es ist unsere Geschichte.«

»Wohl kaum faszinierend«, widersprach er, lächelte allerdings immer noch.

»Erinnerst du dich an das kleine wilde Kaninchen, das bei dir und – und meiner Großmutter im Haus lebte? Sie hat erzählt, die Dörfler hätten sie für eine Hexe gehalten, weil es ihr immerzu nachgelaufen ist.«

Schlagartig verschwand das Lächeln von Opas Gesicht, und er sah genauso aus wie früher. Ich wappnete mich innerlich. »Und wie es ihr nachgelaufen ist«, meinte er spöttisch. »Weißt du, wie es gestorben ist?«

»Es wurde zertreten, oder?«

»Wunderbare Verwendung des Passivs. Ganz wunderbar.«

»Was meinst du damit?«

»Sie ist draufgestiegen. Hatte nicht gesehen, dass es hinter sie gehoppelt war.« In seinen Worten schwang ein gehässiges Scheppern mit, als knallte er eines nach dem anderen auf den Tisch.

Ich war entsetzt.

»Sie war untröstlich«, räumte er ein, mit nur dem leisesten Anflug von Bedauern über seine Boshaftigkeit in der Stimme.

Ich musterte ihn und überlegte, wie meine Großmutter wohl anfangs die Schroffheit erlebt hatte, die ich immer an ihm gekannt hatte, ob sie langsam in ihre Beziehung eingedrungen war, wie Wasser in eine Steinmauer sickert, oder ob sie herausschoss wie eine Lanze, als der Druck des Krieges sich allmählich aufbaute. Bevor er meinen Blick bemerkte, wandte ich ihn ab und riss mich zusammen. Ich hatte noch mehr zu fragen, also konnte ich jetzt, da ich einmal angefangen hatte, genauso gut weitermachen.

»Ich hatte in diesem Sommer einen wunderbaren Vorrat an Bast in den schönsten und unterschiedlichsten Farben gefunden«, hatte meine Großmutter geschrieben. *»Ich machte mir daraus ein Paar bunte Sandalen, indem ich die Fasern fest verhäkelte und zusammennähte, wobei ich für die Sohle eine doppelte Schicht hernahm und die Innenseite mit Karton fütterte. Diese Sandalen wurden sehr bewundert, sie waren leicht, kühl, sommerlich. Ich wurde gefragt, ob ich noch mehr machen konnte.«*

Mit ihrer gewohnten Findigkeit überredete meine Großmutter den Dorfschuster dazu, ihr seine Leisten zu leihen, und sie stürzte sich mit derselben Energie auf die Schuhproduktion, die sie früher auf Patientenpflege und modernste Diagnosetechniken verwendet hatte.

> *Ich war eine Ein-Personen-Fabrik, wobei manchmal auch Armand half, und obwohl ich mich erinnere, auf dem Höhepunkt der Produktion von sehr früh morgens bis spät abends gearbeitet zu haben, konnte ich nicht viel anfertigen, da ich Wert darauf legte, es gut zu machen. Diese bunten Sandalen waren wirklich sehr hübsch.*

Im Sommer 1942, als das »freie« Frankreich immer weniger frei wurde und meine Großmutter nach einem Ausweg suchte, erschien allmählich alles, selbst ein paar Stränge Bast, wie ein Rettungsanker. *»Mir wurde erzählt, dass eine amerikanisch-jüdische Organisation [in Marseille] versuchte, Juden herauszuholen, und auch die Gestrandeten unterstützte… Sie konnten nichts für mich tun, und sie konnten auch keine Unterstützung mehr geben.«* Sie erinnerte sich nicht, ob sie ihnen ein Ansichtspaar ihrer Sandalen geschickt oder einfach nur um Rat gebeten hatte, aber jemand in Marseille hatte eine Verkaufsstelle für ihre Schuhe aufgetan. »*Eine Zeit lang*«, schrieb sie, »*hätte ich eine richtige Fabrik mit vielen Arbeitern betreiben können, um die Bestellungen auszuführen, die ich nach und nach bekam.*« Aber nicht lange: Der Bast ging aus, und es war nirgends mehr welcher aufzutreiben. Da es meines Wissens keine amerikanisch-jüdische Organisation genau dieses Namens gab, die 1942 in Marseille tätig war, mutmaßte ich, dass sie sich an das von Varian Fry geführte American Relief Center gewandt hatte, dessen Memoiren ich damals gerade las.

»Hast du … hast du jemals von Varian Fry gehört?«, fragte ich meinen Großvater.

»Aber natürlich.«

»Hast du je versucht, seine Organisation zu kontaktieren?«

»Warum hätte ich das tun sollen? Zu dem Zeitpunkt war alles hoffnungslos.« Er presste die Lippen zusammen, als wollte er die Erinnerung an diese unzähligen Enttäuschungen zerquetschen, und sah an mir vorbei. »Außerdem hat er Künstlern, Schriftstellern und so geholfen. Wer war ich schon? Kennst du das jiddische Wort Chuzpe?« Obwohl er das Wort im traditionellen Sinne von schamloser Unverfrorenheit meinte, dachte ich im Stillen, dass meine Großmutter Chuzpe im amerikanischen Sinne von selbstbewusster Kühnheit bewiesen hatte. Ich fragte mich, ob sie sich gestritten hatten, weil sie diesen Brief geschrieben hatte, und obwohl ich sie nur sehr ungern noch einmal erwähnte, sah ich keine andere Möglichkeit. »Meine Großmutter sagt, dass sie damals im Sommer Bastsandalen gemacht hat und du ihr geholfen hast, und dass sie …«

»*Sie* hat die gemacht?«, unterbrach er mich. »*Wir* waren das.« Er rümpfte die Nase. »Ohne mich hätte sie das doch gar nicht geschafft. Es war harte Arbeit. Den Bast so fest zu häkeln war schon schwer genug, aber sie war nicht kräftig genug, hinterher die Sohlen zusammenzunähen. Den ganzen Tag haben wir zusammen an diesen Schuhen gearbeitet.«

Den ganzen Tag zusammen. Ich sah sie am Küchentisch sitzen, über dieselbe Arbeit gebeugt, vereint. Was sie nicht alles miteinander verbunden haben muss: das Warten auf Nachricht vom American Relief Center, in der Hoffnung, es hätte einen Weg gefunden, sie aus Frankreich zu schmuggeln, das Warten auf Nachricht von dem Laden in Marseille, das Warten auf Nachricht von der Frau, die ihnen den Bast verkauft hatte. Und darüber hinaus die vielen kleinen Ideen und Einfälle, die ihr Alltagsleben von ihnen forderte, mal ganz zu schweigen von der Sehnsucht nach ihrem alten Leben, dem Verlangen nach Dingen, die sie nicht haben konnten. Und, alles durchdringend, die Angst. Sie mussten einander geliebt haben, dachte ich, selbst wenn das nur die logische Folge des gemeinsamen Essens, gemeinsamen Arbeitens, gemeinsamen Schlafens war. Des gemeinsamen Überlebens. *Ieberrleebens.*

»Hast du …« *Hast du sie geliebt?*, wollte ich fragen. Ich zögerte, mir fehlte der Mut. »Hast du es gern gemacht?«, beendete ich den Satz feige. »Also, ich meine, fandest du es befriedigend zusammenzuarbeiten? Etwas zu verkaufen, das ihr selbst gemacht hattet?«

Er wirkte nachdenklich, beinahe träumerisch. »Wenn ich zurückblicke …«

Ich wartete.

»Wenn ich zurückblicke, ist es, als ob … es ist, als ob ich auf Laub puste. Wie eine ausgebreitete Blätterschicht«, er legte die Hände mit den Flächen nach oben nebeneinander. »Und ich puste darauf.« Er blies Luft über seine Hände. »Und sie heben sich nur für eine Sekunde.« Er machte eine flatternde Aufwärtsbewegung. »Und fallen«, er ließ die Hände wieder nach unten flattern, »bevor ich wirklich sehen kann, was darunterliegt.«

Julien hatte gesagt, ich solle ihn anrufen, wenn ich nach dem Besuch bei meinem Großvater vom Bahnhof in Montélimar abgeholt werden wollte, und so überwand ich meine Schüchternheit und tat es. Als ich aus dem Zug stieg, sah ich ihn in seinem alten grauen Citroën auf mich warten. Er stieg aus, und wir küssten uns drei Mal, linke Wange, rechte Wange, linke Wange, wie man es in der Ardèche macht. Er stellte meine Tasche auf den Rücksitz. »Wie war's?«, fragte er. »Wie geht es deinem Großvater?«

»Schwer zu sagen.« Ich erzählte ihm unser Abenteuer mit dem Wasserkocher.

»Hast du schon mal überlegt, was du tun willst, wenn er nicht mehr allein wohnen kann?«

Wir verließen Montélimar und fuhren über die Rhône. »Ja, schon. Aber ich weiß es nicht. Er hat nicht vorausgeplant, und er glaubt offenbar nicht, dass es jemals dazu kommt. Außerdem kann ich ihn ja schlecht zwingen umzuziehen.«

»Was ist mit deiner Mutter und deinem Onkel?«

»Die sind so weit weg, was können sie schon tun? Zumindest kann ich ein Auge auf ihn haben.«

»Aber wer hat dann ein Auge auf dich?«

Ich zuckte die Achseln. Ich war aufgeregt gewesen, Julien zu sehen, aufgeregt auf eine rein junge, nicht großelternfixierte Art und Weise. Durch seine Fragen schwenkte mein Herz zurück zu all meinen Sorgen, und mir stiegen die Tränen in die Augen, was mir wiederum peinlich war. Es war eigentümlich, mit jemandem zu sprechen, der so einen direkten Zugriff auf meine Gefühle zu haben schien.

»Du und deine Fragen.« Ich rang mir ein Lächeln ab. »Ich habe heute keine Antworten. Erzähl mir, was bei dir los ist.«

»Alles beim Alten«, sagte er. »Es war eine ganz gute Woche. Minus wird groß. Minette wird sie bald wegjagen. Ich muss ein Zuhause für sie finden.« Minus war das Junge von Juliens Katze Minette.

»Ich hätte gern ein Kätzchen.«

»Du wohnst zu nah.« Er sah mich aus dem Augenwinkel an und grinste.

»Warum ist das ein Problem?«

»Das Kätzchen wird immer wieder zu mir zurückfinden, und dann läufst du ihm nach, und in meinem Haus wird es noch voller. Du hast es ja gesehen. Es ist so schon klein.«

»Minus würde bei mir bleiben«, beharrte ich. »Ich würde mich gut um sie kümmern. Ich würde sie mit Liebe überschütten.«

Er lachte. »Im Ernst, ich kann dir keine Katze schenken. Was machst du damit, wenn du zurück nach Amerika gehst?«

»Vielleicht will ich ja gar nicht zurück nach Amerika«, konterte ich. »Vielleicht hätte ich viel lieber ein Kätzchen.«

»Ach ja?«

»Wer weiß? Mir gefällt es hier.«

»Tja, wenn ich dir eine Katze schenke, heißt das dann, dass du bleibst?«

Lächelnd zuckte ich mit den Schultern. »Warten wir's ab.«

Julien setzte mich in La Roche ab. »Dieses Wochenende gibt es ein kleines Musikfestival. Geh doch auch hin. Vielleicht treffen wir uns ja dort?«

Am Samstagabend zwang ich mich, zu dem Festival zu gehen. Ich blieb lange, hörte Musik und plauderte mit Leuten. Erfreut stellte ich fest, wie viele bekannte Gesichter es jetzt in Alba gab. Gegen Ende des Abends lief ich Julien über den

Weg, und er lud mich auf einen Kaffee zu sich nach Hause ein. Es war zwei Uhr morgens, und keiner von uns beiden ist der Typ, der um zwei Uhr morgens Kaffee trinkt, aber wir sind beide der Typ, der tut, was er gesagt hat, also saßen wir an Juliens Tisch und tranken unseren Kaffee, unterhielten uns über dies und das, und das Kätzchen Minus spielte zu unseren Füßen. Als wir ausgetrunken hatten, entstand eine schüchterne Stille. »Ich sollte lieber gehen«, sagte ich und stand auf. Julien erhob sich ebenfalls und brachte mich noch auf seine Terrasse hinaus, die von Jelängerjelieber überwachsen war. Es war sternenklar. Die Luft roch süß. Es war etwas kühl, deshalb wickelte Julien mir sein Sweatshirt um die Schultern. Er küsste mich auf die Stirn. »*Je vais m'occuper de toi*«, versprach er. »Ich werde mich um dich kümmern.«

Kapitel 13

Am nächsten Tag, einem Sonntag, lief ich den Hügel hinauf nach Alba, um Lebensmittel für die Woche einzukaufen. Der neue Marktkorb schaukelte an meinem Arm. Die Erste, der ich begegnete, war die Tochter des Gastwirts, die zwinkernd sagte: »Julien, was?«

Ich errötete und lächelte, und sie lachte. »Schön für dich. Er ist ein netter Typ.« Und so lernte ich, dass es in einem Dorf von der Größe Albas keine Geheimnisse gibt.

Diese Erkenntnis veränderte meinen Blick auf die Zeit meiner Großeltern in Caudiès und Saint-Paul. Ich hatte immer das Wort *Verstecken* gebraucht, um ihre Zeit in den Pyrenäen zu beschreiben, hatte in meinen eigenen Albträumen als Kind immer nach einem Versteck gesucht. Aber jetzt begriff ich, wie außerordentlich sichtbar und exponiert sie – und besonders meine Großmutter mit ihrer Krankenpflege und ihren ungebetenen Ratschlägen – gewesen waren. Jetzt verstand ich: Meine Großeltern hatten nicht überlebt, weil sie versteckt waren. Sie hatten – auf wundersame Weise – überlebt, weil sie bekannt waren.

In Saint-Paul … kannte ich den Arzt und hatte mich mit einigen Bürgern der Oberschicht angefreundet. Eine von ihnen – eine ältere Dame, die in einem stattlichen Haus an einem von wichtigen Geschäften umgebenen Platz lebte, das heißt im Zentrum und nicht zu weit von der Seitenstraße entfernt, in der wir wohnten – hielt eine Art »Salon« in ihrem sehr großen Wohnzimmer ab … Wer auch immer wegen irgendetwas im Zentrum [der Stadt] war, kam vorbei, um Neuigkeiten zu verbreiten, Kommentare abzugeben, sich zu setzen, etwas zu trinken, Tee oder anderes. Ich war fast täglich da und anscheinend beliebt – glaube ich … ihr Name war typisch für die Region, »Peyralade«. Sie war wichtig, geachtet, wertvoll, was Rat und Hilfe anbelangte … Sie war es, die ein paar Wollhandschuhe für den Gendarmen bestellte, mir die Wolle gab und hinterher sagte, sie passten und gefielen gut. Als Erna und ihre Zimmergenossin um vier Uhr morgens geweckt wurden und ich zum Dolmetschen gerufen wurde, fragte ein (offenbar) neuer Gendarm nach mir. Ich erstarrte, als der andere Gendarm – später dachte ich, der die von mir gestrickten Handschuhe hatte – sich dem Fragenden zuwandte und wissen wollte: »Steht sie auf der Liste?« Woraufhin ich nach meinem Namen gefragt wurde, und da ich nicht auf der Liste stand, wurde ihm gesagt, dass sie noch woandershin mussten, und sie gingen mit Tante Erna und ihrer Zimmergenossin davon.

Ich war erst seit ein paar Wochen in Alba, und jetzt schon wusste der Bäcker, welches Brot ich kaufte, der Lebensmittelhändler, welche Seife ich bevorzugte, und der Mann im Zeitungsladen, dass ich *Le Monde* und *The International Herald Tribune* las. Es gab keine Hausnummern im Dorf, aber der Postbote stellte mir trotzdem meine Briefe zu, vom ersten Tag an. Menschen auf dem Dorf sind Meister der diskreten Neugier. Mehrmals pro Woche erklärte ich einem Wildfremden, wer ich war – nur um nach der Hälfte der Geschichte zu merken, dass er es längst wusste und nur bestätigt haben wollte. »Jacoubovitch«, überlegte derjenige dann meistens, wenn ich den Nachnamen meines Großvaters erwähnte. »Ach ja, das Haus am Fluss. Ich erinnere mich.«

Ich dachte an meine eigene Ankunft in Alba: Youssef, der Plastikplanen für meine Fenster brachte, die Besitzer des Hotels, die mir Arbeit anboten, als sie erfuhren, dass ich Geld für die Renovierung des Hauses brauchte, meine Nachbarn, die mir Gemüse aus ihrem Garten schenkten. Vielleicht wollte Oma damals ein Haus in einem Dorf in Südfrankreich als eine Art Versicherung. Wenn sie in der Lage war, meiner Mutter per US-amerikanischer Post einen Kanister Petroleum »nur für alle Fälle« zu schicken, warum dann nicht aus demselben Grund das Haus in La Roche behalten? Vielleicht war das der Ort, den sie schon immer für mich vorgesehen hatte, damit auch ich lernen konnte zu *ieberrleeben.*

Es war der Sommer 1942 … Unter dem Vichy-Regime [waren den] Ausländern »Zwangsunterkünfte« unter Aufsicht der Gendarmerie zugewiesen worden. In [Saint-Paul], diesem Städtchen von 2000 Einwohnern, wohnte die größte Gruppe im einzigen Hotel. Viele waren alt, schwach und krank.

Nachdem man sie alle versammelt hatte, wurden sie zur Gendarmerie gebracht, um auf einen Laster zu warten, der sie an einen den Einheimischen nicht bekannten Bestimmungsort brächte. Clevere Taktik, da viele Franzosen, auch wenn sie deutsche Gesetze mit Wohlwollen betrachteten, dennoch vor einer »Endlösung« zurückschreckten, was schlicht und einfach blanken Mord bedeutete. Nur die Opfer wussten Bescheid.

Gegen acht Uhr morgens drängte sich die versammelte Gruppe immer noch in dem schmalen Eingangsbereich der Gendarmerie, saß auf Bänken, auf dem Fußboden, auf ihrem spärlichen Gepäck mit dem wenigen Lebensnotwendigen, das sie mitnehmen durften. Sie hatten seit dem Vor-

tag nichts mehr gegessen und waren voller Beklommenheit und böser Vorahnungen. Ich ebenfalls. Um die Angst und Besorgnis zu zerstreuen, ging ich von Geschäft zu Geschäft und bettelte um Essen. Die meisten so Angesprochenen gaben etwas, manche großzügig. Schlechtes Gewissen, Mitleid, Machtlosigkeit, Scham? Wer weiß? Manche Nahrungsmittel hatten wir seit Ewigkeiten nicht gesehen, sie wurden auf dem Schwarzmarkt gehandelt und nicht herausgegeben, selbst wenn wir die seltenen Marken dafür hatten.

Einen französischen Einwohner zu überreden, Essen in die Gendarmerie zu bringen, war hoffnungslos, und ihre Warnungen, dass ich riskierte, gleichfalls festgehalten und abtransportiert zu werden, waren nicht ermutigend. Aber ich ging trotzdem, beschämt über meine Angst und mit bis zum Hals klopfendem Herzen. Die Gendarmen ignorierten mich, als ich ankam, sahen weg, manche suchten die Straße nach dem erwarteten Laster ab. Das Elend, dessen Zeuge ich wurde, war schwer zu ertragen, und was konnte man sagen? Manche schwache und kränkliche Frauen waren zusammengebrochen oder eingeschlafen, wo sie gerade waren, und die Stimmung war sehr gedrückt. Bis Mittag war der Laster immer noch nicht eingetroffen. Ich machte eine zweite Tour. Die Atmosphäre war noch unerträglicher geworden.

Später erfuhr ich, dass der Laster erst kurz vor fünf Uhr nachmittags gekommen war, als ich unterwegs zu einer dritten Runde gewesen und von einer schwatzhaften Nachbarin aufgehalten worden war, was mich möglicherweise gerettet hat. Die Erinnerung an diesen Tag verblasste nie. Lange Zeit während und nach dem Krieg hatte ich mit dem Überlebenden-Syndrom zu kämpfen, und dieser kurze, flüchtige, bescheidene Akt zählte nicht.

An jenem Tag im Jahr 1942, als die Gendarmen Erna und ihre polnische Zimmergenossin verhafteten, wurden sie nach Süden zum Meer geschickt, in die Lager, die Frankreich ursprünglich zur Unterbringung der spanischen Bürgerkriegsflüchtlinge eingerichtet hatte. Nun waren sie überfüllt mit glücklosen Menschen, bei denen sowohl Sichtbarkeit als auch Unsichtbarkeit nicht funktioniert hatten: Flüchtlinge aus dem Norden und Osten, Juden, Kommunisten, politisch Andersdenkende, Zigeuner, Homosexuelle und Ausländer. Die Lager trugen Namen wie Gurs, Argelès, Rivesaltes, Le Barcarès.

Als meine Großmutter den auf ihre Deportation Wartenden Essen brachte, schenkte Ernas Zimmergenossin ihr zum Dank eine blassrosa Damastserviette, zur Erinnerung. Um fünf Uhr wurde sie weggebracht, höchstwahrscheinlich nach Rivesaltes, wo sie vermutlich nicht länger als eine Woche wartete, bis sie nach Drancy gebracht wurde. Zwei oder drei Tage höchstens in Drancy und dann nach Auschwitz. Von den 41951 Menschen, die Frankreich 1942 nach Auschwitz deportierte, überlebten 784 Männer das Ende des Krieges. Und nur 21 Frauen.

Meine Mutter nahm diese Damastserviette an jedem Passah-Fest als Matze-Tuch her, in dem traurigen Bemühen, ihre Besitzerin in unsere Familie und unsere Erinnerungen aufzunehmen. Ich habe viele Stunden damit verbracht, nach Spuren oder Hinweisen zu suchen, nach einer Möglichkeit, Ernas Zimmergenossin dem Schweigen zu entreißen, aber die Franzosen führten nicht besonders sorgfältig Buch. Eines Tages werde ich vielleicht auf eine Tabelle oder Liste stoßen. Bis dahin werden sie und ich uns mit diesem leisen Nachhall und dem unbefriedigenden Mantra *Ich erinnere mich* begnügen müssen.

Erna erging es besser als ihrer Zimmergenossin, der polnischen Schneiderin. Sie war keine Jüdin, sondern eine ehemalige österreichische Baronin und Katholikin, und sie wurde nicht so schnell deportiert wie die anderen Gefangenen. Sie kam in ein Lager am Meer. Die großen Stacheldrahtrollen zogen sich in Spiralen bis zum Strand hinunter, und alles war so unorganisiert, dass es ziemlich einfach war, sich für einen Spaziergang davonzuschleichen. Eines Tages schlenderte Erna nahe am Wasser entlang, als sie jemanden auf der anderen Seite des Zauns bemerkte. Er winkte sie zu sich.

Als Erna näher kam, fragte er: »Möchten Sie gern weg?«

»Ja«, entgegnete sie.

»Kommen Sie.« Er deutete auf eine Stelle, wo die Stacheldrahtschlingen breiter und höher wurden, und half ihr, sie beiseitezuschieben, bis sich eine Lücke ergab. Als sie durchgekrochen war und aufstand, zog er den Zaun hinter ihr wieder zu, und sie gingen.

Der Mann war Priester, und er begleitete Erna zu einem Unterschlupf. Dort erhielt sie die Adresse eines Klosters in Lyon, dessen Nonnen ihr vielleicht helfen konnten, in die Schweiz zu fliehen. Erna hätte auf der Stelle nach Lyon fahren können. Aber das tat sie nicht. Sie fuhr zurück nach Saint-Paul-de-Fenouillet, zurück zu ihren Freunden Anna und Armand, und rettete sie.

»Ein Wunder.« Wie oft hatte ich dieses Wort von Oma gehört? *Dass es dich überhaupt gibt, ist ein Wunder. Ein Wunder, dass du hier bist. Ein Wunder, dass wir am Leben sind. Ein Wunder, dass wir überlebt haben.* Als Kind dachte ich, Wunder wären gut. Aber die jüdische Tradition lehrt, dass Wunder zwiespältig sind. Denn wenn das Universum wirklich als Abbild des Göttlichen geschaffen worden war, dürfte man eigentlich keine Wunder brauchen. Ein Wunder geschieht, wenn wir Menschen Löcher in die Vollkommenheit des Universums reißen und das Göttliche durch die Löcher heraussickert. Daher kann ein Wunder den Schaden, den Menschen anrichten, nicht verhindern oder ungeschehen machen, es kann nur ein wenig von dem durch diesen Schaden hervorgerufenen Leiden lindern. Die Frage, die auf ein Wunder folgt, ist dieselbe wie die Frage, die von einer Tragödie provoziert wird: *Warum ich?* In jenen Tagen war die einzige Antwort, die ich aufzubieten hatte: *um sich zu erinnern.* Dann sah ich mich in dem trostlosen Wohnzimmer in La Roche um und bekam Angst, so als wäre ich gänzlich aus der Gegenwart entschwunden und hätte mich in eine Art Gedächtnis-Einsiedlerkrebs verwandelt, der sich in einem Bunker für unerträgliche Erinnerungen verkrochen hatte.

Jedes Mal, wenn ich meinen Großvater besuchte, war das Chaos von Papieren und Büchern in seiner Wohnung etwas weiter vorgedrungen, trotz meiner regelmäßigen Bemühungen aufzuräumen. Allerdings kam er mit seiner neuen Kochplatte und dem Wasserkocher offenbar zurecht. Ich stellte fest, dass er die Anweisungen, die ich darangeklebt hatte, behielt, wie auch die Zettel am Kühlschrank und an der Tür, die ihn daran erinnerten, seine Vorräte zu überprüfen und eine Einkaufsliste mit ins Geschäft zu nehmen.

Immer wieder versuchte ich herauszufinden, wie stark sein Gedächtnisverlust fortgeschritten war und wie weit er mittlerweile in die Vergangenheit zurückreichte. »Hast du gestern die *Le Monde* gekauft?«

»Warum sollte ich sie gestern nicht gekauft haben?«

»Weißt du noch, wo das indische Restaurant ist, das du so gern magst?«

»Seit ich mein Auto abgegeben habe, war ich nicht mehr dort. Aber erinnerst du dich nicht? Der Kellner war beim letzten Mal, als wir da waren, ziemlich unverschämt.«

Wie meine Großmutter wirkte er immer müder. Oft ging er direkt nach dem Abendessen ins Bett, bevor ich den Mut aufbringen konnte, ihm Fragen über die Vergangenheit zu stellen. Und selbst wenn er aufblieb, war ich häufig ratlos, was ich fragen sollte: Die Themen, die mich am meisten interessierten, riefen so viel Wut und Ärger bei ihm hervor, dass ich mich meistens nicht überwinden konnte, sie anzusprechen. Früher hatte ich das Fragen als gefährlich für mich empfunden, als würde ich eine Spinne provozieren oder auf der falschen Straßenseite fahren. Jetzt empfand ich es als gefährlich für ihn, ich zögerte, so viel Emotion bei jemandem zu erregen, der derart gebrechlich wurde. Wenn er dann im Bett lag, saß ich mit meinen Erinnerungen in dieser schönen, stillen Wohnung. Dann rief ich Julien an oder lenkte mich mit einem Buch ab. Eines Abends, nachdem er mir eine gute Nacht gewünscht und seine Schlafzimmertür geschlossen hatte, spazierte ich in die Küche. Auf dem Tisch, früher sein Lieblingsplatz, waren das Radio, die Teekanne, sein Kristallaschenbecher, sein silberner Stiftebecher von einem Papierstapel halb verdeckt. Versonnen fing ich an, ihn zu sortieren. Wenn er am nächsten Morgen wütend wurde, überlegte ich mir, hätte er es vor dem Mittagessen schon wieder vergessen. Hauptsächlich waren es alte Ausgaben von *Le Monde* und Rundschreiben der diversen Wohltätigkeitsorganisationen, die er unterstützte. Ich legte sie auf den Boden für die Altpapiertonne. Mittendrin entdeckte ich ein einzelnes kopiertes Blatt, das zerlesen und mitgenommen aussah, als hätte ein Sturm es irgendwo aus der Tiefe heraufgewirbelt. Es war ein Gedicht:

Es ist spät gestern Abend, als der Hund von dir sprach;
die Schnepfe sprach von dir in ihrem tiefen Sumpf.
Es bist du der einsame Vogel in den Wäldern,
und dass du ohne Gefährten sein mögest, bis du mich findest.

Ich erschauerte. Es war *das* Gedicht, seine Erklärung, warum er nicht zu meiner Bat Mitzwa kommen konnte, warum er den Gedanken, meiner Großmutter zu begegnen, nicht ertragen konnte. Was machte es hier? Was hatte ich in ihm aufgerührt?

Langsam, beinahe ohne es zu merken, lebte ich mich in La Roche ein. Im Sommer bekam ich Besuch von Freunden, die mir halfen: Wir rissen den Brombeerstrunk zwischen den Terrassenfliesen heraus, strichen die Fensterläden, jäteten den Garten. Ich sparte Geld und bestellte Scheiben für die Fenster und eine Terrassentür. Julien und ich gingen auf Partys und Grillfeste und machten Ausflüge zusammen. Er kutschierte meine Freunde zur Bushaltestelle und zum Bahnhof. Ich lernte seine Freunde kennen, seine Mutter, seinen Vater, seine Stiefmutter, seine Brüder. Und wir lachten viel. An einen Nachmittag erinnere ich mich besonders gut. Wir saßen auf der Couch, die Haustür stand offen, der Sonnenschein strömte grünlich verfärbt vom Jelängerjelieber auf der Terrasse herein, und wir ließen einfach nur den Tag ausklingen und lachten und lachten. Wir lachten so lang, dass wir vergaßen, warum wir angefangen hatten, und dann lachten wir noch mehr. Und ich weiß noch, dass ich ihn ansah und dachte: *So ist es also, sich zu verlieben.*

Und während der ganzen Zeit schrieb ich meiner Großmutter. Das war die beste Angewohnheit, die ich je angenommen habe. Oma glaubte fest an das Sprichwort, dass Taten mehr als Worte zählen, aber da unsere Briefe beides miteinander kombinierten, mochte sie sie lieber als fast alles andere. In jenem Jahr in Frankreich lernte ich, dass sie recht hatte. Unsere Briefe brachten uns die Nähe zurück, die uns verbunden hatte, als ich noch klein war, und obwohl Oma jetzt fort ist, so ist sie doch, wenn ich ihre Briefe öffne, fast wieder da.

Nicht dass sie je irgendwelche Fragen so beantwortete, wie ich das wollte. Immer noch schweifte sie sofort von jedem Thema ab, das ich anschnitt. Sie interessierte sich viel mehr für das, was ich auf der anderen Seite des Atlantiks aus meinem Leben machte, als für das Wühlen in der Vergangenheit. »Schreib mir von deinem jetzigen Leben«, drängte sie. »Erzähl mir von deinen Plänen.« Aber was war schon interessant am Jetzt? Was hatten meine Geschichten für einen Wert im Vergleich zu der Erinnerung meiner Großmutter an den 11. November 1942, den Tag, als Nazideutschland in Frankreichs unbesetzte Zone einmarschierte, wo sie und mein Großvater lebten?

Deine Frage hat mir ein weiteres »Wunder« in Erinnerung gerufen, das ich noch nie aufgezeichnet habe, nicht einmal »en passant«. *Als ich aus Lyon zurückkehrte und durch ein »Wunder« nicht im Bahnhofswartesaal festgenommen wurde (der später drei retten sollte, Armand, Erna und mich), kam ich zu spät in Perpignan an, keine Busse mehr nach Saint-Paul – die Nazi-Organisation erschreckend effizient!!! In jeder größeren Straße standen schon Schilder auf Deutsch zum* »état-major«, *den Hotels, unterschiedlichen Militäreinrichtungen. Mir wurde gesagt, es gebe nirgendwo ein Zimmer, alles sei von dem Nazi-Heer besetzt. Außerdem hatte ich Angst, in eines zu gehen; alles schien gefährlich.*

Anna war in Lyon gewesen, um Armands Schwester Rosie, die gerade Zwillinge zur Welt gebracht hatte, etwas zu essen zu bringen. Noch bevor sie erfuhr, dass Frankreich gefallen war, hatte sie schlechte Nachrichten im Gepäck. Denn obwohl die Frau von Armands Bruder, Rose, bereits aus Tours deportiert worden war, hatten sich Armands Eltern, Leon und Gitla, geweigert, von Tours nach Lyon zu reisen, um bei ihrer Tochter Rosie unterzuschlüpfen, mit dem Argument, kein Schicksal könne schlimmer sein, als ihre junge Familie zu stören. Nun stellte ich mir Anna allein auf den kalten Straßen Perpignans vor, krank vor Angst.

Nachdem ich in einem »besseren« Restaurant umringt von deutschen Offizieren gegessen hatte, die mich seltsam beäugten, bekam ich noch mehr Angst, wie ich die Nacht bis zur Abfahrt des Busses nach Saint-Paul überleben sollte. Über den Dorfarzt von St. P., mir gewogen, aber nicht in der Lage, zu helfen oder meine Kenntnisse zu nutzen, kannte ich einen Augenchirurgen (Freund von ihm) in Perpignan, der in einem schicken Viertel wohnte, ein wunderschönes Mehrfamilienhaus, ein ganzes Stockwerk, teils Praxis, teils Wohnräume. Ich hatte zweimal für ihn Narkose gemacht und bei seinen Operationen assistiert, also – es war schon dunkel, Spätherbst – ging ich mit meinem Koffer durch die unbeleuchteten Straßen dorthin. Ein »Wunder« an sich, das Haus zu finden, und ich stieg eine? zwei? drei? Etagen zu der Wohnung hinauf. Eine dunkle und unfreundliche Frau öffnete und stellte sich so, dass niemand eintreten konnte. Ich erklärte, wer ich war, und schilderte meine Notlage. Sie bedauerte, dass der Doktor weg sei (ich glaube, es war Wochenende), auf seinem Landgut. Während ich sie noch bat und mich im Geiste wenigstens in dem Gebäude versteckt sah, unter der Treppe vielleicht, stiegen drei deutsche Offiziere, einer älter, zwei jünger, lärmend hoch, und wir beide verstummten erschrocken. Einer der Offiziere sagte in grammatikalisch korrektem Französisch, aber mit starkem Akzent, zu der Frau, sie müssten die Wohnung besichtigen und jegliche verfügbaren Räume für ihre Offiziere beschlagnahmen. Sie starrte ihn an, sah ängstlich aus; ich wiederholte, was gesagt worden war, und die Offiziere standen kurz davor, sie zur Seite zu schubsen, also trat sie in den Wohnungsflur, ich folgte ihr, dann traten die Offiziere ein. Sie zeigte ihnen zuerst (schlau) das Praxiszimmer, dann ihr großes Schlafzimmer und andere Zimmer, eindeutig nicht zum Schlafen geeignet, kam zuletzt zu einem kleinen – nach hinten gelegenen – Schlafzimmer, wo ich, müde, meinen Koffer abstellte, und sie sagte, ich sei ihre Tochter, die gerade angekommen sei, und das wäre das einzige ansonsten verfügbare Zimmer. Die Offiziere gingen, sie und ich waren gerettet. Ich war zu müde, verängstigt, aufgeregt. Weiß immer noch nicht, ob sie die Frau des Arztes war oder die Haushälterin? Ich musste um ein Glas Wasser bitten, erinnere ich mich, und verließ die Wohnung sehr früh für meinen Bus nach Saint-Paul am nächsten Tag, durch leere Straßen, in denen Nazisoldaten patrouillierten. Ein Wunder!!! Das war ein Liebesdienst für dich. Mir geht es nicht allzu gut, und ich kann kaum noch schreiben. Kannst du es lesen?

Ich stellte mir meinen Großvater vor, der diese ganze lange Nacht, die sie in Perpignan verbrachte, auf meine Großmutter wartete. Ich stellte mir vor, wie er auf und ab tigerte, sich dann an den Herd setzte und den Kopf in die Hände stützte, überzeugt, dass sie verloren war. Ich stellte ihn mir voller Schuldgefühle und Reue vor – immerhin war es seine Schwester, die sie besucht hatte. Ich stellte mir ihrer beider Erleichterung vor, als sie durch die Tür trat, und wie schnell sie wieder von neuer Angst abgelöst wurde.

Wäre dies ein Roman, würde ich schreiben, ihre Liebe strahlte wie ein Leuchtfeuer vor diesem Hintergrund von Heldentum und Terror und Überleben. Aber es ist kein Roman. Ich habe keinen Beweis dafür, dass viel irgendwie geartetes Licht schien. Das Einzige, was ich jetzt sehe, ist der stumpfe Schimmer eines Silbertellerchens mit der Prägung AUBETTE auf der Unterseite, den einer von beiden in eine Jacke oder eine Handtasche steckte, als es zu gefährlich wurde, in Saint-Paul-de-Fenouillet zu bleiben, und sie nach Lyon aufbrachen.

Eine Nacht im Spätsommer war unerträglich heiß. Wegen der Hitze konnten wir nicht schlafen, oder vielleicht war es nach einer Party, oder vielleicht waren wir auf dem Rückweg von Le Camping. Wie auch immer, da die Hitze nicht nachließ, liefen Julien und ich den Pfad hinunter in die Dunkelheit der Bäume am Flussufer. Es war eine ungewöhnlich stille Nacht in den Wäldern, Weinbergen und Wiesen. Wir überquerten die schmale Holzbrücke über den Escoutay, stiegen die Böschung auf der anderen Seite hinauf und vergewisserten uns, dass keine Autos kamen. Vor uns erhaschten wir einen Blick auf die schimmernde Oberfläche des Freibads. Wir kletterten über den Zaun und sprangen auf den Beton, der das Becken umgab und der den ganzen Tag von der Sonne und dem Patschen von Kinderfüßen gewärmt worden war und immer noch nach heißem Frottee und Sonnenbadenden roch. Wir zogen unsere Sachen aus und hüpften ins Wasser. Es wisperte über unsere erhitzte Haut. Eine Weile planschte ich herum, dann drehte ich mich auf den Rücken und ließ mich treiben. Über mir ragte der eindrucksvolle Koloss der Burg von Alba auf, in der ein einzelnes Licht aus einem Turmfenster schien. Etwas weiter hinten sah La Roche aus wie ein alter Mann, der in einer zerknautschten Nachtmütze döst. Die Lichter der beiden Dörfer schimmerten grün und golden am dunklen Himmel, wo die Milchstraße gerade eben zu erkennen war, ein silberner Sternenflaum quer über das Firmament. Das Wasser umplätscherte meinen Rücken, meine Knie, meine Ohren. Es war so still, dass man die Feigen wachsen hören konnte. Ich spürte, dass sich in meinem Inneren etwas löste, ein Griff sich lockerte. Als ich dort im Wasser lag, dachte ich: *Vielleicht wird mir die Geschichte meiner Großeltern trotz all meiner Bemühungen entgleiten. Vielleicht werde ich nie alles erfahren, was ich wissen möchte.* Und einen winzigen Moment lang dachte ich: *Vielleicht macht das ja nichts. Hier und jetzt bin ich glücklich.*

Kapitel 14

Anfang September wurden die Fensterscheiben geliefert, die ich bestellt hatte, und Julien setzte sie ein. Die Feigen waren reif und fielen schon von den Bäumen, die Trauben in den Weinbergen waren dunkellila geworden, und Traktoren schleppten sie fässerweise durchs Dorf zur Winzerkooperative. Die Sonne wanderte nur noch schräg durch den Tag und erfüllte die Luft mit einem satten Zitronengelb, und die Nächte wurden kalt. Ungefähr eine Woche lang kam mir das Haus ohne das Plastik und mit den funkelnden neuen Glasfenstern wunderbar ruhig und geschützt vor. Aber der Nordwind wehte kräftig gegen die Mauern, und bald verloren die Steine die gesamte Hitze, die sie über den Sommer aufgestaut hatten. Genau wie bei meiner Ankunft im April war ich drinnen dicker angezogen als draußen. Ich wusste, dass ich aufgeben musste.

»Zieh bei mir ein«, sagte Julien. »Es hat doch keinen Zweck, wenn du da unten allein erfrierst.«

Also fegte ich das Haus aus, deckte die Möbel ab und stellte Strom und Wasser ab. Dann verschloss ich die Tür und fragte mich dabei, ob ich wohl jemals wieder dort wohnen würde. Ich hob meine Taschen auf und rief nach der Katze Minus, die ich zu mir genommen hatte und die, genau wie Julien es ein paar Monate vorher prophezeit hatte, nun wieder bei ihm einzog.

Das Haus war immer noch nicht ganz gesichert. Ich wartete noch auf die neue Terrassentür als Ersatz für die morsche. Also lief ich alle paar Tage hinunter nach La Roche, um nachzusehen, ob alles in Ordnung war. Jedes Mal blickte ich an den dunklen Mauern hinauf und spürte eine seltsame Mischung von schlechtem Gewissen, Überraschung und Niedergeschlagenheit. Warum hatte ich es nicht geschafft zu bleiben? Warum hatte ich das je gewollt? Nun, da ich gegangen war, würde das Haus wieder in die alte Trostlosigkeit versinken.

Ich sah meine Großeltern mir entschwinden, meinen Großvater direkt vor meinen Augen und meine Großmutter auf Papier. »*Ich bin zu müde, mehr als ein paar Zeilen zu schreiben*«, teilte sie mir oft mit. »*Meine Hände sind zittrig, kannst du das überhaupt lesen?*« Mir hätte bewusster sein müssen, dass mir die Zeit davonlief. Aber für mich war alles immer noch zu sehr ein Märchen, eine Mischung aus Wahrheit und Magie, und obwohl ich aus dem Haus in La Roche ausgezogen war, durchforstete ich weiterhin die Informationen, die ich besaß, in der festen Überzeugung, dass ich, wenn ich ihre Geschichten schriftlich zum Leben erweckte, in der Lage wäre, das geheime Passwort zu finden, die Zauberformel, die richtige Frage, um ihr Schweigen zu durchbrechen.

In der Darstellung meiner Großmutter waren die Tage im Dezember 1942 zwischen ihrem, Armands und Ernas Aufbruch aus Saint-Paul-de-Fenouillet und ihrer Ankunft in der Schweiz wie die *dayenus*, die unsere Familie jedes Jahr am Sederabend des Passah-Festes sagte: »Es hätte uns genügt.« Wie die Wunder des Auszugs aus Ägypten schilderte meine Großmutter jedes Vorkommnis, das ihnen das Überqueren der Grenze ermöglicht hatte, als erstaunlich an sich:

das Wunder, bei dem meine Großmutter einer alten Bäuerin an einem Bahnhof half und einer Ausweiskontrolle entging, weil der Gendarm dachte, sie wäre die Tochter der alten Frau; das Wunder, bei dem meine Großmutter denselben Gendarmen beim Kontrollieren von Papieren erkannte, als sie gerade mit Armand und Erna Saint-Paul verließ, und sie dadurch rechtzeitig wegrennen konnten; das Wunder, bei dem sie und Erna sich als Prostituierte verkleideten, um zu dem Kloster in Lyon zu kommen, in dem die Nonnen die Adresse einer Gruppe von *passeurs* an der Schweizer Grenze verteilten; das Wunder, bei dem sie im Zug nicht verhaftet wurden, weil sie sich das Abteil mit einem katholischen Priester teilten; das Wunder, bei dem sie im Bus nicht verhaftet wurden, weil der Polizeichef an diesem Tag umzog und all seine Männer zusammengetrommelt hatte, um ihm zu helfen – und so weiter, über die Berge.

Jetzt wollte ich Einzelheiten, als könnte mir die exakte Feststellung der geografischen Koordinaten dabei helfen, ihre Gefühle zu entschlüsseln.

»Das kann ich dir leider nicht sagen«, erwiderte mein Großvater, als ich ihn fragte, wie genau er von Saint-Paul-de-Fenouillet an die Stelle gereist war, von der aus sie zur Schweizer Grenze gelangt waren.

»Du bist von Lyon aus mit dem Zug gefahren.«

»Ja, so war es, glaube ich.«

»Und Om … Saßest du nicht mit einem Priester im Abteil, sodass der *milice*-Mann deine Papiere nicht kontrolliert hat, weil er dachte, ihr gehört zusammen?«

Er lächelte. »Wer hat dir das denn erzählt?«

»Meine Großmutter.«

»Tja, wir sind wirklich mit einem Priester gefahren, stimmt. Aber ich weiß nicht, ob uns das etwas genützt hat.«

»Wohin fuhr der Zug?«

»Das kann ich nicht mit Sicherheit sagen.«

»Und wohin bist du dann gegangen?«

Er zog eine unbestimmte Miene. »Ich fürchte, das ist mir entfallen.«

»In die Nähe des Col de Coux?«, fragte ich hoffnungsvoll. Das was das Einzige, an das meine Großmutter sich noch erinnerte. »*Den Namen des Dorfes weiß ich nicht mehr*«, hatte sie geschrieben. »*Aber es war in der Nähe des Col de Coux.*«

»Vielleicht.« Er machte ein nachdenkliches Gesicht. »Es steht in einem Buch. Ich habe es einer Frau erzählt, die ein Buch schrieb.« Er holte ein schmales rotes Taschenbuch aus dem Regal im Esszimmer und hielt es hoch. Es hieß *Passer en Suisse: Les passages clandestins entre la Haute-Savoie et la Suisse, 1940–44*, und darauf abgebildet war eine Bleistiftzeichnung eines rundgesichtigen und abgerissenen Flüchtlings, der durch einen Stacheldrahtzaun kletterte. Opa schlug ein Kapitel mit der Überschrift »*Les points de passage*« auf, überflog es und reichte mir dann das Buch.

> Die Reise, wenn auch lang, war relativ sicher. Aber sie war den Robusten vorbehalten … Meistens suchten sich [Flüchtlinge], die zu dieser Route griffen, … einen *passeur* oder eine »sichere« Person, deren Adresse sie hatten, ohne wirklich zu ahnen, wie schwer der Marsch würde, oder vielleicht auch überzeugt davon, dass sie es trotzdem schaffen würden. Sobald sie erst einmal unterwegs waren, wenn die Erschöpfung sich zu Mutlosigkeit wandelte, redeten sie sich gut zu, dass es dumm wäre, jetzt anzuhalten, dass das Ziel in Sicht war, dass ihr Leben davon abhing. Armand Jacoubovitch erzählte mir von seiner Reise. Vater Philippe aus Les Gets, dessen Adresse er in Lyon

bekommen hatte, nahm ihn, seine Gefährtin und einen österreichischen Flüchtling in seine Obhut. Mit der Hilfe zweier junger Männer aus Morzine brachen sie zum Col de Coux auf:

»Wir gingen sehr früh los, gegen sechs Uhr morgens. Die jungen Männer wanderten ein oder zwei Stunden mit uns mit. Sie erklärten uns, dass wir eine große Kurve laufen mussten – statt genau nach Norden zu gehen, sollten wir einen großen Umweg nach Osten machen, um die Patrouillen zu meiden. Nachdem wir dann wieder zurückgelaufen waren, kämen wir am Pass an. Das war im Dezember 1942.«

Mit Bleistift hatte mein Großvater die Worte »junge Männer aus Morzine« unterstrichen und ein Sternchen daneben gezeichnet. Unten auf der Seite hatte er eine Fußnote ergänzt: *»Constant und Albert BAUD, Waldarbeiter aus Morzine.«*

Diesen Teil der Geschichte kannte ich von meiner Großmutter. An jenem Morgen, noch vor der Dämmerung, zogen sie sich ihre wärmsten Socken an und schnürten die dünnen Schuhe zu. Sie aßen wenig, saßen still in der Dunkelheit und packten den Proviant ein, den der Gastwirt und seine Frau ihnen gegeben hatten. Leise schlichen sie die Treppe hinunter und aus dem Haus und liefen zu dem Treffpunkt, den der Dorfpriester ihnen am Vortag genannt hatte. Mit ihren Führern begannen sie den Anstieg durch den sich lichtenden Wald. Der Boden hatte die Farbe von Brotkrumen und war stellenweise von Schneeflecken bedeckt, die dem bleiernen Himmel und dem Schmutziggrau der kahlen Laubbäume etwas Helligkeit verliehen, doch weiter oben saugten die Kiefern sämtliches Licht in die Tiefen ihrer dunkelgrünen Nadeln auf. Hin und wieder überquerten sie eine Kuhweide, auf der sie nur die trübe Dämmerung notdürftig vor Entdeckung schützte. Es ging steil bergauf, kostete ungeheure Anstrengung, einen Fuß zu heben und vor den anderen zu setzen, sich atemlos, mit aller Kraft immer weiterzukämpfen. Einmal blickten sie aus einem engen Tal hinauf und sahen die schmalen Gestalten deutscher Soldaten weit über sich marschieren, mit pilzförmigen Helmen und astdürren Gewehren, und das kleine Grüppchen ging hinter den Felsen in die Hocke und hielt den Atem an.

Als sie die Baumgrenze erreichten, trübte sich das schwache Tageslicht am Himmel. Winzige Schneeflocken landeten auf ihrer Kleidung. Die Führer zeigten ihnen den Col de Coux und zählten ihnen anhand einer kleinen Landkarte, die sie gezeichnet hatten, auf, was die Reisenden sich einprägen sollten: Zollhäuschen, Scheune, die Schlepper, die angeblich in Grenznähe darauf warteten, abenteuerlustige Flüchtlinge – gegen eine Gebühr – in die Schweiz zu begleiten. Nicht mehr weit, versicherten die Führer ihnen. Und auch wenn sie wegen der Kahlheit des Gipfels leichter zu sehen wären, würden der Einbruch der Dunkelheit und der Schneefall sie vor Entdeckung schützen. Das Laufen werde etwas einfacher. Es wurde sich allseits Gutes gewünscht und bedankt, Hände wurden gedrückt, und dann waren Anna, Erna und Armand allein.

Der Schnee, der mittlerweile dicht und lautlos fiel, umwehte sie wie ein Mantel, während sie zum Pass stapften. Bald schon schoben sie sich durch hüfthohe Wehen, die langsam ihre Schuhe durchnässten. Kälte und Feuchtigkeit krochen durch jede Ritze in ihrer Kleidung. Sie weichten Annas Schuhkappen auf, sodass sie sich fast von ihren dünnen Holzsohlen lösten. Erna, eine erfahrene Bergsteigerin, hielt sie auf dem Weg. Es ging nur langsam voran, einen Fuß vor den anderen, mühsame Schritte bergauf, vorsichtiges Stolpern. Mit Erna an der Spitze, gefolgt von Anna und Armand, mal der eine vorn, mal der andere, tasteten sich die drei mit vor Kälte tauben Füßen weiter. Der Pass war immer länger und länger nicht mehr weit entfernt, erst eine Viertelstunde, dann eine halbe, eine Stunde, noch eine.

Plötzlich stürzte Anna. Sie landete auf der Seite, in einer verschneiten Mulde im Boden. Wie ein Nest. Sie blickte hinauf in die Landschaft, die sich über sie zu beugen schien, wie eine Mutter über ihr Kind. Die Schneeflocken fühlten sich zwar kalt, aber weich auf ihrem Gesicht an. Alles in allem, dachte sie sich, lag sie ganz bequem. Eine Stimme in ihrem Kopf fragte, wie es sein konnte, dass alles sich so angenehm anfühlte, obwohl der Rucksack sich durch die nassen Kleider in ihren Rücken bohrte und ihre Arme und Beine komisch verdreht waren. Wieso, ließ die Stimme nicht locker, war ihr nicht kalt? Feuchte Wolle isolierte gut, man denke nur an Schafe, sagte sie sich und betrachtete Armand und Erna, die vor ihr standen und sie anschrien. Angestrengt horchte sie. Die beiden wollten, dass sie aufstand. In einer Minute, in einer Minute. Sie stünde auf. Gleich. Noch nicht sofort. Ich muss mich ausruhen, dachte sie. Es ist so erholsam mit dem Schnee überall.

Für Armand sah Annas Gesicht aus wie eine flüchtige Komposition von Schatten, als er sich bückte, an ihr zog, sie beobachtete, brüllte. Sie sah so dunkel aus in dem ganzen Weiß, so verloren. Der Schnee häufte sich bereits auf ihrem Körper auf. Ganz weit in seinem Hinterkopf erklangen Fragen, müssten sie sie zurücklassen, wie würde sie sterben, müsste sie leiden, so in den Schnee geschmiegt wie ein müdes Kind. Er stand vor der kleinen Senke und rief sie. Er zerrte an ihr.

»Sie muss allein hochkommen«, wiederholte Erna hartnäckig. Sanft schob sie ihn weg und hielt ihr Gesicht vor das ihrer Freundin. »Anna«, blaffte sie, wie ein Polizist bei einem Penner. »Steh auf.«

Mit einem sanften, dümmlichen Lächeln sah Anna sie an.

»Sei nicht blöd«, schimpfte Erna. »Du weißt, dass du stirbst, wenn du hier liegen bleibst.«

Armand rang die Hände. Wie lange konnte das dauern? Dennoch hielt er sich zurück. Ernas plötzliche Verwandlung war verstörend. Ihre sonst klare, angenehme Stimme war einem heiseren Knurren gewichen.

Anna schüttelte den Kopf, immer noch lächelnd. Erna beugte sich weiter nach unten. »Verdammte Scheiße!«, schrie sie, zog den Kopf zurück und schob ihn wieder vor. »Komm raus aus dem verfluchten Loch, du dämliche Kuh!« Das Lächeln verschwand von Annas Lippen. Sie wimmerte.

Armand trat näher zu Erna und berührte sie am Arm. Sie schüttelte seine Hand ab, wie ein Pferd eine Fliege verscheucht. Das Gesicht so dicht vor ihre Freundin haltend, wie sie konnte, ohne das Gleichgewicht zu verlieren, donnerte sie: »Scheißdreck! Hör mir gefälligst zu, Münster.« Anna hob den Kopf. »Du faule Schlampe! Nichtsnutziges Stück Scheiße! Du Hure …«

»Erna!« Anna stützte sich auf einen Ellbogen auf, gekränkt, dass ihre Ruhe durch diesen jähen Stimmungswandel gestört wurde. Was war nur in ihre Freundin gefahren?

»Das ist mir pissegal! Es ist arschkalt hier, und wir müssen noch auf einen Drecksberg steigen, und ich scheiße lieber auf das Grab meiner eigenen Eltern, als dich hier im Schnee rumliegen zu lassen wie eine alte Säuferin.«

»Erna, hör auf damit«, murmelte Anna und setzte sich mühsam auf. Erna sollte den Mund halten. Was war nur los mit ihr?

Erna ignorierte sie. »Ich spucke auf meine eigene Großmutter. Ich würde ja auf deine Großmutter spucken, wenn sie nicht zu sehr damit beschäftigt wäre…« Schwerfällig, plötzlich zitternd kam Anna auf die Füße, und Erna hielt sie am Arm fest.

Armand schnürte sich vor Erleichterung die Kehle zu. Hastig lief er zu ihr.

»Lass mich los«, sagte Anna zu Erna. »Was hast du denn bloß?«

»Beweg dich«, drängte Erna.

Anna gehorchte. Es war schwer. Sie konnte nicht sehr schnell gehen. Sie fühlte sich alt und müde.

»Nicht stehen bleiben«, befahl Erna, lief neben ihr her, schob sie ein bisschen, klopfte resolut den Schnee von ihr ab.

Desorientiert hielt Anna an und sah sich um. »Was ist passiert?«

»Du bist hingefallen. Du musstest allein aufstehen. Und jetzt geh weiter.«

»Es war so bequem«, sinnierte Anna und wischte sich eine Schneeflocke von der Wange. »Ich konnte nicht verstehen, warum es so bequem war, in dieser Stellung da zu liegen.«

»Beweg dich«, wiederholte Erna. »Nicht stehen bleiben. Stampf mit den Füßen auf und reib die Hände aneinander. Du hättest sterben können.«

Anna sah sich zu der Stelle um, auf der sie gelegen hatte, und dann zu ihrem Rucksack im Schnee. Die schreckliche Erkenntnis traf sie schneller und heftiger als die Kälte. Ein schlechtes Gewissen überkam sie. »Entschuldige.« Sie spürte ein Brennen auf den Wangen.

»Nicht weinen. Das hinterlässt Flecken auf deinem Gesicht.« Erna rieb ein letztes Mal über Annas Arme. »Gehen wir einfach weiter. Es ist schon fast dunkel.«

Armand trat zu den beiden Frauen. Er strich Schneeflocken aus Annas Haaren. »Ich trage deinen Rucksack«, bot er an. Sie gingen wieder los.

»Wo hast du so zu fluchen gelernt?«, fragte Anna.

»Taxis. Wiener Taxifahrer haben das schmutzigste Mundwerk der ganzen Welt.«

Schweigend liefen sie fünf Minuten, zehn, zwanzig. Der Schnee unter den dunkler werdenden Bäumen wurde höher, ihre Füße redeten in der stillen Sprache von Schneeschritten mit sich selbst.

»Da!« Die beiden Frauen folgten Armands Finger zu einem niedrigen rechteckigen Umriss. »Das muss das Zollhaus sein.«

Jetzt stapften sie schneller durch den Schnee, angeführt von Erna. Sie hatten das flache Gebäude fast erreicht, als Erna plötzlich anhielt. Mit dem Kopf deutete sie auf etwas rechts vor ihnen. Es war ein Mann. Er winkte ihnen. Winkte stärker. Vorsichtig traten sie näher, einen Schritt, noch einen, bis er ihnen signalisierte, stehen zu bleiben. Wortlos zeigte er auf das Zollamt, ahmte pantomimisch patrouillierende Wachtposten nach und wackelte dann mit dem Finger hin und her, nein. Er bedeutete ihnen, am nächsten Tag wiederzukommen. Sie nickten übertrieben deutlich mit den Köpfen, dass sie verstanden hatten. Daraufhin drehte er sich um und verschwand im rasch dunkler werdenden Nachmittag.

»Was machen wir jetzt?«

»Am besten gehen wir zu der Scheune.« Erna zog das Blatt Papier hervor, auf dem ihre Führer ihnen eine Karte gezeichnet hatten. »Die müsste da hinter den Felsen sein.« Sie gingen hin, aber da war nichts.

»Bist du sicher, dass du in die richtige Richtung gelaufen bist?«, fragte Anna.

»Absolut. Außerdem ist hier eine Lichtung. Das ist der logischste Platz für eine Scheune.«

Sie liefen herum und traten den Schnee weg, als könnte die Scheune darunter versteckt sein. Erna ging zu etwas, das wie ein toter Baumstumpf aussah, und inspizierte es. Sachte stieß sie mit dem Fuß dagegen. Ein paar Stückchen bröckelten ab: schwarze Kohle. »Sieht aus, als wäre sie abgebrannt.«

In ihren Bäuchen kribbelte ein leises Angstgefühl. Die Stille dehnte sich aus, die Nacht schlug langsam ihre Augen auf, der harte, hohe Berg schneite ein. *Was sollen wir tun?* Keiner von ihnen wollte diese Frage laut aussprechen, also lauschten sie stattdessen dem Schnee.

»Wir müssen zurück zum Zollhaus«, entschied Erna.

Nach einer Stunde Marsch durch die Dämmerung erreichten sie es wieder. Es war abgeschlossen. Sie tasteten sich darum herum, prüften Türen und Fenster, in der schwachen Hoffnung, etwas öffnen zu können. Es war schon fast vollständig dunkel, als Armand einen Griff erspürte, der sich anders anfühlte als alle anderen, die er probiert hatte. Er ließ sich bewegen. Armand wackelte daran, drückte ihn nach unten, und er gab nach. Sein Herz schlug schneller. Es war offen. Es musste offen sein. Erneut drückte er, und die Tür ging auf. Ein Gestank, wie ein feindseliges Tier, kroch heraus und drang ihm in die Nase. In der Innentasche seines Mantels fand er die Streichhölzer, zündete eines an und spähte hinein. Er rief nach Anna und Erna.

»Tja«, sagte er, als sie bei ihm waren. »Sieht aus, als hätten sie das Klohäuschen offen gelassen.« Er zündete noch ein Streichholz an. »Das Klo hat sogar einen Deckel.«

»Passen wir da alle rein?«, fragte Anna.

»Müssen wir.« Erna nahm ihren Rucksack ab, trug ihn hinein und stellte ihn ab.

»Wenn wir sie aufeinanderstapeln«, meinte Armand, »können wir sie hier bei uns behalten.« Sie alle quetschten sich in das Häuschen, Armand als Letzter. Er stellte seinen Rucksack auf die anderen beiden und kramte eine Kerze hervor, die er anzündete.

»Anna, gibst du mir bitte deine Uhr?«

Anna zog sie vom Handgelenk und reichte sie ihm.

Armand legte den Daumen an die Kerze, schob ihn daran herunter und zählte leise die Längen ab. Sie alle betrachteten eingehend die Flamme, als könnte das Beobachten sie dazu ermuntern, die ganze Nacht zu brennen, als könnte es sie wärmen, wenn die Kerze die ganze Nacht brannte.

Anna zog die Zehen in den Schuhen an. Sie wusste, dass die Schuhe nass waren, das war nur logisch. Sie glaubte, die Zehen anzuziehen. Aber sie konnte sie nicht richtig spüren. Eine Weile hatten sie stark geschmerzt, dann nichts mehr eigentlich, ein sachtes Brennen – ein Erfrierungssymptom. Aus ihren medizinischen Lehrbüchern wusste sie, dass ihre Zehen, wenn sie die Schuhe auszöge, weiß wären. Nicht, dass sie die Schuhe ausgezogen hätte. Sie konzentrierte sich auf die Kerze.

Ich blieb ebenfalls an jener Kerze hängen. Die Nacht im Klohäuschen war die erste Geschichte, die mir meine Großmutter je von ihren Kriegserfahrungen erzählt hatte. Und mein Großvater hatte, wenn ich jetzt darüber nachdachte, eine wichtige Rolle darin gespielt mit seinen Berechnungen, wie lange sie die Kerze jeweils brennen lassen konnten, damit sie die ganze Nacht reichte. »Kluger Mann«, sagte meine Großmutter damals.

Am nächsten Morgen im ersten Tageslicht fand Erna einen Pfad, und sie brachen wieder auf. Als sie rutschend und schlitternd den Berg hinunterstiegen, wandelte sich der Schnee allmählich zu Schneeregen und schließlich zu einem stetigen, starken Regen.

Gerade, als der Schneeregen sich verflüssigte und etwas weniger stechend auf ihre Haut peitschte, spürte Anna eine Veränderung in der Luft. Jemanden. Sie blickte auf – zumindest in ihrer Version der Geschichte – und entdeckte einen Mann in einem schweren, dunklen Mantel, der auf sie zulief. Obwohl mein Großvater immer behauptete, er sei derjenige gewesen, der den *passeur* zuerst bemerkte, stellte ich mir gern vor, dass Anna Erna stupste, Armand am Ärmel zupfte, sie mit einem kaum hörbaren »Da!« stoppte.

Niemand hat mir je erzählt, ob sie zögerten, bevor sie zu dem Mann gingen, die Füße seitlich gestellt, um nicht im Matsch auszurutschen. Ob ihnen voll bewusst war, dass er möglicherweise ihr Schicksal in Händen hielt.

Als sie in Hörweite waren, nannten sie die Losung, die sie vom Dorfpriester erfahren haben mussten, und der Mann nickte. »Wo hast du geschlafen? Du kannst nicht die ganze Nacht gewandert sein.«

Als sie erklärten, was passiert war, pfiff er leise. »Glück gehabt, ihr müsst ein paar Minuten, nachdem die Grenzer Feierabend gemacht haben, angekommen sein. Gestern Nachmittag wurde die Straße über den Pass geschlossen. Ich hab die Wachtposten bei Sonnenuntergang nach Hause gehen sehen.« Der Schlepper führte sie zu einer einfachen Hütte, die im Sommer von den Almhirten genutzt wurde und den Rest des Jahres leer stand. Als er den Riegel anhob, sahen sie einige weitere Flüchtlinge im Dämmerlicht kauern, einschließlich einer Mutter mit einem schlafenden Kleinkind auf dem Schoß. »Ich komme gegen Einbruch der Dunkelheit zurück«, verkündete er. »Haltet euch bereit.«

»Es gab eine Küche in der Hütte mit hartem Brot, hartem Käse und Tee«, erinnerte meine Großmutter sich in einem Essay.

> *Es kam uns vor wie der Himmel. Wir waren bis auf die Knochen durchnässt, weil wir in starkem Regen marschiert waren. Wir waren auch dehydriert und ausgehungert. Nachdem wir viel Tee getrunken und etwas gegessen hatten, zogen wir uns aus, und Armand legte unsere Kleider neben den gusseisernen Holzofen, der nach außen dampfte, während die nassen Sachen trockneten. Wir bekamen ein großes Bett mit einem Federbett zugewiesen, in das Erna und ich stiegen und sofort einschliefen.*

Der Regen zischte und murmelte und trommelte den ganzen Tag um die Hütte herum, und die anderen Flüchtlinge schliefen oder unterhielten sich leise. Die Mutter beschäftigte das Kleinkind, so gut es ging. Anna döste immer wieder ein, träumte, dass ihre Füße jemand anderem gehörten, dass sie sie falsch herum angezogen hatte, dass sie sie am Grund eines Brunnens vergessen hatte.

Dämmerung kroch in die Hütte. Anna schlug die Augen auf und sah, dass die anderen umherliefen. Es musste Zeit zum Aufbruch sein, dachte sie. Sie wollte die warme Kuhle nicht verlassen, die sie sich im Bett geschaffen hatte.

Alle erschraken, als der Schlepper die Tür öffnete.

Er ließ den Blick von der versammelten Gesellschaft zu Erna und Anna im Bett schweifen. »Wir müssen los«, rief er.

»Ich gehe nicht«, erklärte Erna ruhig und besonnen wie immer.

Der Schlepper machte eine verdutzte Miene. »Ich hab gesagt, wir müssen los.«

Erna schüttelte den Kopf. »Es gießt draußen. Unsere Kleider sind nicht trocken, und ich glaube, ich hab mir den Knöchel bei der Wanderung verletzt. Ich bin noch nicht so weit. Ich bleibe hier. Ich laufe später runter.«

Der Schlepper starrte sie an.

Anna fasste einen Entschluss und fiel mit ein. »Wir sind zu schwach. Ich gehe auch nicht.«

Was wohl meinem Großvater durch den Kopf ging, als er dieses Gespräch beobachtete? *»Zögernd schloss Armand sich uns an«*, erinnerte Oma sich, *»hielt den Flüchen und Drohungen des Schleppers stand, der schließlich ging und uns drei in der Hütte zurückließ.«*

Ihr Plan musste zu dem Zeitpunkt schon festgestanden haben: Sie sollten in die Wohnung von Ernas Cousine in Lausanne fahren und sich dann trennen. Armand wollte nach Zürich, in der Hoffnung, dass seine Geburtsstadt ihn wieder aufnähme, während Anna und Erna bei Ernas Cousine Ria blieben, deren Onkel Bürgermeister eines nahe gelegenen Dorfes war. Theoretisch hätte Armand also mit dem Schlepper aufbrechen und direkt nach Zürich reisen können. Aber vielleicht schreckte ihn eine plötzliche Änderung des Plans ab und auch die Vorstellung, dass der Schlepper zwei unbegleitete Frauen abholen kam – oder auch nicht. Er konnte sie ja schlecht alleinlassen. Außerdem, wie sollte er den Schlepper bezahlen?

Allein in der Hütte, *»in himmlischem Frieden … hatten wir eine gute Nacht, einen friedlichen, erholsamen Tag«* mit einer Petroleumlampe, die unheimliche Schatten an die Wand warf, und dem einschläfernden Klang des nachlassenden Regens. Als sie sich am kommenden Nachmittag auf den Aufbruch vorbereiteten, ging die Tür auf, und ein Unbekannter trat ein. Er wirkte so erschrocken, wie die drei sich fühlten.

»Ich dachte, alle wären verhaftet worden«, rief er. Es war ein anderer Schlepper, der gekommen war, um die Schutzhütte zu inspizieren, nachdem sein Kollege mit der Flüchtlingsgruppe vom Vortag (die vermutlich im Anschluss deportiert wurde) festgenommen worden war, oder vielleicht auch, um sie ganz zu schließen, bis die Schweizer Grenzpolizei sich eine andere Gegend vornahm. Die Trennung von ihrer Gruppe war ein weiteres furchtbares Wunder, das die drei verarbeiten mussten, während sie diesem Fremden halfen, jedes Lebenszeichen in der Hütte zu verbergen, die Fensterläden verriegelten und den Weg ins Tal antraten. Die Luft war kühl und feucht, aber wenigstens hatte es zu regnen aufgehört, was das Wandern auf den matschigen Wegen und das Überqueren von eisigen, rauschenden Bergbächen etwas erleichterte.

Bevor sie in den Zug stiegen, mussten sie den Schlepper bezahlen: »*Wir hatten fast kein Geld, und Erna gab ihm eine silberne* tabatière, *die sie wieder abholen wollte, wenn wir dem Schlepper für seine Dienste Geld bezahlen konnten.*« Meine Großmutter vergaß nie die Angst vor Entdeckung, die sie bei der Ankunft in jener ersten Stadt empfand. Jemand hatte in der Nacht in der Hütte ihren Mantel zu dicht an den Holzofen gelegt und ein großes Loch in den Rücken gesengt. »*Dadurch sah ich aus wie ein Flüchtling*«, klagte sie. »*Es fiel so auf.*« Sie achtete darauf, immer mit dem Rücken zu Mauern zu stehen und sich hinzusetzen, wenn möglich. Im Zug lehnte sie sich an und saß ganz still, betete, sie sähe unbekümmert, natürlich aus. »*Wir teilten uns das Abteil mit [einer Gruppe demobilisierter Grenzsoldaten], die sich, auf Schweizerdeutsch, darüber unterhielten, dass wir jüdische Flüchtlinge seien, aber sie seien nicht im Dienst. … In Lausanne stand Ernas Cousine Ria Berger am Bahnhof. Einige weitere Tage Erholung mit Lebens-*

mitteln, die wir seit Ewigkeiten nicht gesehen hatten, in einer schönen Wohnung, und liebevolle Zuwendung. Wir waren in der Schweiz, kein Zweifel, und ein weiteres Kapitel meines Lebens begann.«

Ich hörte auf zu lesen. *»Ein weiteres Kapitel meines Lebens begann.«* Nicht *unseres* Lebens. *Meines* Lebens. Mit pochendem Herzen blätterte ich durch ihr Flüchtlingsdossier. Ich hatte immer geglaubt, meine Großeltern hätten sich nach ihrer Ankunft in der Schweiz mehr oder weniger gegen ihren Willen getrennt. Nun fragte ich mich, ob sie überhaupt noch zusammen gewesen waren. Ich griff zum Telefon. »Oma«, brüllte ich, als sie abhob. »Ich habe eine wichtige Frage an dich.«

»Sprich lauter.«

»Was war mit dir und Opa, nachdem ihr die Grenze überquert hattet?«

»Was?«

»Als ihr die Grenze in die Schweiz überquert hattet«, wiederholte ich. »Was habt ihr dann gemacht?«

»Ria hatte einen Onkel, Onkel Sprenger, der Bürgermeister eines kleinen Dorfes war. Als Kind hat Erna oft den Sommer bei ihm verbracht. Und wir konnten nicht länger als einen Tag bei Ria in Lausanne bleiben, es hätte Verdacht erregt, wenn sie Essen für drei Personen besorgt und so viel Wasser verbraucht hätte und so. Also fuhren wir zu ihrem Onkel, und dann begleitete er uns, und wir stellten uns der Polizei. Wir mussten ein paar Nächte im Gefängnis bleiben, aber er ließ seine Beziehungen spielen, sodass wir nicht zurück über die Grenze geschickt wurden und ins selbe Lager kamen.«

»Wer?«

»Rias Onkel.«

»Nein, sodass wer ins selbe Lager kam?«

»Erna und ich natürlich. Es war sehr klamm in diesem Gefängnis, aber sie hatten BBC. Ich weiß noch, dass wir BBC hören durften. Zum ersten Mal im ganzen Krieg.«

»Was war mit Opa?«

»Wie meinst du das?«

»Wo war er?«

»Er war in Zürich. Da ist er geboren.«

»Das war alles?«

»Was?«

»Ihr habt euch einfach getrennt?«

»Mirandali, ich kann dich nicht hören. Du weißt, dass das Telefonieren mich müde macht. Schreib es auf. Schreib es in einem Brief.«

Als ich das nächste Mal meinen Großvater besuchte, nahm ich Julien mit. Wir fuhren durch das Rhônetal und am Massif de la Chartreuse vorbei, wo meine Großmutter ihre erste Assistenzstelle gehabt hatte, am Rande der Alpen. Als wir bei meinem Großvater ankamen, tranken wir Tee und unterhielten uns über Literatur und Politik. »Das ist ein netter junger Mann«, erklärte mein Großvater, als Julien außer Hörweite war.

»Finde ich auch.«

Mir fiel meine Frage wieder ein. »Opa, was habt ihr gemacht, nachdem ihr es über die Schweizer Grenze geschafft hattet? Wo seid ihr hingefahren?«

»Zürich. Ich dachte, ich bekäme vielleicht eine Art Sonderbehandlung, weil ich dort geboren bin.«

»Und, war es so?«

»Nein. Sie haben mir alles weggenommen und mich ins Gefängnis geworfen.«

»Ins Gefängnis?«

Er lächelte. »Es ging schon. Ich war da drin mit einem – wie sagt man, einem *maquereau* …«

»Einem Zuhälter.«

»Genau, einem Zuhälter in einem schicken Anzug, der unentwegt und sehr laut durch das Gefängnisfenster seine Geschäfte führte. Und einem Floristen. Der war sehr nett. Pazifist, sie hatten ihn ins Gefängnis gesteckt, weil er seinen Militärdienst nicht ableisten wollte. Wir haben zusammen Schach gespielt. Und es gab auch ein paar deutsche Deserteure, weiß ich noch. Zu denen hielt ich Abstand.«

»Und was ist dann passiert?«

»Sie haben mich in ein Arbeitslager gesteckt.«

»Wie war das?«

Opa bekam einen traurigen und zugleich verträumten Blick. »Es war in einer Art verlassenem Fabrikgebäude. Eisenbetten mit Strohmatratzen. Ich erinnere mich, dass sie uns morgens riefen und wir uns auf der Treppe versammeln und draußen waschen mussten. Im Winter musste man erst das Eis in den Waschbecken aufbrechen.«

»Wo war meine Großmutter? Weißt du, wo sie war? Hast du ihr geschrieben?«

»Natürlich nicht. Woher sollte ich denn wissen, wo sie war?«

»Vielleicht war da gar nichts«, sagte ich auf dem Rückweg aus Genf zu Julien. »Vielleicht haben sie sich nie geliebt. Vielleicht sind sie ohne besonderen Grund am Ende zusammengekommen und dann -geblieben, weil sie ein schlechtes Gewissen hatten, den anderen zu verlassen.«

»Was meinst du damit?«

»Du weißt schon, vielleicht waren sie zufällig gerade irgendwie zusammen, und dann brach der Krieg aus, und sie blieben einfach mehr oder weniger zufällig aneinander hängen, und dann kamen sie aus der Sache nicht mehr raus.« Ich rutschte auf dem Beifahrersitz hin und her, melancholisch und etwas durcheinander, beschämt, dass ich ihre Geschichte zu mehr aufgeblasen hatte, als sie war, beschämt, irgendetwas an dieser furchtbaren Zeit romantisiert zu haben. »Ich meine, warum sollten sie einen besonderen Grund gehabt haben, zusammen zu sein? Oder eben nicht? Warum kommt überhaupt jemand zusammen oder trennt sich? Weiß man das je?«

»Ich weiß, warum ich mit dir zusammen bin.«

»Nämlich?«

»Wie sagt dein Vater noch gern? ›Weil du so süß aussiehst, wenn du dich aufregst‹«, sagte er auf Englisch mit einer albernen amerikanischen Cowboystimme.

»Danke, Rock Hudson.«

Julien nahm eine Hand vom Lenkrad und strich mir über das Haar. »Ehrlich, seit wann geht es um Gründe? Glaubst du, sie hatten einen? Wir sprechen hier von *Gefühlen*. Hattest du einen rationalen Grund, dich mit mir einzulassen?«

»Klar doch. Fließend Warmwasser.« Ich kurbelte das Fenster ganz hinunter und drückte meine Hand gegen die Luft. »Ich glaube, Krieg macht einen verrückt. Das ist es wahrscheinlich. Sie sind einfach nur zwei weitere Opfer eines gottverdammten Genozids.«

Ich packte all meine Briefe, Unterlagen und Notizen weg. Es war Anfang November, und das Geld von meinem Stipendium war fast aufgebraucht. In weniger als einem Monat lief meine Aufenthaltsgenehmigung ab, und ich musste in die Vereinigten Staaten zurückkehren. Ich beschloss, meine letzten Wochen in Frankreich einfach mit Julien zu genießen.

Also kauften wir Lebensmittel ein, fütterten die Katzen, lasen die Zeitung, sahen uns Filme an, stritten uns, vertrugen uns wieder, hörten Nachrichten, erkälteten uns und wurden wieder gesund, gingen spazieren, aßen allein zu Abend, aßen bei Freunden zu Abend. Als das Wetter kälter wurde, kochten wir Suppe, zündeten den Kamin an und legten zusätzliche Decken aufs Bett. Die Katzen kamen nachts ins Haus. Und trotz meiner unfertigen Geschichte und der unbeantworteten Fragen spürte ich wieder dieses Lockern in meinem Herzen, das ich im Sommer im Freibad gespürt hatte. Die ganze Zeit über dachte ich immer: *Ich bin glücklich.*

Schließlich wurde ich eines Tages benachrichtigt, dass die nach Juliens Angaben angefertigte Terrassentür fertig war. Wir liehen uns einen Transporter, um sie abzuholen, und ich bezahlte alles, was ich gespart hatte, dafür, dass das Haus in La Roche um seine Leere herum sicher verschlossen werden konnte.

An jenem Wochenende gab es den ersten Frost. Es war so kalt auf der Nordseite von La Roche, dass Julien Angst hatte, sein Mörtel würde nicht hart. Meine Großmutter hätte gesagt, dass die Sonne durch zusammengebissene Zähne schien, eine rumänische Redewendung, die sie liebte. Wir fuhren die Tür nach La Roche und trugen sie zum Haus. Als wir aufschlossen und einen kalten Luftschwall aus dem dunklen Inneren spürten, war schwer vorstellbar, dass ich noch wenige Monate vorher dort gewohnt hatte.

Im Wohnzimmer lehnten wir die neue Tür an die Wand, während Julien die kaputte aus den Angeln hob und das morsche Holz des Türrahmens aus der Steinmauer stemmte. Er hämmerte Nägel in den weichen Mörtel auf der Innenseite der jetzt leeren Öffnung, und dann trugen wir die neue Tür nach draußen und stützten sie an dem Brombeertrieb ab, der schon wieder durch die Terrassenfliesen wuchs. In den neuen Türrahmen schlug Julien ebenfalls Nägel und setzte dann Tür und Rahmen in die Maueröffnung ein. Mit dickem Stahldraht wickelte er die Nägel im Holz mit den Nägeln in der Wand zusammen, wobei er sich nach jeder Umdrehung mit seiner Wasserwaage vergewisserte, dass alles gerade war. Ich brachte ihm eimerweise Wasser, und er mischte eine Schubkarre voller Mörtel, den er mit lockeren, präzisen Bewegungen von der Rückseite seiner Kelle warf und damit den Spalt um den Türrahmen herum ausfüllte. Dann strich er alles glatt, und wir traten zurück, um sein Werk zu bewundern.

Es war wunderschön. Als ich das in die gefleckte Steinmauer eingefügte honigfarbene Holz und die klaren Scheiben betrachtete, sah ich zum ersten Mal, wie das Haus sein könnte, wenn es mir wirklich gelänge, es zu retten. Einen Moment lang vergaß ich die Kälte, den Staub und das böse Blut meiner Großeltern und spürte dieselbe Sehnsucht, die mich vor all den Jahren zu dem festen Vorsatz veranlasst hatte, das hier zu meinem Zuhause zu machen. Und dann, genau wie im Juni, als ich erstmals allein auf der Terrassenmauer gesessen hatte, traf mich der gewaltige Kontrast zwischen meiner Träumerei und der Realität mit voller Wucht, und ich fragte mich, wie ich je hatte glauben können, dass neue Türen und Fenster aus dem Haus mehr als eine Ruine machen oder mir irgendetwas über meine Familiengeschichte vermitteln würden.

Julien drehte sich um und packte sein Werkzeug zusammen. Wehmütig bestaunte ich seine Arbeit noch einen Augenblick länger und ging ihm dann helfen.

»Vielen Dank. Jetzt musstest du auch noch in deiner Freizeit arbeiten.«

»Hier.« Er reichte mir einen leeren Eimer und seine Wasserwaage. »Wir können alles bei meiner Mutter im Garten abspritzen.« Er richtete sich auf und zwinkerte. »Kein Problem übrigens. Es ist immer gut, wenn sich ein hübsches Mädchen einem verpflichtet fühlt.«

Ich nahm ihm das Werkzeug ab. »Ein echter Kavalier.«

»Zu Ihren Diensten, gnädige Frau«, sagte Julien und schmierte seinen restlichen Mörtel um einen lockeren Stein in der Terrassenmauer.

Während ich das Werkzeug in die Schubkarre stellte, fühlte ich mich wie eine Arktisforscherin, die gerade entdeckt hatte, dass der Nordpol nur ein Produkt ihrer Fantasie war – dass das Haus ein Heim für mich sein könnte, dass es in der Beziehung meiner Großeltern je auch nur einen Funken Zärtlichkeit gegeben hatte. Aus weiter Ferne hatte Annas und Armands Liebe geleuchtet wie ein Sternenmeer. Bei näherer Betrachtung war daraus der Schimmer einer einzelnen, spärlichen Kerze geworden, zwei Menschen, die von schrecklichen Umständen zusammengebracht worden waren und die, aufgrund einer eigenartigen Fehleinschätzung, letzten Endes heirateten und ein Haus erwarben.

Als ich die dunkle Ruine betrachtete, begriff ich, dass ich das Märchen meiner Großeltern von Grund auf falsch verstanden, beziehungsweise dass ich seine wahre Bedeutung und Botschaft nicht erkannt hatte. Denn eigentlich kommt in den meisten Märchen keine Liebe vor, man kann sie eher als traurig und grausam beschreiben. Bis auf eine werden sämtliche von Blaubarts Frauen getötet, Aschenputtel wird zwar Prinzessin, ihren Stiefschwestern aber picken Tauben die Augen aus, Rotkäppchen wird vom Wolf gefressen – und das sind noch die harmloseren. Ich hatte zu viele Disney-Filme gesehen, stellte ich kleinlaut fest. Echte Märchen handelten von Unglück. Julien hatte recht gehabt, damals im Le Camping: Ich war eine Romantikerin, die versuchte, Leid und Not aufzuhübschen, das Groteske zu glätten und zu vereinfachen, aus einem Silbertellerchen und ein paar schmerzlichen Wendungen des Schicksals eine Liebesgeschichte zu fabrizieren, wo es keine gab. Ich sah mich um. La Roche schien eindeutig der perfekte Schauplatz für ein Märchen, mit seiner verrückten alten Burg auf einem Brocken erstarrten Magmas, mit seinen Zikaden und seinem träge über uralte Steine fließenden Flüsschen.

»Alles okay?«, unterbrach Julien meine Grübeleien.

»Ja, schon. Ich habe über Märchen nachgedacht.«

»Ich hab es dir schon gleich am ersten Abend gesagt. Du bist eine Romantikerin.«

»Genau daran musste ich gerade denken. Damals hat mich das geärgert.«

Julien grinste. »Du weißt, ich liebe es, wenn du dich ärgerst.«

»Eigentlich wollte ich gerade sagen, dass du möglicherweise recht hattest.«

»Das mag ich sogar noch lieber, wenn ich recht habe«, neckte Julien. »Wenn du mir jetzt mal hilfst, die ganzen Sachen auf die Schubkarre zu laden, bringe ich dich nach Hause und zeige dir, was ein echter Märchenprinz so alles kann.« Er zwinkerte.

»Was, jetzt bin ich die verfolgte Unschuld, die gerettet werden muss?«

Er beschrieb einen Schnörkel mit seiner Kelle und verneigte sich, dann warf er das Gerät in die Schubkarre, holte sein Bandmaß und hob die alte Tür hoch. »Nimm du die Schubkarre«, wies er mich an.

»Ich dachte, ich müsste gerettet werden.«

»Tja, Studien haben gezeigt, dass das Schieben einer Schubkarre der erste Schritt zur Genesung ist.«

Wir schlossen das Haus ab und luden das Werkzeug ins Auto. Die Sonne hatte begonnen, den Tag anzuwärmen. Durch den Raureif funkelten die Ranken und das Gras wie eine Illustration in einem Kinderbuch. Irgendwo in La Roche zwitscherte ein Vogel. Hinter jener neuen Terrassentür war das Haus grau und kalt und zog sich in einen weiteren langen Schlaf zurück. Und weiter oben in Alba gab es ein Feuer im Kamin, Suppe zum Abendessen und Katzen auf dem Sofa – ein Zuhause. Julien ist jetzt mein Zuhause, stellte ich fest. Und dann erfasste mich wieder Traurigkeit, denn in ein paar Tagen müsste ich auch ihn verlassen.

Teil 3

Ein Foto meiner Großeltern, das ich nach der Fertigstellung des Manuskripts in den Unterlagen meines Großvaters fand, datiert auf den 12. Juli 1944 – ihren Hochzeitstag

Kapitel 15

Im Dezember 2004 kehrte ich für drei Monate nach Asheville zurück, um beim französischen Konsulat in Atlanta ein Visum zu beantragen, in der Hoffnung, ein weiteres Jahr in Frankreich verbringen zu dürfen. Immer noch hielt ich an der Vorstellung fest, dass zusätzliche zwölf Monate lediglich eine Verlängerung dieser eingeschobenen Lebensphase darstellten. Ich glaubte, ich würde bald zurück nach Amerika ziehen und den Faden wiederaufnehmen, wo ich ihn hatte fallen lassen, als ich das College abschloss. Ich hatte mir noch nicht eingestanden, wie stark das Gefühl von Heimkehr gewesen war, als ich zum ersten Mal Alba betrat. Mir war nicht klar, wie weit ich bereits auf dem Pfad vorangeschritten war, den Oma für mich angelegt hatte. Meiner Ansicht nach legte ich mich durch ein zweites Jahr, in dem ich mein Buch fertigschrieb und mehr Zeit mit Julien verbrachte, nicht allzu sehr fest, nicht mehr als durch das erste.

In diesen drei Monaten musste ich einen Job in Frankreich finden, der mir ein Visum verschaffte – oder ich musste den Franzosen beweisen, dass ich bereits Staatsbürgerin war. An und für sich hätte ich das sein sollen: Sowohl meine Großeltern als auch meine Mutter hatten über weite Strecken ihres Lebens einen französischen Pass besessen. Ich machte mich daran, die nötigen Unterlagen zusammenzustellen, um das zu beweisen.

Da man von Arbeitssuche im Ausland und Verhandlungen mit französischen Bürokraten nicht leben konnte, nahm ich einen Job als Kartenlegerin in einem New-Age-Buchladen an. Meine Großmutter triumphierte, als ich sie anrief und ihr mitteilte, dass ich meine Reservekenntnisse nutzte: »Siehst du, ich hab dir doch gesagt, das wirst du noch mal gut brauchen können!« Wenn ich nicht zum Kartenlegen eingeteilt war, räumte ich Regale ein, half Kunden, kämpfte mit den Feinheiten der Sortierung von New-Age-Büchern – geht man bei gechannelten Texten nach dem Namen des Channels oder des gechannelten Geistes vor? – und befasste mich mit so kniffligen Fragen wie, ob der Laden eine besondere Genehmigung benötigte, um rituelle Dolche für heidnische Zeremonien zu führen, und welche Steine sich am besten zum Pendeln eignen. Dann fuhr ich nach Hause zu meinen Unterlagen und Notizen, mit Utah Phillips und Ani DiFranco im CD-Player: »No matter how New Age you get, old age gonna kick your ass.«

Zu meinem Visumstermin auf dem französischen Konsulat traf ich absurd vorbereitet und eine halbe Stunde zu früh ein, gerüstet mit einem riesigen Stapel Geburtsurkunden, Sterbeurkunden, Ehe- und Scheidungsurkunden, Einbürgerungsurkunden und mehr. Außerdem hatte ich Bilder von dem Haus in La Roche dabei und Textproben aus meinem Buch. Meine Eltern überwiesen mir vorübergehend Geld auf mein Konto, damit es aussah, als wäre ich finanziell unabhängig oder hätte doch zumindest genug Geld, um ein Jahr davon zu leben. Ich brachte Versicherungsnachweise mit, Nachweise über körperliche und geistige Gesundheit und einen Brief von Julien, in dem er erklärte, er werde mich unterbringen und unterstützen, alles in dreifacher Ausführung.

Der Mann im Konsulat schob alles zur Seite, außer dem Brief von Julien. Er streckte ihn mir hin, als lege er einem Schuldigen ein Beweismittel vor: »Wenn Sie zusammen leben werden, warum heiraten Sie nicht einfach?«

»Na ja … ähm …«, stammelte ich. »Ich meine, wir kennen uns erst …«

Er schnitt mir das Wort ab. »Sie wohnen schon zusammen.«

Ich nickte.

Er sah mich vorwurfsvoll an, und ich musste unwillkürlich an den Monty-Python-Sketch über die Spanische Inquisition denken.

»Ja.« Ich verkniff mir ein Grinsen. »Aber wir sind erst seit sechs Monaten zusammen.«

»Ist mir doch egal«, sagte er ärgerlich und zeigte auf meine Unterlagen. »Das hier macht allen Beteiligten nur Unannehmlichkeiten.«

»Aber ich möchte nicht heiraten.«

Er sah mir in die Augen. »Sie wohnen bereits zusammen«, wiederholte er überdeutlich wie ein Polizist, der mit einem widerspenstigen Betrunkenen spricht.

Ich setzte mich aufrechter hin, die Spanische Inquisition war vergessen. »Verzeihung, aber Sie empfehlen mir doch nicht etwa, nur wegen der Papiere zu heiraten, oder? Ist das nicht illegal?«

»Sie. wohnen. schon. zusammen. Es liegt ganz an Ihnen. Ich sage ja nur, wenn Sie heiraten, können Sie sofort zurück. Sonst hängen Sie hier möglicherweise endlos fest.«

»Aber vielleicht wollen wir gar nicht heiraten!«

»Warum wohnen Sie dann zusammen?«

»Aber ich erfülle doch alle Anforderungen«, versuchte ich es noch einmal. »Meine Unterlagen sind in Ordnung.«

»Das bleibt abzuwarten. Es gibt keine Garantie, dass Sie ein Visum erteilt bekommen.« Er stand auf, jetzt ausdruckslos. »Wir melden uns in etwa sechs Wochen bei Ihnen.«

»Und wann kann ich zurück?«

Er zuckte die Achseln. »Sie können ja immer noch nächstes Jahr mit einem sechsmonatigen Touristenvisum hinfahren.«

»Aber ich brauche einen Job. Ich brauche ein richtiges Visum.«

»Das ist nicht mein Problem.«

In Tränen aufgelöst stürmte ich aus dem Konsulat, fest davon überzeugt, dass ich auf ewig in Amerika festsäße. Im Nachhinein ist mir klar, dass ich war, was die Franzosen *allumée* nennen – beseelt und geblendet und ein bisschen verrückt von einem Licht, das alles einfärbte, was ich sah. Zum Glück war Julien zu Hause, als ich schluchzend vom Parkplatz aus anrief.

»Liebling, beruhige dich«, tröstete er. »Wir haben nicht 1942. Alles wird gut. Wir werden uns wiedersehen.«

Unwillkürlich bemerkte ich den großen Unterschied zwischen seiner und meiner Reaktion, und mir kam der Gedanke, dass es vielleicht einmal einen Versuch wert wäre, nicht im merkwürdigen Spiegel der Erinnerung zu leben. Auf der Heimfahrt im Wagen überschlug ich im Kopf, wie viel Zeit meines Lebens ich, in Juliens Formulierung, damit verbracht hatte zu glauben, es wäre 1942, um schweißgebadet oder verkrampft vor Panik aus meinen furchtbaren Albträumen aufzuwachen, meine Schuhe neben die Tür zu stellen, jeden erdenklichen Moment mit einem analogen Ereignis aus dem Leben meiner Großeltern zu vergleichen, als könnte ich, wenn ich meine Erfahrungen ihren gegenüberstellte, etwas ersetzen, was verloren gegangen war.

Ich hielt an, kaufte mir einen Kaffee und trank ihn auf der Motorhaube sitzend, während ich die Winterlandschaft um mich herum betrachtete. Dann holte ich die dicke Flüchtlingsakte heraus, die ich in der vergeblichen Hoffnung mitgebracht hatte, ich könnte dem Konsulat aus schlechtem Gewissen ein Visum entlocken, und schlug eine der vielen Seiten auf, die ich markiert hatte. Es war eine Aufstellung pingeliger Verwaltungsfragen, die mein Großvater in seiner über die Jahre kaum veränderten Handschrift beantwortet hatte.

Was ist Ihre Muttersprache? *Französisch (oder Jiddisch?)*

Abgesehen von Ihrem erlernten Beruf, welche Arbeit könnten Sie am leichtesten erlernen? *Viele verschiedene Kenntnisse: Übersetzer, Lehrer, Buchhalter, Arbeiter, Dolmetscher, Landvermessergehilfe, Korrekturleser etc. etc.*

Warum haben Sie Ihr Herkunftsland verlassen, und warum können Sie nicht dorthin zurückkehren? *Weil ich Jude bin und Deportation riskiere.*

Natürlich war mir klar, dass es nicht 1942 war. Jede Historikerin, die etwas auf sich hält, weiß – zumindest verstandesmäßig –, dass sie sich vor der allzu menschlichen Neigung zu hüten hat, sich mit ihren Studienobjekten zu identifizieren. Aber auch wenn mein Erlebnis auf dem Konsulat mir natürlich nicht wirklich vermitteln konnte, was meine Großeltern empfunden hatten, als sie Formulare für abweisende Bürokraten ausfüllten, brachte es mich doch ins Grübeln, wie es wohl sein musste, Papierstapeln und gelangweilten Beamten ausgeliefert zu sein, gegen die harten, blinden Mühlen des Gesetzes anzukämpfen. Selbst wenn meine Wut ein Privileg meiner Position war und meine Großeltern damals nicht ähnlich reagiert hatten, drängte mich dieser Vergleich dazu, über Reduzierung nachzudenken, darüber, auf ein paar Antworten auf einem Blatt Papier beschränkt zu werden. Meine

Großeltern waren so oft in Schubladen gesteckt worden, als Juden, als Immigranten, als Überlebende. Ich dachte an Anne, die Tochter von Freunden meiner Großmutter, und ihre leidenschaftlichen Bemühungen, die Erinnerungen der Überlebenden an die Zeit *vor* dem Krieg aufzuzeichnen, bevor diese Generation darauf reduziert wurde, um der Geschichte willen das Gedächtnis der Schoah zu bewahren. Ich schauderte bei dem Gedanken, welch endlose Strafe es bedeuten musste, sowohl mit den persönlichen als auch den kulturellen Nachwirkungen eines Traumas zu leben: Während andere Menschen ihres Alters gewöhnliche Lebenserinnerungen haben durften, die sich nach ihrem Tod friedlich ins Jenseits verflüchtigten, wurden meine Großeltern nicht nur von der Erinnerung an das verfolgt, was sie im Krieg durchlebt hatten, nicht nur vom Verlust all dessen, was in diesen sechs Jahren zerstört worden war, sondern auch von der ermüdenden Aufforderung »Vergiss nie«.

Ich stieg wieder ins Auto. Heute bin ich sicher, dass die Poesie des Schweigens meiner Großeltern und die versteckte Zeitbombe des Hauses in La Roche sowohl der Köder waren, mit dem sie mich lockten, ihre Geschichte zu erforschen und festzuhalten, als auch ihr allerletzter Versuch, sich aus dieser Abfolge von Reduzierungen zu befreien. Doch damals war ich zu sehr damit beschäftigt, mich ins Zentrum ihrer Geschichte vorzuarbeiten, um wahrzunehmen, wie sie vielleicht aus einem weiteren Blickwinkel aussehen mochte.

Beim Fahren versuchte ich erneut, mir Anna und Armand während ihrer vorläufig letzten gemeinsamen Nacht vorzustellen, in der Wohnung von Ernas Cousine. Ich horchte angestrengt: Flüsterten sie einander Pläne zu? Ich kniff die Augen zusammen, ob ich nicht vor mir auf der Straße zwei junge, müde Menschen entdecken konnte, dünn und zitternd vor innerer Bewegtheit, unfähig zu ermessen, was sie gerade alles überlebt hatten. Ich wollte, dass sie einander an der Hand hielten. Ich wollte, dass Armand aufstand, in einer Tasche wühlte und Anna dann das Silbertellerchen mit dem Wort AUBETTE auf der Unterseite zusteckte, als Zeichen, als verschlüsseltes Versprechen.

Aber vielleicht hatte dieses Tellerchen auch eine völlig andere Bedeutung. Vielleicht war es eine Mahnung, ein mutiges Eingeständnis, dass sie nicht zueinander passten und sich besser trennten. Und natürlich war es, beim Hang meines Großvaters, durch Barschheit die Komplikationen eines Abschieds zu vermeiden, auch möglich, dass sie überhaupt nicht miteinander sprachen, als sie ihrer Wege gingen, und das AUBETTE-Tellerchen vergessen in einer Tasche schlummerte.

Am nächsten Tag ging ich wieder zur Arbeit in dem New-Age-Laden, teilte wildfremden Menschen mit, was sie von ihrem Leben zu erwarten hatten, und räumte Bücher über das Eintauchen in vergangene Inkarnationen ein – ohne mir damals der Ironie dieser Situation auch nur bewusst zu sein.

Bald darauf fuhr ich mit dem Auto nach New York, um meine Großmutter abzuholen und in ihr Haus in Asheville zu bringen, in dem sie sich nun, da sie nicht mehr flog, seltener aufhielt.

Von Pearl River bis zur Nordspitze Virginias suchte ich nach einem Ansatzpunkt für die Fragen, die ich stellen wollte. Beim Mittagessen in einem Cracker Barrel ließ sie sich bei dem Paar vor uns in der Schlange über amerikanisches Konsumdenken und Bushs Imperialismus aus. Sie amüsierte sich so gut, dass ich sie nicht unterbrechen wollte. Als wir schließlich saßen, knabberten wir unser Maisbrot und tuschelten über die Gäste an den anderen Tischen. Sie beschrieb mir, wie sie damals in ihren Flüchtlingslagern allen Kindern über sechs Monate beigebracht hatte, auf den Topf zu gehen, um die wenigen kostbaren Windeln zu sparen, die sie für die Säuglinge hatten. *Lass es gut sein*, dachte ich. *Sie soll sich an das erinnern dürfen, wonach ihr zumute ist. Das reicht.* Aber nicht umsonst hatte Oma den Ruf, eine Hexe zu sein. Sobald wir wieder im Auto saßen, fragte sie mich nach meinem Buch.

»Ich schreibe *eine* Geschichte, aber ist es überhaupt eure? Ich weiß es nicht. Ich habe so viel Unzusammenhängendes über euch erfahren – es ist schwer, eine Erzählung daraus zu machen.«

»Wovon redest du? Du hast all meine Unterlagen. Wie ich immer schon sagte, wenn ich nicht mehr da bin, kannst du sie einfach veröffentlichen und sehr reich werden, wie die anderen.«

»Die müssten aber erst mal ein bisschen bearbeitet werden«, sagte ich leichthin, als ich an das Durcheinander von Texten dachte, die sie mir geschickt hatte, und an die Stunden, die ich damit verbracht hatte zu entschlüsseln, was passiert war.

»Sicher, sicher.« Ihre Stimme klang nicht unbedingt wehmütig, und sie klang nicht unbedingt bitter. Es musste wirklich sehr eigenartig sein, dachte ich, andere Ruhm und mutmaßlichen Reichtum erlangen zu sehen, einfach nur weil es ihnen gelungen war, ihre Erinnerungen auf eine überzeugende Art zu schildern. Zeugnis abzulegen muss die schlimmste Form von Berühmtheit sein, die es gibt. Oma hatte natürlich keine Zeit an solche Gedanken zu verschwenden. »Sprichst du nicht mit deinem Großvater?«, fragte sie nach.

»Doch, schon, aber eure Geschichten sind nie gleich.«

»Zum Beispiel? Was hat er dir erzählt?«

Ich versuchte, mich an meinen Fragenkatalog zu erinnern. »Also zum Beispiel, weißt du noch, dass du deine Armbanduhr verloren hast, als du in den Pyrenäen Wein gepflückt hast?«

»Was?«

Ich wiederholte die Geschichte, die mein Großvater mir einmal erzählt hatte, von einem Tag im September, als die Sonne schon tief stand und der Vorarbeiter sie alle aus dem Weinberg rief, in dem er und Anna gearbeitet hatten. Einer nach dem anderen kamen die Pflücker ans Ende ihrer Reihe, liefen zum Lastwagen zurück, kippten sachte ihre Trauben hinein und warteten dann auf den täglichen Liter Wein, der zu ihrem Lohn gehörte. Müde unterhielten sie sich, verglichen die abgeernteten Reihen, wunden Schultern, Sonnenbräune. Plötzlich sah Anna Armand bestürzt an. »Meine Uhr!«, rief sie.

»Was ist denn?«

»Meine Uhr. Meine Uhr ist weg. Die Uhr, die mein Vater mir geschenkt hat.« Diese Armbanduhr hatte Anna von Josef zum Abitur bekommen. (Er war nicht bei der Abschlussfeier erschienen, und sie glaubte, er hätte sie völlig vergessen. Wie sich herausstellte, hatte er sich verspätet, weil er jemandem in Not geholfen hatte. Damals sagte er ihr, die Uhr solle sie daran erinnern, dass er immer an sie denke, aber sie solle wiederum andere nicht vergessen, die weniger Glück hätten als sie.)

Stumm standen die Pflücker da. Das war kein guter Zeitpunkt, etwas zu verlieren. »Wo hast du sie denn verloren?«, fragte einer.

Was für eine blöde Frage, dachte Armand. *Wenn sie es wüsste, wäre die Uhr ja nicht verloren.*

Anna schien es nicht zu bemerken. »Weiß ich nicht, heute Morgen hatte ich sie noch an. In der Pause auch, weil ich noch nachgesehen habe, wann wir zurückmüssen.«

Ein anderer sagte: »Viel Glück dabei, die zu finden. Wie viele Reihen hast du heute abgeerntet?«

Anna schüttelte den Kopf. Eine Träne kullerte aus ihrem Augenwinkel. Noch eine. Immer noch schüttelte sie den Kopf. Wieder eine Träne. Sie biss sich auf die Lippe. Mehr und mehr flossen, Tränen über Tränen ließen die endlosen, immergleichen Reihen von Rebstöcken verschwimmen. Sie konnte nicht aufhören. Armand hatte sie noch fast nie weinen sehen.

»Ich finde sie.« Er berührte sie am Arm. »Wart's nur ab.« Er lief los, den Blick auf die helle Erde, den Staub und die Steine und die grauen Stämme der Reben gerichtet. Er blieb stehen. Er presste sich die Hände an die Schläfen. Angestrengt rief er sich die Reihen ins Gedächtnis, die sie an diesem Tag langsam abgegangen waren, sein ganzer Körper verspannte sich bei der Bemühung, ihren Weg bildlich vor sich zu sehen. Er musste die Uhr finden. Mit zusammengekniffenen Augen ging er weiter, suchte den Boden um die knorrigen Wurzeln der Weinstöcke herum ab. Das knirschende Zirpen der Zikaden schien ihn von seiner Umgebung abzuschotten und auf seinen Blick zu beschränken. Anfangs wählte er die Reihen zufällig aus, dann immer zielstrebiger. Nach wenigen Minuten sah er die Uhr auf dem Boden glitzern. Er bückte sich danach und spürte eine Leichtigkeit, ein Gefühl von Freiheit wie damals, als er zum ersten Mal das Meer gesehen hatte. So froh war er. Er richtete sich auf, straffte die Schultern und lief zurück zu Anna, die immer noch klein und niedergeschlagen am Laster stand. »Hier.« Er hielt ihr die Uhr schüchtern entgegen. »Ich hab sie gefunden.« Anna streckte den Arm aus, und er band sie ihr wieder um das linke Handgelenk.

In meiner Fantasie machte Anna einen Schritt nach vorn, die beiden umarmten sich, und sie vergrub den Kopf an seiner Schulter. Ihrer beider Füße standen fest auf dem Boden, der Duft des trockenen Windes umwehte sie, und sie genossen den Trost verschränkter Arme, langer Vertrautheit, blinder Liebe. Aber den Teil erzählte ich meiner Großmutter nicht.

Beim Reden rechnete ich die ganze Zeit damit, dass Oma dazwischenführe und mich verbesserte oder mich zumindest unterbräche und das Thema wechselte. Aber sie schwieg.

Ich wartete. Es war still im Wagen, so still, dass ich mich kurz fragte, ob sie gar nicht mehr zuhörte und eingeschlafen war.

»Das hat er dir erzählt?«, fragte sie schließlich.

»Ja.«

Verstohlen betrachtete ich sie von der Seite. Und wirklich sah ich den traurigen, überraschten Ausdruck auf ihrem Gesicht, den sie immer bekam, wenn wir über meinen Großvater sprachen. »Daran kann ich mich überhaupt nicht erinnern.«

»Nein?«

»Überhaupt nicht, nein.«

Wieder wurde es ganz still im Auto. Hastig überlegte ich, was und wie ich sie nach ihrer Trennung nach dem Überqueren der Schweizer Grenze fragen konnte, ihre anschließende Heirat.

»Es ist eine romantische Geschichte«, meinte ich zaghaft. »Kommt einem überraschend vor, wenn man weiß, was später passiert…«

Jetzt unterbrach Oma mich wirklich. »Romantisch?«

»Klar – du verlierst deine Uhr, du bist todtraurig, er findet sie wider Erwarten für dich. Durch reine Willenskraft. Aus Liebe zu dir.«

»Ach … nein …« Sie seufzte. »Er hat mich nie wirklich geliebt.«

»Warum sagst du das?«

»Tja, du kennst ja den Spruch.«

»Den Spruch?«

»Das Gegenteil von Liebe ist nicht Hass …«

»Ah ja.« Jetzt war ich an der Reihe zu unterbrechen. Ich beendete den Satz für sie. »Das Gegenteil von Liebe ist Gleichgültigkeit.« Den mochte Oma gern. Sie sagte ihn oft zu mir.

»Genau.« Oma fuhr fort. »Das Gegenteil von Liebe ist nicht Hass, sondern Gleichgültigkeit.«

»Also? Was bedeutet das?«

»Also, ich bin gleichgültig. Ich habe ihn mal geliebt, jetzt nicht.« Sie hielt die Hände hoch, wog den Anfangs- und Endpunkt der Geschichte gegeneinander ab. Sie kamen ins Gleichgewicht. »Aber er hasst mich. Er hasst mich.«

Ich wusste nicht, was ich darauf sagen sollte. Es stimmte natürlich, und es hatte viel dazu beigetragen, die geistige Gesundheit meiner Familie zu ruinieren, aber dennoch schien es zu schrecklich, um es so unverblümt auszusprechen.

Oma allerdings wartete nicht darauf, dass ich etwas sagte. »Es ist Logik, schlichte Logik. Man kann daraus nur folgern, dass er mich nie geliebt hat.«

»Nein, Oma!«, rief ich. »Das ist ein Trugschluss. Wenn A das Gegenteil von B ist, sagt das noch nichts über C aus.«

»Du klingst wie deine Mutter in einem ihrer Kurse. Sei vernünftig.«

»Ich meine, logisch betrachtet kannst du nicht folgern, dass er dich nicht geliebt hat.«

»Warum nicht?«

»Na ja, wenn wir von dem ausgehen, was du über das Gegenteil von Liebe gesagt hast, dann kann man, falls er dich hasst, durch Logik im Grunde nur daraus folgern, dass er *nicht* das Gegenteil von Liebe für dich empfindet. Ich meine, ich bin mir nicht ganz sicher, ob das in eine logische Formel passt …«

»Also?«, fuhr Oma mir ins Wort.

»Hör mal, ich sage nur: Dass er dich jetzt hasst, bedeutet nicht, dass er dich nie geliebt hat. Es bedeutet, dass er nie das Gegenteil von Liebe für dich empfunden hat. Vielleicht heißt es, dass er eigentlich nie *aufgehört* hat, dich zu lieben.«

»Glaubst du?«

»Ja.« Ich hatte es gesagt, um sie zu trösten, aber als ich es nun durchdachte, stellte ich fest, dass es stimmen musste.

»Hmpf«, lautete die unbestimmte Entgegnung meiner Großmutter. Sie wandte sich von mir ab, um durch das Fenster die Berge zu betrachten. Dann drehte sie sich zurück. »Na, es ist gut, dass du da bist und dich um ihn kümmern kannst. Sprich nicht mehr mit mir. Ich schlafe jetzt.«

Während ihres restlichen Aufenthalts in Asheville sprachen meine Großmutter und ich nicht noch einmal über meinen Großvater. »Du kannst das ja in einem Brief schreiben«, sagte sie, wenn ich sie etwas fragen wollte. »Ich kann nicht – es macht mich zu müde. Wenn ich daran denke, dass ich früher glaubte, blind sein wäre schlimmer als taub …«, sagte sie noch, das Einzige, was ich je an Klage über ihren eigenen Zustand von ihr hörte. Zwischen meinen Schichten im Buchladen saßen wir in ihrem Wohnzimmer mit dem geblümten Fransentischtuch und der russischen Flagge in der getöpferten Vase und spielten Rummikub, »das Spiel«, wie sie es nannte, da sie außer Patiencen kein anderes kannte. Ich spielte so langsam ich konnte, wie um dadurch Zeit zu schinden. »Du sollst mich nicht schonen«, protestierte sie immer, wenn sie bemerkte, dass ich sie vielleicht gewinnen ließ. Also riss ich mich zusammen und schlug sie jedes Mal und beanstandete, um der guten alten Zeiten willen, sämtliche Regeln und Ausnahmen, die sie in ihr Spiel eingearbeitet hatte. »Hast du noch Zeit für eins?«, fragte sie nach jeder Partie und fegte die Steine in die alte Plastikdose, in der sie sie aufbewahrte. Und ich schüttelte nur bewundernd den Kopf über die Begeisterung und den Feuereifer, mit denen meine Großmutter an alles heranging, selbst an ein Spiel, das sie eine Million Mal gespielt hatte, und dann fingen wir eine neue Partie an.

Ein Mal legte sie mir die Karten und ein Mal ich ihr. Ich weiß nicht mehr, was wir zueinander sagten, außer, dass wir uns in einem einig waren: Menschen lassen sich nur aus einem einzigen Grund die Zukunft vorhersagen – sie wollen gesagt bekommen, dass alles gut wird.

»Und natürlich kann man das machen, oder natürlich kann man das nicht. Es hängt alles davon ab, wie man es sieht. Nimm deinen Großvater. Bei ihm war nie etwas gut.«

Ich nickte. »Und du …«

»Wie ich immer sage, alles hat sein Gutes. Dankbarkeit ist die wichtigste menschliche Empfindung.«

Sie legte die Karten zurück auf den Stapel und stieß ihr Vogelgeräusch aus, bei dem ich an Angenehmes und Säuerliches und Salziges denken musste, wie Cracker oder eingelegte Rote Beete. Und dann sah sie mich an, genau wie sie es schon ein oder zwei Mal in meinem Leben getan hatte, und sagte: »Du bist wie ich, Mirandali. Du wirst *ieberrleeben.*«

Nun begriff ich, dass es ein Befehl war, keine Prophezeiung. Und ich betrachtete ihr unbezähmbares Lächeln, die pechschwarzen Strähnen in ihrem Silberhaar und die goldenen Türkisohrringe, die in ihren Ohren bebten, und wünschte mir ein ganzes weiteres Leben mit ihr, um herauszufinden, was genau *ieberrleeben* mit sich brachte. Doch so viele Jahre blieben mir nicht mehr, das wusste ich.

Aber trotz allem, Oma hatte die Saat meines *Ieberleebens* vor langer Zeit gepflanzt. Schneller als erwartet und trotz des mürrischen Mannes vom Konsulat bekam ich eine Stelle als Englisch-Aushilfslehrerin in Le Teil, die mit einem Arbeitsvisum von September bis April verbunden war. Bis September waren es sechs Monate, genau die Dauer des Touristenvisums, das ich nach meinen drei Monaten in den Staaten beantragen durfte. Ich kündigte im Buchladen und kaufte mir ein Ticket nach Frankreich. »Gut«, erklärte Oma, als es Zeit wurde, sich zu verabschieden. »Gut für dich. Komm nicht zurück«, ermahnte sie mich und wehrte meinen Umarmungsversuch ab.

Julien kam in seinen gipsverspritzten Sachen direkt von der Arbeit zum Bahnhof, um mich abzuholen. Am Tag vorher hatte er sich mit dem Hammer auf die Lippe gehauen. Ich war seit dreißig Stunden unterwegs und trug einen zu großen, geerbten Mantel, in dem ich aussah wie ein obdachloser Hochlandschafhirte. Ich brauchte dringend eine Dusche und vermutlich auch einen Haarschnitt. Hätte man uns an jenem Vormittag Anfang März 2005 von Weitem, oder auch von Nahem, gesehen, hätten wir ganz bestimmt kein besonders romantisches Bild abgegeben. Aber in meiner Erinnerung war unser Wiedersehen ein erhebender, von Geigen begleiteter Moment im typisch gelbgrauen Licht des Winterhimmels in der Dauphiné. Wir umarmten uns inmitten der lärmenden Züge und der hallenden Schritte anderer Reisender, und genau wie damals im Sommer im Freibad und im Herbst in

Juliens holzverkleidetem Haus spürte ich die volle Kraft und Bedeutung meines eigenen, für mich selbst und nicht für die Vergangenheit oder meine Großeltern gelebten Lebens. Unsere Hände und Gesichter waren die einzigen Stellen, die in der kalten Luft nicht bekleidet waren. Wir legten sie beinahe schüchtern aneinander. Dann gingen wir Arm in Arm hinaus zum Parkplatz, stiegen ins Auto und fuhren nach Alba, fuhren nach Hause.

Kapitel 16

Obwohl ich immer noch davon überzeugt war, dass dieses weitere Jahr in Frankreich nur eine kurze Auszeit von meinem echten Leben darstellte, hatte ich ein Sofakissen, ein paar Kaffeebecher, einen Challa-Teller und eine handgenähte Steppdecke im Gepäck, die Dinge, die ich aufbewahrte, seit meine Besessenheit von Häusern sich vom Basteln kleiner Dioramen zum Sammeln konkreter Gegenstände weiterentwickelt hatte. Juliens Willkommensgeschenk an mich wirkte noch weniger provisorisch: Er überraschte mich mit einem antiken Schreibtisch, den ein Freund von ihm restauriert hatte. Ein Außenstehender, oder vielleicht meine Großmutter, hätte gedacht, dass wir die Bedeutung dieser Gesten zumindest ahnten, aber einer der Gründe, warum unsere Beziehung so gut funktionierte, war, dass wir beide an die Unbeständigkeit aller Dinge glaubten.

Ein paar Monate lang ging ich also weiterhin davon aus, dass ich mir eine Art Schönwetterpause gönnte und dabei ein Märchen – so unglückselig es auch sein mochte – in einer Märchenumgebung schrieb. Drei oder vier Tage die Woche kellnerte ich im Restaurant meiner Freundin Françoise in La Roche und servierte fröhlichen Touristen und freundlichen Stammgästen *Bœuf aux mille épices* und *Lavendel-Crème-caramel.* Julien und ich wachten zusammen auf, frühstückten Kaffee und Croissants, und wenn er zur Arbeit ging, setzte ich mich hin und schrieb, bis es Zeit war, ins Restaurant zu gehen. Von Zeit zu Zeit besuchte ich meinen Großvater, dessen Zustand zu meiner großen Erleichterung einigermaßen stabil zu sein schien.

Armand in einem Internierungslager im schweizerischen Wald, März 1943

Anna 1942, ein Foto, das höchstwahrscheinlich von der Schweizer Grenzpolizei aufgenommen wurde

Während meines Aufenthalts hatte meine Mutter mir das AUBETTE-Tellerchen geschenkt, als winziges Beweisstückchen, dass es die Liebe meiner Großeltern irgendwann tatsächlich gegeben hatte. Warum sonst hätten sie es so lange aufheben sollen? Ich betrachtete es ausgiebig, fasste es aber nur selten an, als könnte ich die letzten Überreste ihrer Vergangenheit abreiben. Es roch wie meine Großmutter, aber umgekehrt, hauptsächlich Metall und nur ein Hauch von Rosen. Hartnäckig redete ich mir ein, es wäre ein Symbol all dessen, was sie nicht zueinander oder zu mir sagen konnten.

Ich nahm mir noch einmal ihre Flüchtlingsakten vor, die ich im Vorjahr weitgehend vernachlässigt hatte, und versuchte, die Monate im Anschluss an ihre Trennung in der Schweiz nachzuzeichnen, auf der Suche nach Hinweisen auf das, was darauf folgte.

Jede der Akten enthielt ein schlecht fotokopiertes Bild von

ihnen, auf dem sie schattenhaft und verloren wirkten. So logisch es auch war, diese Fotos dort zu finden, erschreckten und bewegten sie mich doch auch, wie es jedem erginge, wenn er auf Spuren geliebter Menschen stieß, die als anonyme Wesen von Wildfremden archiviert wurden. Hauptsächlich fand ich unbrauchbare Häppchen, halb persönliche Details, zum Beispiel, wie viel Seife meine Großeltern pro Monat zugestanden bekamen oder dass ihre Essensrationen keine Schokolade enthielten. In den Hunderten von Seiten, die ihren Aufenthalt in der Schweiz dokumentierten, schienen Anna und Armand nie zur selben Zeit am selben Ort gewesen zu sein. Kurz zog ich noch einmal in Betracht, was ich als Zwölfjährige gedacht hatte, nämlich dass sie einander nie begegnet waren.

Der Großteil der Unterlagen bestand aus Einträgen über Aufnahmen und Entlassungen mit Daten und harmlos klingenden Namen – Victoria, Bristol, Régina – der leeren Hotels, die für die Dauer des Krieges in Flüchtlingsunterkünfte umgewandelt worden waren. Jede Liste, auf der meine Großeltern auftauchten, war in der Akte enthalten. Mit dem Ergebnis, dass es seitenweise nichts als Namen gab: Namen derer, die von einem Lager in ein anderes geschickt werden sollten, Namen derer, die einen Tag Ausgang bekamen, Namen derer, die zum Schulbesuch freigestellt wurden, zur Feldarbeit, zur Teilnahme an Kursen und Konferenzen. Ich stellte mir die Galaxie von Erinnerungen vor, die jeden Namen begleiteten, und ich hoffte, dass zu jedem von ihnen jemand wie ich gehörte, der gegen das Vergessen ankämpfte, der eine Geschichte zusammenzustricken versuchte, bevor es zu spät war. Allmählich wurde mir schwindlig vom Erinnern.

In Genf horchte ich meinen Großvater über das Leben in den Flüchtlingslagern aus.

»Was gibt es da zu sagen? Mein Fall war wohl kaum interessant.«

Als ich nachhakte, gab er zu: »Es war ein Gefängnis. Es gab harte Arbeit. Fast Sklavenarbeit. Den ganzen Tag auf dem Feld …« Er schüttelte den Kopf.

»Aber du warst nicht sehr lange dort, oder? Gab es nicht ein Programm, das dir half, dich weiterzubilden?«

»Natürlich, ja, es gab auch gute Menschen«, räumte Opa ein. »Ich erinnere mich an eine Frau, eine Sozialarbeiterin in einem meiner Lager. Sie sagte mir, wenn ich darum bäte, in die Kirche gehen zu dürfen, müssten sie mich rauslassen.«

»Und, hast du?«

»Ich werde nie die Predigt vergessen, die der Priester hielt.«

»Du warst wirklich in der Kirche? Warum bist du nicht …« Ich wollte fragen, warum er seine freie Zeit nicht woanders verbracht hatte, aber Opa unterbrach mich.

»Natürlich, was sollte ich denn sonst tun? Wir waren Gefangene. Wir wurden überwacht.« Er sah sich um, als wäre das immer noch so. »Aber der Priester, er hatte weiße Haare und sehr große blaue Augen, und er beugte sich über die Kanzel und redete der Gemeinde mit erhobenem Zeigefinger ins Gewissen: ›Wenn ihr euch einbildet, ihr wäret mehr wert als die anderen, weil der Krieg euch verschont hat, dann *irrt ihr euch.*‹«

Mein Großvater verstummte. Ich sah, dass er weinte, und griff über den Tisch nach seiner Hand, etwas, das ich mich nie getraut hätte, bevor sein nachlassendes Gedächtnis ihn weicher gemacht hatte.

»Durftest du jemals für etwas anderes raus?«, fragte ich weiter, als er sein Taschentuch wegsteckte.

»Wofür denn? Man konnte nicht einfach so gehen, weißt du.«

»Hast du jemandem geschrieben? Hattest du Kontakt zu jemandem?«

Er schüttelte den Kopf. »Ich kannte niemanden in der Schweiz. Abgesehen von ein paar sehr entfernten Cousins in Zürich, aber sie hatten nie Kontakt zu uns gehabt, also sah ich davon ab, sie zu besuchen.«

Ich für meinen Teil sah davon ab, weiter vorsichtig zu sein, und wagte den Sprung ins kalte Wasser. »Hast du jemals meine Großmutter getroffen? Hast du ihr geschrieben?«

Sofort verdunkelte sich seine Miene. »Wie denn?«, fragte er aufgebracht. »Woher sollte ich denn Papier oder Stift bekommen?« Er stand auf, und ich dachte kurz, er würde aus dem Zimmer stürmen. »Über all das wurde doch schon geschrieben. Ich habe diese Fragen bereits beantwortet. Warte mal eben.« Er ging ins Wohnzimmer und kehrte mit einem Stapel Bücher über Schweizer Flüchtlingspolitik, Schweizer Wirtschaftspolitik während des Krieges und Schweizer Kollaboration zurück.

»Steht da auch was über dich drin?«

Wortlos deutete Opa auf eines der Bücher, und ich schlug es auf einer Seite auf, die er markiert hatte:

> In Arisdorf herrschte Korruption im Lager: Die Flüchtlinge bemerkten, dass die Milch entrahmt wurde und nur sehr wenig Fleisch bei ihnen ankam. M. Ja. wurde von seinen Kameraden damit beauftragt, gegen diese unredlichen Akte zu protestieren.

»Monsieur Ja. bist du?«

Er nickte. Das war für mich der erste Hinweis darauf, dass

mein Großvater in den Flüchtlingslagern einen irgendwie gearteten Status innegehabt oder aktiv gehandelt hatte. Bis dahin hatte er nur unbestimmt und negativ von seinen Erfahrungen gesprochen. »Dann warst du also ein Aufrührer«, neckte ich lächelnd.

Er lächelte ebenfalls. »Ich weiß nicht recht, ob man das so sagen kann. Ich konnte Dinge nur besser in Worte fassen als die anderen Burschen.«

»Also hattest du Zugang zu Stift und Papier?«

Er zuckte die Achseln. »Ja, schon.«

»Und hast du an meine Großmutter geschrieben?«

Der gekränkte Gesichtsausdruck kehrte zurück. »Wie sollte das denn gehen? Woher hätte ich denn wissen sollen, wo sie war?«

Ich ließ es auf sich beruhen, wobei ich mich fragte, ob er mich abblitzen ließ, weil er nicht darüber reden wollte oder weil er sich in Wirklichkeit gar nicht erinnerte.

Meine Großmutter war so redselig über ihre Erfahrungen in den Flüchtlingslagern, wie mein Großvater wortkarg war. Sie hatte Seiten um Seiten über ihr Leben in dieser Zeit verfasst, Seiten, die ich früher beiseitegelegt hatte, weil mein Großvater darin keine Erwähnung fand. Als ich mich nun wieder diesen Texten zuwandte, musste ich mir eingestehen, dass ich sie auch deshalb übergangen hatte, weil sie eine Zeit beschrieben, die ich als »nachher« betrachtet hatte, als sie bereits »in Sicherheit« war. Ich schämte mich, wie konditioniert ich von der ganzen Holocaust-Literatur war, die ich gelesen hatte, und stellte leicht entsetzt fest, dass ich unbewusst diese Phase ihres Lebens zugunsten der spektakuläreren und bedrohlicheren Momente vernachlässigt hatte, in denen sie der Vernichtung am nächsten gewesen war, Geschehnisse, an die zu erinnern sie sich kaum überwinden konnte. Trotz allem, was sie nun behaupteten, hätten meine Großeltern durchaus über Rias Familie Kontakt halten können, die bestimmt ihre Briefe weitergeleitet hätte. Als ich die lebhaften Aufsätze meiner Großmutter las, fragte ich mich, ob sie meinem Großvater ähnliche Berichte geschickt hatte und ob er wohl eifersüchtig auf ihren Status als Lagerärztin gewesen war oder auf ihre Lager, die alles in allem komfortabler gewesen waren als seine.

Zum ersten Mal war sie in einem Lager in Weesen als Ärztin eingesetzt worden, wo sie sich um sechsundneunzig Kinder und sechsundachtzig Frauen kümmerte, unter der Leitung eines autoritären Nazi-Sympathisanten, der seine Schutzbefohlenen zu »Gesundheitsmärschen« über das eiskalte Lagergelände zwang. Sie war nachts angekommen, nach einer Zugfahrt in Begleitung eines jungen Soldaten, der ihr Schokolade schenkte – die erste seit Jahren – und vielleicht ihren Erinnerungen an ihre Zeit als Medizinstudentin lauschte, als sie denselben Zug genommen hatte. »*Als wir damals an diesen See kamen*«, schrieb sie mir,

> *verliefen die Gleise so dicht am Ufer, dass man das Wasser plätschern hören konnte … die Hügel und Berge am gegenüberliegenden Ufer waren deutlich sichtbar. Der See sah geheimnisvoll aus … überhängende Berge warfen seltsame Schatten, die das Wasser schwarz machten … mit dem Spiel der Sonne schuf es zahllose Nuancen schillernder Farbtöne … In meinem Tagtraum stieg ich eines Tages aus, um seine Geheimnisse zu erforschen … [Mein] Traum sollte sich erfüllen, aber nicht unter den Umständen meiner Wahl. Ich sollte einmal an seinem Ufer leben, aber kaum in der Lage sein, die Schönheit zu genießen.*

Bei ihrer Ankunft wurde meine Großmutter durch die kalten, verdunkelten Straßen zu einem wenig einladenden Hotel gebracht, das von der Schweizer Armee in eine Flüchtlingsunterkunft umgewandelt worden war. Sie folgte ihrem Begleiter durch eine Lobby voller Frauen, die in einem Mischmasch aus Deutsch, Französisch und Jiddisch miteinander plauderten. Ihre Unterhaltung erstarb, als meine Großmutter vorbeilief, und wurde wieder aufgenommen, als sie die Treppe zu einer winzigen, ungeheizten Dachkammer hinaufstieg. Ihr neues Quartier, in dem früher einmal ein Hotelbediensteter untergebracht gewesen sein musste, enthielt ein schmales Bett, einen wackligen Schrank und einen Waschtisch. Selbst todmüde achtete Anna noch darauf, auf das Positive einzugehen: »*Meine Erleichterung und Dankbarkeit, ein Einzelzimmer zu haben, waren riesig.*« Als sie allein war, zog sie sich aus, legte sich hin und bemerkte dabei die extreme Kälte, die durch das zugige Fenster eindrang. Sie zitterte erbärmlich unter der Decke, und ihr wurde einfach nicht warm. Eine nackte Fünfzehnwattbirne, die von der Decke hing, verstärkte die düstere Stimmung nur noch.

Ihr Kampf gegen das Selbstmitleid wurde vom plötzlichen Auftauchen des Dorfarztes und des Lagerleiters unterbrochen. Mehrere Minuten lang lauschte sie angespannt, wie die beiden über ihre Zukunft debattierten. Dr. Gygax, der die Insassen bisher zusätzlich zu seinem normalen Patientenstamm betreut hatte, hatte um einen Kinderarzt zu seiner Entlastung gebeten. Nun erfuhr er, dass Anna Lungenspezialistin war. Da die Zentralverwaltung ganz selbstverständlich davon ausgegangen war, dass jeder weibliche Mediziner entweder Kinder- oder Frauenärztin sein musste, hatte sie sich gar nicht weiter erkundigt. Nun stritten die beiden Männer hin und her, bis Gygax auf die Idee kam, Anna zu fragen, ob sie bei Dr. Paul Rohmer gearbeitet hatte, einem berühmten Professor für Kinderheilkunde an der Uni Straßburg. »*Meine Antwort (ich hatte zwei statt nur eines [Praktikums] in seiner Klinik abgeleistet...) schien ihm zu gefallen.*« Dr. Gygax kündigte an, er werde ihr ein Lehrbuch für Pädiatrie leihen, damit sie sich das Nötige selbst anlesen könne. »*Er hielt Wort und kehrte noch am selben Abend mit dem Lehrbuch zurück. Fing ich mit dem Buch, für das ich zwei Tage brauchte, noch am selben Abend an und las die ganze Nacht durch[?].*« Ich hätte gern gewusst, ob sie Armand von diesem merkwürdigen Treffen geschrieben hatte und ob die Vorstellung, dass sie zwei Männer im Bett liegend empfangen hatte, ihn in eine rasende Eifersucht versetzt hatte, die ihn daran hinderte, sich in ihr einsames, kaltes Dilemma hineinzuversetzen.

Da das Hotel in Weesen nur ein Übergangslager war, leerte es sich nach und nach, weil die Frauen und Kinder in Heime oder andere Speziallager verlegt wurden. Nach einer Weile wurde Anna einem anderen Internierungsheim zugeteilt, diesmal mit Erna, die als Assistentin des Leiters arbeitete.

> *Das Lager wurde für schwangere Frauen vorbereitet, manche sehr kurz vor der Entbindung, Mütter mit Säuglingen und/oder Kleinkindern bis vier Jahre. [...] Nach der Ankunft der Flüchtlinge schlief ich nur unruhig, ein paar Stunden, in der Nacht. Da ich häufig von ängstlichen Müttern wegen ihres Kindes, das sie geweckt hatte, gerufen wurde oder von Frauen mit falschen oder Vorwehen, hatte ich lange Arbeitstage und erholte mich nachts nur unzureichend. Diejenigen, die von einem anderen Frauenarzt als mir untersucht werden sollten oder bereit zur Entbindung waren, mussten, von mir begleitet, ins Krankenhaus in Sierre gebracht werden.*

Ich wusste aus den Flüchtlingsakten, dass mein Großvater eine Zeit lang in Sierre interniert gewesen war, und ich erwog die Möglichkeit, dass die beiden einander dort getroffen hatten. Ich überprüfte die Daten; selbstverständlich deckten sie sich nicht.

Es schien, als hätte ihr Glück sich nach ihrer Trennung auseinanderentwickelt. Während mein Großvater auf einem schmutzigen Strohbett in einem provisorischen Schlafsaal in einer verlassenen Fabrik schlief, hatte meine Großmutter ein eigenes Zimmer im Zimmermädchentrakt eines leeren Hotels. Andererseits, hätte mein Großvater sich darauf konzentriert, wie schnell er aus den Lagern entlassen wurde, um weiterzustudieren, oder darauf, dass er oft von körperlicher Arbeit befreit wurde, um bei Bürotätigkeiten in der Lagerverwaltung zu helfen, oder darauf, dass ihm in seiner Stellung als Gruppenführer ein höheres Taschengeld zustand als den anderen Flüchtlingsarbeitern, und hätte meine Großmutter sich auf ihre eiternden Frostbeulen und erfrorenen Zehen konzentriert, auf ihre Überarbeitung und die unangenehme Rolle als Mittlerin zwischen den Insassen und der Lagerverwaltung, würde ich ihr Glück vielleicht genau umgekehrt bewerten. Wenn ihr Schicksal sich unterschied, dann wahrscheinlich, weil meine Großmutter ihre störrisch gute Laune mitgenommen hatte, als ihre Wege sich trennten.

»Das Glück blieb mir immer treu«, schrieb Oma, als sie sich an die kostbaren Minuten Schlaf erinnerte, die sie jedes Mal verlor, wenn eine werdende Mutter nachts Wehen bekam und sie mit dem Lagerleiter über ein Taxi zum örtlichen Krankenhaus verhandeln musste. Bis der Leiter endlich nachgab und das Taxi eintraf, *»fürchtete ich oft, das Ereignis würde im Auto stattfinden. Der Fahrer, wenn er die Wehenschreie hörte, wurde nervös und musste beschwichtigt wer-*

den.« Anna saß unterdessen auf dem Rücksitz, ermahnte den Chauffeur, die Augen auf der Straße zu halten, und ließ das Taxi dann warten, während sie die Patientin im Krankenhaus anmeldete. Hinterher eilte sie zurück ins Lager, um den Ernährungsplan jedes Babys zu aktualisieren, damit die Milchküche die richtige Säuglingsnahrung für den nächsten Tag vorbereiten konnte. Jedes Baby bekam eine eigene, sorgsam ausgearbeitete Mischung aus Gerste, Hafer, Mais, Reis und Weizen, deren genaue Zusammensetzung meine Großmutter im Laufe der Zeit anpasste. Ihr Personal erhielt nur zwei Dosen Nestlé-Kondensmilch pro Monat, was kaum ausreichte, um auch nur die Nahrung der schwächsten Kinder zu ergänzen, und was erklärt, warum meine Großmutter sich seitdem strikt weigerte, irgendetwas mit dem Markennamen »Nestlé« zu kaufen. Um die Mütter zu beruhigen und selbst ein bisschen Frieden zu haben, heftete sie auch die Wachstumstabellen ihrer kleinen Schützlinge an ihre Praxistür, eine weitere Aufgabe, die sie in ihren ohnehin kurzen Nächten erledigen musste.

Ganz gleich, wie sie sich mit ihren Kindern abplagte, die Mütter zogen jede Entscheidung Annas in Zweifel: *»Mein dünnes Ich, weit unter hundert Pfund wegen des Hungerns in Frankreich und der Unmöglichkeit, mit dem Lageressen an Gewicht zuzunehmen, ließ mich viel jünger aussehen und forderte Mütter dazu heraus, auf mein Unverheiratetsein und das Fehlen eigener Kinder hinzuweisen.«* Ihre Reaktion auf diese Einwände rief mir eine Warnung ins Gedächtnis, die ich während meiner Teenagerjahre mehr als einmal zu hören bekommen hatte: *»Was muss man schon tun, um ein Baby zu kriegen? Zweimal in neun Monaten die Beine breit machen, sonst nichts. Aber ein Kind großzuziehen, das erfordert Erfahrung und Wissen.«* In ihrem Aufsatz schrieb sie dementsprechend abschließend: »*Ich riet ihnen, dass sie, nachdem sie Ersteres getan hatten, es mir überlassen sollten, ihnen bei Letzterem zu helfen.*«

Wie immer verzückte mich der Heroismus meiner Großmutter, sosehr sie es auch hasste, wenn ich dieses Wort verwendete: »*Der Wunsch der Jungen, Helden aus Individuen zu machen, die bestimmte Ereignisse erlebt haben – ob zufällig oder durch die Umstände auferlegt –, kann durch die Zuneigung erklärt werden, die sie zu ihnen hegen.*« Aber wie sonst sollte ich beschreiben, dass sie ihren Schlaf opferte, damit junge Mütter weniger Angst um ihre Neugeborenen haben mussten, dass sie sich für ihre Mitinsassinnen einsetzte, als sie aus Protest gegen die unzureichenden Rationen in den Hungerstreik traten, dass sie einem Baby das Leben rettete, indem sie ein Intubationsgerät aus einem Glasröhrchen und einem Petroleumkocher bastelte, oder dass sie einen Scharlachausbruch in einem schlecht ausgerüsteten Lager verhinderte, indem sie ein Heilmittel abwandelte, an das sie sich aus einem Buch über mittelalterliche Medizin erinnerte?

Gerade mein Bedürfnis, in die Haut meiner Großmutter zu schlüpfen, mich in ihr jüngeres Ich zu versetzen und mir vorzustellen, wann sie vielleicht Zeit gehabt hatte, an meinen Großvater zu denken, sich mit ihm in Verbindung zu setzen, zu ihm zurückzukehren, half mir nun allerdings, ihre Einwände gegen das Wort Heldin zu verstehen. Der Krieg hatte sie nicht schlagartig in einen besonderen Daseinszustand versetzt; er hatte nicht ihr Alltags-Ich verbannt. Ihr Kopfweh war Kopfweh, ihre Erschöpfung Erschöpfung. Die Kälte, die sie während des Krieges spürte, war nicht kälter – oder weniger kalt – als die, die sie zu irgendeiner anderen Zeit ihres Lebens spürte. Die Schönheit der Berge um sie herum wurde von ihren damaligen Umständen weder verstärkt noch verringert. Zumindest wollte sie, dass es so war. Die Geschichte hatte sie des Rechts beraubt, normal zu sein, und gegen diese Ungerechtigkeit erhob sie Einspruch.

Vielleicht konnten die beiden einander deshalb nicht loslassen: Jeder bewahrte in sich die Erinnerung an den anderen, bevor der Krieg ihn in einer Weise außergewöhnlich gemacht hatte, die nicht selbst gewählt war.

Obwohl ich allmählich die Hoffnung verlor, jemals auf etwas zu stoßen, was das Geheimnis ihrer Liebe und Entfremdung lüften konnte, durchforstete ich weiterhin die Flüchtlingsakten nach einem Hinweis darauf, dass die Wege meiner Großeltern sich wenigstens gekreuzt hatten. Wegen meiner holprigen Deutschkenntnisse war ich mir zwar nicht ganz sicher, aber soweit ich das sah, gab es während ihrer Zeit in der Schweiz nur einen schriftlich belegten Aufenthalt meiner Großeltern am selben Ort. Im Mai 1944 hatte der Polizeichef von Bern an das Amt für Zivilinternierte in Genf geschrieben:

Sehr geehrte Herren,
hiermit bestätigen wir unser Telefonat vom heutigen Tag und bitten Sie um Erteilung der Genehmigung für die folgenden Personen, am 27., 28. und 29. Mai 1944 nach »Mösli« bei Zürich zu fahren, um an einer Konferenz des Œuvre Suisse d'Entraide Ouvrière teilzunehmen:
Nr. 7808 Herr Armand Jacoubovitch, geboren 13. Juni 1915
c/o Berchtold, Cours de Rive 14
Nr. 7130, Fräulein Anna Münster, geboren 8. August 1913
c/o Berchtold, Cours de Rive 14

Das war doch etwas. Am 26. Mai 1944 wohnten meine Großeltern beide unter derselben Adresse. Mit meinem kümmerlichen Deutsch (und etwas Hilfe) durchstöberte ich die Briefe, die um dieses Datum herum geschrieben worden waren. Dieses Mal wurde meine Geduld belohnt:

23. Juli 1944

An die eidgenössische Polizeiabteilung Bern
Betrifft: Depot bei der Schweizer Volksbank.

Aus meiner Arbeit in Davos, Sanatorium »Sursum«, resultiert noch ein Betrag von Frs. 95,- auf meinem Depot bei der Schweizer Volksbank, welche Summe ich Sie bitte mir zur Gänze freizugeben. Ich begründe das vorliegende Anliegen wie folgt:

Am 12. Juli a.c. hatte ich mich in Genf verheiratet. Die Bewilligung hierzu kam so plötzlich, dass mir keine Zeit blieb, mich an Sie zu wenden und Sie zu bitten, mir zu diesem Anlasse das Geld freizugeben. Für die unbedingt notwendig gewordenen Anschaffungen wie Kleid, Schuhe und etwas Wäsche haben mir Freunde den nötigen Betrag zur Verfügung gestellt, den ich nunmehr zurückerstatten muss. Die Rechnungen über die gemachten Einkäufe können jederzeit eingesehen werden.

Ich bitte Sie demnach, mir in Berücksichtigung der vorerwähnten Umstände und unter Hinweis darauf, dass ich mich nun seit 20 Monaten in der Schweiz befinde, mit nichts als dem, was ich damals auf dem Leibe trug, seinerzeit über die Grenze kam und nunmehr weitere Anschaffungen an Wäsche, Strümpfe etc. erforderlich sind, mir den oben genannten Betrag auszuzahlen.

Ich danke Ihnen für Ihr Entgegenkommen und zeichne mit
vorzüglicher Hochachtung!
Dr. Anna Jacoubovitch-Münster

In ihren gesamten Flüchtlingsdossiers – Hunderte von Seiten – bildete dieser Brief die einzige Erwähnung der Eheschließung meiner Großeltern. Aber ob sie nun aus Liebe, Loyalität oder wegen des wunderschönen schwarzen Haars meiner Großmutter heirateten, wenigstens kannte ich jetzt das Datum: 12. Juli 1944.

Kapitel 17

Es war Januar 2006, fast ein Jahr war seit meiner Rückkehr nach Frankreich und der triumphalen Entdeckung dieses Hochzeitsdatums vergangen. Ich hatte eine ganze Saison im Petite Chaumière gekellnert und ein Semester an der Schule in Le Teil unterrichtet. Mein Lehrervertrag würde in wenigen Monaten auslaufen, und damit erlosch auch mein Visum wieder. Julien und ich saßen bei ihm in der Rue du Code in Alba im Bett. Wir hatten in diesem Jahr viel an seinem Haus gearbeitet, einen Arbeitsplatz für mich am oberen Treppenabsatz eingerichtet, Vorratsregale und eine Arbeitsfläche in der Küche eingebaut, mehrere Schränke gekauft, den Herd ersetzt und Rosen und Geranien neben die Forsythien, den Jelängerjelieber, den Flieder und Oleander gepflanzt. Für mich war das Haus wie ein gemütliches Heim aus einem Kinderbuch, hoch und schmal und mit Holz verkleidet, wie in einem hohlen Baum oder einer Illustration von Beatrix Potter, in der freundliche Igel oder redselige Feldmäuse wohnten. Der Gedanke daran, wieder wegfahren zu müssen, machte mich traurig. »Was für Optionen haben wir denn?«

»Tja, ich könnte zurück in die Staaten fahren und das Ganze von vorn anfangen – einen anderen Job suchen oder mich wieder als Lehrerin bewerben und noch mal drei Monate warten.«

»Oder?«

Ich sah auf meine Hände. »Na ja, wenn ich mich jetzt auf die Suche mache, gibt es immer noch die Möglichkeit, dass ich von hier aus einen Job finde, für den ich ein Visum bekomme.«

»Aber dann müsstest du trotzdem zurückfahren und von dort aus das Visum beantragen, oder?«

Ich nickte. »Ja, ich glaube schon.«

Grinsend piekte er mich. »Gibt es denn noch eine Option?«

Wider Willen musste ich ebenfalls grinsen. »Ja.«

»Nämlich?«

»Nämlich … wir könnten heiraten.«

»Könnten wir.«

»Könnten wir«, bestätigte ich. »Genau wie der Typ vom Konsulat gesagt hat.«

Im Jahr davor, Mitte April 2005, war ich nach der Bewilligung meines Arbeitsvisums in die Staaten geflogen, um es abzuholen und bei der Gelegenheit den einundsiebzigsten Geburtstag meines Stiefvaters am 23. Mai zu feiern. Mein Stiefvater war das, was die Franzosen *mon papa de cœur* nennen würden, mein »Vater des Herzens«. Ich nannte ihn »Abah«, was auf Hebräisch »Papa« heißt. In meiner späteren Kindheit war er der Präsenteste von meinen Eltern, derjenige, der mir Frühstück machte, mich zur Schule fuhr, dort abholte und abends aufblieb, um auf mich zu warten. Er war der Fels in meinem Leben, der Inbegriff von Stabilität. In der Woche, in der ich mein Ticket nach Asheville kaufte, konnte Abah auf einmal seinen linken Arm nicht mehr bewegen und unterzog sich einer Reihe von Tests bei einem Neurologen. Am 23. Mai wussten wir bereits, dass er einen tödlichen Gehirntumor hatte. Bei diesem Besuch sah ich ihn zum letzten Mal außerhalb des Bettes.

Ich fuhr für sechs Wochen nach Alba zurück. Während dieser Zeit arbeiteten Julien und ich so viel, dass wir einander kaum sahen. Ich kellnerte mittags und abends, und er hatte einen Auftrag, bei dem er schon vor sechs Uhr morgens anfangen musste. Wenn ich abends nach Hause kam, schlief er bereits, und er fuhr lange, bevor ich aufwachte, zur Arbeit.

Seit Kurzem gab es Internet in Alba, und eines Tages, in einer Pause zwischen zwei Schichten, kam ich auf die Idee, die Zentrale Datenbank der Namen von Holocaust-Opfern auf der Yad-Vashem-Website aufzurufen.

Ich gab den Familiennamen meines Großvaters ein, und mehr als eintausend Einträge erschienen. Dann tippte ich auch den Vornamen meiner Urgroßmutter ein, was die Ergebnisse auf 167 reduzierte. Mit einem wohlbekannten Frösteln durchsuchte ich die Liste, bis ich auf eine Frau aus Straßburg stieß. Als ich den Namen anklickte, sah ich ein dunkles Foto meiner Urgroßmutter auf einem vom ältesten Bruder meines Großvaters eingereichten Gedenkblatt. Ich folgte einem Link zu den anderen von ihm eingereichten Seiten. Da waren meine Urgroßeltern, die Schwägerin meines Großvaters, Rose, und ihr Sohn Paul. Rose war in Transport Nummer 8 am 20. Juli 1942 deportiert worden, im Alter von achtundzwanzig Jahren. Gitla und Leon waren mit Transport Nummer 45 abtransportiert worden, am 11. November 1942, ebendem Tag, an dem Anna von ihrem Besuch bei Rosie zurückgekehrt war und bei ihrer unfreiwilligen Retterin übernachtet hatte, dem Tag, an dem die Deutschen in die unbesetzte französische Zone einmarschiert waren.

Ich tippte »Transport Nummer 45, 11. November 1942, Auschwitz« in das Suchfeld, was mich zu Serge und Beate Klarsfelds »Chronologischer Liste von Deportationszügen« führte. Transport 45 fuhr mit 745 Menschen, 634 Erwachsenen und 111 Kindern, von Drancy nach Auschwitz. 549 wurden sofort bei der Ankunft vergast, und zwei lebten noch, als das Lager 1945 befreit wurde. Ich lehnte mich vom Computerbildschirm zurück, als könnten die Zahlen nach mir greifen und mich in einen der Albträume ziehen, die ich so fürchtete.

Wenn dies ein Märchen war, dann war ich Rotkäppchen und lief in den dunklen Wald, an dessen Rand ich aufgewachsen war, dessen Schatten die Geschichten meiner Großmutter überlagert und das Licht der Schabbatkerzen auf dem Tisch meines Großvaters umringt hatten. Vielleicht waren das merkwürdige Schweigen und die komplizierte Geschichte meiner Großeltern nur ein Versuch, mich davon abzuhalten, diesen Weg zu gehen, direkt ins Maul des Wolfs. Ich schämte mich für meine Illusionen über Liebe und verfallene Häuser. Tabellen, Zeilen, Nummern; Transport 45, 11. November 1942: Das war die Last, die ich tragen sollte.

Abahs Tumorsymptome verschlimmerten sich, und Julien und ich nahmen uns frei, um nach Asheville zu fahren und meiner Familie bei seiner Pflege zu helfen. Am Sonntag vor unserer geplanten Abreise starb Juliens Großmutter mütterlicherseits. Wir buchten für den nächsten Tag einen Zug nach Paris, um auf die Beerdigung gehen zu können, wo ich die meisten von Juliens Verwandten zum ersten Mal traf. Wir betrauerten seine Großmutter und stiegen dann ins Flugzeug nach Asheville, wo wir den restlichen Sommer mit Abah verbrachten, während der Tumor ihn nach und nach zerstörte. Er starb am 21. August 2005.

Nach der Beerdigung überließ ich mich ganz meiner Trauer. Ich schnitt mir die Haare kurz. Ich weinte viel. Ich schottete mich ab. Ich konnte nicht ertragen, angefasst zu werden. Und ich kreiselte gefährlich nah an einem Strudel von Schuldgefühlen, weil ich meine Mutter zurücklassen musste, die seit meinen frühen Teenagerjahren chronisch krank war. Irgendwie hatte sie sich zusammengerissen, um Abah zu pflegen, mit erstaunlicher Kraft und Energie, aber nun war sie ganz allein, und ich hatte schreckliche Angst, sie würde verwelken wie eine Ranke ohne einen Stab zum Festklammern. Durch einen wunderlichen Zufall war mein Rückflug nach Frankreich mit Julien für den Tag nach Abahs Trauerfeier gebucht, und als er kurz bevorstand, zerfleischte ich mich mit Selbstvorwürfen. Dadurch, dass ich nicht wusste, ob ich bleiben sollte, löste ich einen heftigen Streit mit Julien aus, einen der wenigen, die wir je hatten.

»Du kannst dich nicht ewig um jeden kümmern«, rief er. »Dein Großvater, dein Vater, deine Mutter – wer kommt als Nächstes? Wer dann? Wann bist du mal dran?«

»Aber sie brauchen mich.«

»Ich brauche dich auch«, hielt Julien dagegen. Wir waren mit dem Auto unterwegs, um einige Kernspinaufnahmen abzuholen, die zu spät gemacht worden waren, um noch von Nutzen oder Interesse zu sein. »Und wichtiger noch, *du* brauchst dich. Also, was willst du machen? Irgendwann solltest du mal dein eigenes Leben führen.«

Unvermittelt schwebte mir die Erinnerung an einen Moment ein oder zwei Wochen vor Abahs Tod durch den Kopf, als Abah sich nicht mehr bewegen oder sprechen konnte und Julien und ich bei ihm an dem Krankenhausbett im Schlafzimmer meiner Eltern saßen. Julien hatte Abah Rosen aus dem Garten gepflückt und sie ihm um den Sauerstoffschlauch gewickelt, damit er ein bisschen Sommer riechen konnte. Die Rosen sahen aus wie ein Blumenstrauß für ein

Knopfloch, und ich musste an die vielen Gespräche denken, die Abah und ich über meinen Hochzeitstag geführt hatten, nur so, ohne jemand Speziellen im Sinn, einfach nur, weil wir gern feierten. Einmal hatte er mich gefragt, ob ich ihn für die Zeremonie in einen Smoking stecken würde, und ich hatte ihm gesagt, er dürfe tragen, was er wolle. »Vielleicht ziehe ich ja einen an«, hatte er gesagt. »Vielleicht in Knallrosa.« Wir hatten gelacht, weil wir beide einen knallrosa Smoking gleich cool gefunden hätten. Dann, als ich seine Hand hielt und er mit einem Rosensträußchen auf der Brusttasche seines T-Shirts dalag, das zufälligerweise ebenfalls knallrosa war, erkannte ich mit brutaler Endgültigkeit, dass er nie auf meiner Hochzeit sein würde. Und dann betrachtete ich über das Bett hinweg Julien, der unerschütterlich und fürsorglich die andere Hand meines Vaters hielt, und dachte: *Vielleicht ist das hier stärker, als vor den Altar zu treten. Es gibt andere Weihungen als eine Hochzeit. Vielleicht ist das hier eine davon.*

Also stieg ich letztendlich mit Julien in dieses Flugzeug. Wir kehrten nach Alba zurück und fuhren fort, sein und mein Leben miteinander zu verflechten. Ich arbeitete in meinen Jobs. Ich wartete darauf, aus meiner Trauer wieder aufzutauchen. Ich schrieb nicht mehr. Ich saß neben unserem neuen Holzofen und las Romane oder starrte ins Leere. Ich schrieb mir mit meiner Großmutter über die Kleinigkeiten unseres Alltagslebens. Bei meinen Besuchen in Genf wachte ich über die fortschreitende Vergesslichkeit meines Großvaters und fragte mich, wann ich einschreiten müsste und was genau ich unternehmen würde, wenn es so weit war.

Als ich nun, an jenem Januarabend 2006, mit Julien im Bett saß, dachte ich über das ganze traurige, schwere Jahr nach, die schlimmen Stürme, denen unsere Beziehung standgehalten hatte. Und ich erinnerte mich an den Abend, als wir meinem Vater die Hand gehalten und die sich hebenden und senkenden Rosen auf seiner Brust betrachtet hatten. *Das Leben hat uns schon verheiratet*, dachte ich. *Unser Glück ist wetterfest.*

Wir sahen uns an und konnten uns das breite Grinsen nicht verkneifen.

»Ich weiß, dass das mit uns was Ernstes ist«, sagte Julien.

»Ja, das ist es«, stimmte ich immer noch lächelnd zu.

»Was denkst du?«

»Eigentlich gibt es da nicht viel zu denken. Wenn du verstehst, was ich meine. Was denkst du?«

»Tja«, sagte Julien. »*Wenn* ich den Rest meines Lebens mit jemandem verbringe und Kinder mit ihm bekomme, dann bist dieser Mensch eindeutig du.«

»Mir geht es genauso.«

»Na also, da hast du's.«

»In Ordnung.«

Und damit war das geklärt. Wir machten das Licht aus, kuschelten uns aneinander und schliefen ein.

Julien und ich heirateten am 25. März 2006, siebzig Jahre, nachdem meine Großeltern sich kennenlernten, fast sechzig Jahre, nachdem sie das Haus in La Roche kauften, ungefähr fünfzig Jahre, nachdem sie endgültig aufhörten, miteinander zu sprechen, und neun Jahre, nachdem mein Großvater mich zum ersten Mal mit nach Alba nahm. »*Wenn ich mir überlege, dass das Haus, das ich vor so langer Zeit gekauft habe, dir die große Liebe gebracht hat*«, schrieb Oma.

Es geschehen noch Zeichen und Wunder… Du hast meinen Segen und meine Gebete für ein gutes Ende!… Ich frage mich weiterhin, was ich immer noch hier mache, wobei die einzigen Lichtblicke deine Mutter und du seid, und dazu noch das Wunder eines Kaufs an einem tristen Novembertag, der zu einer Verbindung führte… Seltsam und wunderbar gleichzeitig, was Fragen nach Bestimmung und Vorherbestimmung und dergleichen aufwirft.

Zu dem Zeitpunkt hatten Julien und ich bereits einige Entscheidungen über unsere Zukunft getroffen, insbesondere, dass es an der Zeit war, von Alba nach Paris zu ziehen. Ich fand eine Stelle als Übersetzerin. Julien sollte nach Fertigstellung seiner Aufträge in der Ardèche bei einer Firma in Versailles anfangen, die Denkmäler restaurierte. Unsere Hochzeit bildete die Krönung und den Abschluss unserer Zeit im Dorf und kennzeichnete den Beginn eines völlig neuen Lebens.

Wir heirateten im Rathaus von Alba, demselben Rathaus, vor dem ich einst wartete, während mein Großvater wählen ging. Nun war es voll von Menschen, die wir liebten. Juliens Mutter sang, und alle fielen mit ein:

Dodi li
Mein Geliebter ist mein
Va'ani lo
Und ich bin sein.
Haro'eh, bashoshanim.
Der unter den Lilien weidet.

Als sie zum Ende gekommen war, räusperte sich der Bürgermeister mehrmals und putzte sich geräuschvoll die Nase.

»Ich habe Julien mit, könnte man sagen, besonderem Interesse aufwachsen sehen. Er ist ein anständiger junger Mann, mit anständigen Eltern und einer vielversprechenden Zukunft. Und an Mirandas Großvater erinnere ich mich aus der Zeit, als ich noch ein Halbwüchsiger war – als ich sie zum ersten Mal hier sah, dachte ich, ich weiß, dass sie nach Hause kommt. Junge Menschen sind das Leben unseres Dorfes, und wenn ich mir diese beiden ansehe, bin ich zuversichtlich für unsere Zukunft. Es erscheint nur richtig«, schloss er, »sie zu verheiraten, zwei Kinder des Dorfes, und ich freue mich sehr darüber.«

Er las die französische standesamtliche Trauungsformel vor, und Julien und ich tauschten die Ringe aus und unterschrieben das Dokument, das uns zu Mann und Frau machte.

»Und jetzt zum besten Teil«, verkündete der Bürgermeister. Julien und ich küssten uns, und es wurde gejohlt, gebrüllt und geklatscht. Ein Musikerfreund fing zu spielen an, und alles strömte in einem melodiösen Frühlingstumult hinaus auf die Rathaustreppe.

Wir aßen, tranken und tanzten die ganze Nacht, und die Musik sickerte durch die Steinmauern in die Straßen und über die Weinberge nach La Roche hinunter, um sich in den Rissen und Spalten des dunklen Hauses zwischen den Schatten zu verbergen. Ich stellte mir eine weitere Generation von Träumen und Absichten vor, die jenen verlassenen Ort bezogen, der Zeit preisgegeben und niemandem bekannt außer jenen, die sie dort zurückließen. Wenn Oma zu akzeptieren bereit war, dass das Leben sich langsam und unergründlich über Jahrzehnte hinweg entwickelte, dann wollte ich das auch. Das Haus war nicht für mich bestimmt. Das Geheimnis meiner Großeltern gehörte nicht mir. Und vielleicht war das gut so.

Kapitel 18

Eine Woche nach unserer Hochzeit rief mich die Nachbarin meines Großvaters an. »Ich glaube, Sie müssen ganz schnell kommen. Ich bin Ihrem Großvater im Aufzug begegnet, und er hat mir erzählt, er wird zwangsgeräumt.«

Als ich am nächsten Tag in Genf eintraf, saß Opa inmitten einer Schneewehe von Papieren an seinem Esszimmertisch.

»Sie behaupten die ganze Zeit, dass ich die Miete nicht bezahlt habe. Sie sagen, sie werfen mich aus der Wohnung, wenn ich nicht bezahle. *Diese Aasgeier*. Ich habe bezahlt, ich weiß es genau.« Niedergeschlagen deutete er auf die Unterlagen auf dem Tisch, dann sah er mich an. »Kannst du da was machen?«

In dem Schweigen, das auf seine Frage folgte, begriff ich, dass er sich bereits seit Langem verstellte. Ich hatte mir so gewünscht, es ginge ihm gut, dass ich ihn gelassen hatte. Er hatte meine ganzen sorgfältig geordneten Stapel und die Listen nicht benutzt, nur versteckt. Also nahm ich mir eine Woche frei und machte mich an die Arbeit, suchte alte Rechnungen heraus, Mahnungen wegen ausstehender Miete, Briefe von Inkassobüros und unausgefüllte Steuerformulare. Ich schleppte Berge von Papier – Zeitungen, alte Post, Anzeigenblättchen, Zeitschriften, Rundschreiben – zum Altpapiercontainer und war fasziniert von dem Treibgut, das beim Sortieren zutage trat: ein Brief, den ich ihm mit elf geschrieben hatte (korrigiert natürlich), Hochzeitseinladungen, Todesanzeigen, Fotos der Babys unbekannter Freunde, uralte Geburtstagskarten. Und überall zerknitterte Kopien des Gedichts, das er mir vor all den Jahren geschickt hatte.

Es ist spät gestern Abend, als der Hund von dir sprach;
die Schnepfe sprach von dir in ihrem tiefen Sumpf.
Es bist du der einsame Vogel in den Wäldern,
und dass du ohne Gefährten sein mögest, bis du mich findest.

Manchmal drückte sich mein Großvater in der Nähe herum und beobachtete mich beim Ordnen der Unterlagen, dann wieder zog er sich in sein Wohnzimmer zurück und blätterte durch einen Gedichtband oder las die Zeitung. Immer wenn ich ihm sagte, was ich vorhatte – seine Papiere abheften, einen Buchhalter engagieren, eine Rechnung bei einem Inkassobüro bezahlen –, rechnete ich fest damit, dass er auf mich losginge. Aber er schwieg. Dass er auf meine Veranlassung hin in Zukunft zweimal pro Tag Mahlzeiten geliefert bekäme, jemand ihm diese aufwärmte und darauf achtete, dass er auch aß, ein Mal täglich eine Krankenschwester und ein Mal wöchentlich ein Arzt und ein Sozialarbeiter nach ihm sähen, teilte ich ihm erst am Ende der Woche mit. Ich trat einen Schritt zurück und befürchtete, er würde nun nie wieder ein Wort mit mir sprechen. Doch er streichelte mir über die Wange. »Du bist wie eine gute Fee. Ich weiß nicht, was ich ohne dich gemacht hätte.«

An jenem Abend kochte ich für uns beide, und in der Stille, während wir aßen, konnte ich beinahe glauben, alles wäre normal, mein Großvater wäre immer noch eine sorgsam verteidigte Festung von Verärgerung, Regeln und Ressentiments. Aber dann hob er den Kopf, und ich sah das scheue, zurückgenommene Lächeln eines kleinen Jungen, das mich daran erinnerte, dass seine einschüchternde Präsenz und sein unbeugsamer Wille praktisch verschwunden waren. Wenn er so lächelte, hörte er auf zu essen und vergaß

Messer und Gabel in den Händen. »Iss, bevor es kalt wird«, drängte ich dann sanft, und er gehorchte. Nach dem Essen spülte ich das Geschirr, und er trocknete ab. Ich kochte uns einen Verbenentee, und als ich das heiße Wasser eingoss, musste ich daran denken, dass dieser Tee früher so speziell und absolut gewesen war wie alles andere in Opas Leben und dass die ästhetische Perfektion der Zubereitung mir damals wie eine Erholungspause von den rohen Eiern vorgekommen war, über die ich den ganzen Tag balancierte. Er wurde immer in einem Keramikkrug serviert, den mein Großvater nur für seine Kräutertees verwendete. Die dazu passenden Becher hatten exakt den richtigen Durchmesser und die richtige Dicke, sodass der Tee schnell genug abkühlte, aber nicht zu schnell.

»Wo sind deine Verbena-Tassen?«, fragte ich.

»Wie bitte?«

»Die grün-gelben Becher, aus denen wir immer den Verbenentee getrunken haben.«

»Ach ja. Danke, dass du mich erinnerst.« Er stand auf, um danach zu suchen, und setzte sich dann wieder. »Leider weiß ich nicht, wo ich sie hingetan habe.«

»Macht nichts.« Ich goss den Tee in seine normalen Teebecher, und als wir ausgetrunken hatten, wünschten wir einander eine gute Nacht. Mein Großvater ging sich die Zähne putzen, und ich schloss die Wohnzimmertür und setzte mich aufs Bett, die schmale Schlafcouch voller Erinnerungen, die jetzt nur noch meine waren. Nach Abahs Tod hatte ich geglaubt, ich könnte nie wieder weinen, aber natürlich haben wir alle Platz für ein unendliches Maß an Liebe und Verlust in unserem Herzen. Ich legte die Hände vors Gesicht und weinte. Als ich das Licht im Schlafzimmer meines Großvaters ausgehen sah, rief ich Julien an und erzählte ihm alles.

»Ich werde ein Pflegeheim für ihn suchen müssen.« Ich fühlte mich sehr weit weg, verängstigt, heimatlos.

»Das kriegen wir schon hin«, tröstete Julien mich, genau wie damals, als mein Vater krank geworden war. »Wir machen das zusammen. Alles wird gut.«

Wie sich zeigte, kam mein Großvater mit dem System von Pflegekräften, Sozialarbeitern und Haushaltshilfen, das ich eingerichtet hatte, ganz gut zurecht, zumindest bis Julien und ich nach Paris gezogen waren. Mein Job in dem Übersetzungsbüro fing schon an, bevor Julien seine Aufträge in Alba abgearbeitet hatte, deshalb verbrachte ich die ersten acht Monate in einer fast leeren Einzimmerwohnung in Belleville. Ich hatte einen Futon, zwei Klappstühle, einen Topf, eine Schüssel, zwei Kaffeebecher und ein einzelnes Besteckset. Meine Nachbarn waren unter anderem meine neurotische Vermieterin, die panische Angst vor der Fußbodenreinigungsmaschine hatte, mit der der Hausmeister den Flur putzte, und eine Frau in der Gartenwohnung unter meinem Balkon, die an warmen Abenden draußen Whisky trank und dazu mit heiserer, tiefer Stimme »*Plus jamais, plus jamais*« in die Dunkelheit sang. Unter der Woche ging ich abends in der Stadt spazieren oder schrieb meiner Großmutter, und am Wochenende fuhr ich mit dem Zug nach Hause zu Julien, oder er besuchte mich in Paris.

Irgendwann hatte ich genug von meiner Einsamkeit und der absurd teuren Wohnung und mietete ein Zimmer im Haus meiner Freundin Eve in Fontenay-sous-Bois, außerhalb der Stadt. Da Eve wusste, dass ich eigentlich ein Buch schreiben sollte, richtete sie mir ein Arbeitszimmer ein, aber ich starrte nur auf meine Notizen oder blätterte durch die

Briefe meiner Großmutter, ohne irgendwelche Fortschritte zu machen. Vielleicht fühlte ich mich ohne richtiges Zuhause und ohne Julien verloren und deplatziert, vielleicht hatte ich die ganze Traurigkeit und den Raum, den sie in meinem Leben einnahm, satt. Oder vielleicht laugte es mich zu sehr aus, mich um meinen Großvater zu kümmern, um ihn auf dem Papier zum Leben zu erwecken. Möglicherweise auch alles zusammen, hauptsächlich aber war mir bewusst geworden, dass ich jetzt die Hüterin jeglicher Erinnerungen war, die mein Großvater mit mir geteilt hatte. Der Rest war dabei zu verschwinden, oder er war bereits fort. Und was soll man machen, wenn ein Schweigen sich in einem neuen, breiteren Vergessen verliert? Ein Gutteil meines Lebens hatte ich mit der Suche nach den Worten des tragischen, wütenden Gedichts von Anna und Armand verbracht. Und nun verflüchtigte es sich, zusammen mit unzähligen anderen Worten, die aufzuzeichnen und zu bewahren meine Aufgabe war, wie ich jetzt erkannte. Ich war entmutigt und eingeschüchtert. Das waren lange acht Monate.

Es kam mir vor, als hätte ich mich selbst abgeschnitten und triebe nun langsam fort, von den Vereinigten Staaten, von meinem Buch, von meinen Plänen, Historikerin zu werden, alles für dieses bis dahin nicht gekannte Glücksgefühl, das in mir aufblühte, wenn ich bei Julien war. Und nun saß ich allein in Paris und übersetzte die Protokolle jährlicher Aktionärsversammlungen und Werbetexte für Parfümanzeigen, ohne all das, was ich auf dem Weg zu Julien aufgegeben hatte – und auch ohne Julien.

In meinem neuen Job machte ich von meiner genetischen Veranlagung zum Übersetzen und Dolmetschen Gebrauch.

War das ebenfalls eine Gabe, auf die man zurückgreifen konnte, um zu *ieberrleeben*? Da war meine Großmutter: *Als Erna und ihre Zimmergenossin um vier Uhr morgens geweckt wurden und ich zum Dolmetschen …* Und natürlich mein Großvater, der in Straßburg Germanistik studiert und dann in Genf während des Krieges die Dolmetscherschule besucht hatte. Übersetzen ist Schreiben ohne die Verbindlichkeit; Dolmetschen ist eine unsichtbare und flüchtige, an den Worten eines anderen ausgeführte Form von Brillanz. Es sind geisterhafte Beschäftigungen, am besten geeignet für jene, die, aus welchem Grund auch immer, kein richtiges Zuhause haben.

Mein Büro lag im Fünften Arrondissement, genau gegenüber der Île de la Cité. Von der im obersten Stock gelegenen Toilette hatte man einen Blick auf Notre-Dame, und obwohl es da oben kalt und zugig war, liebte ich es, dort zu sitzen und die Aussicht zu betrachten. Mein erster Besuch in der Kathedrale hatte mich damals dazu angeregt, Geschichte zu studieren. Ich erinnerte mich, die Steinsäulen im Hauptschiff berührt und dabei eine Art elektrisierendes Kribbeln empfunden zu haben, als ich mir die Hände vorstellte, die sie geschaffen hatten. Ich wusste, dass meine eigenen Finger an denselben Stellen lagen wie jene längst vergangenen. Das, dachte ich, war Geschichte. Nun erkannte ich, dass das Kribbeln, das mich damals so verzückt hatte, nicht Geschichte war, sondern vielmehr die Kluft, die die Vergangenheit von der Gegenwart trennte. Ich spürte dasselbe Kribbeln und dieselbe Kluft, wenn ich das AUBETTE-Tellerchen berührte. Geschichte, hatte ich gelernt, war ziemlich einfach zu schreiben. Aber nicht Leere. Was soll man schon tun, wenn man vor einer immer breiter werdenden Kluft steht, als stumm zuzusehen?

Das Schlimmste war mitzuerleben, wie die Kluft meine Großeltern verschlang. Die Briefe meiner Großmutter wurden kürzer und kürzer. Sie beklagte sich selten, aber sie machte sich keine Illusionen in Bezug auf ihre Zukunft:

Meine Gesundheit – wie in meinem Alter nicht anders zu erwarten – verschlechtert sich, nicht so schnell, wie ich gern hätte, da ich dieses Sich-Hinziehen sehr schmerzhaft und unbefriedigend finde.

Im darauffolgenden Sommer, während einer Hitzewelle in Genf, rief mich die Pflegerin an, die meinen Großvater jeden Tag besuchte, weil er ins Krankenhaus eingeliefert worden war. Als ich die behandelnde Ärztin erreichte, erklärte sie mir, er habe eine Grippe und sei dehydriert. Als die Ärzte in der Notaufnahme versuchten, ihm einen Zugang zu legen, geriet er in Panik und wurde aggressiv, dann erlitt er einen kleinen Herzinfarkt. Er erhole sich aber gut, versicherte sie mir, und könne am nächsten Tag mit mir sprechen, wenn er nicht mehr auf der Intensivstation liege.

»Ich war erst letzte Woche bei ihm«, sagte ich. »Da ging es ihm gut. Was ist passiert?«

»Dehydrierung passiert sehr schnell bei älteren Patienten, und es verschlimmert oft die Demenz.«

»Unumkehrbar?«

»Leider ja«, meinte sie und ergänzte dann: »Er ist also ein Holocaust-Überlebender?«

»Woher wissen Sie das?«

»Das habe ich aus einigen seiner Beschimpfungen geschlossen.«

»Entschuldigen Sie bitte. Das ist bestimmt nicht angenehm, wenn man sich um jemanden kümmern möchte.«

»Man gewöhnt sich dran. Es kommt ziemlich häufig vor.«

»Was, dass Ihre Patienten Sie als Nazi beschimpfen?«

Sie lachte. »Auf der Geriatrischen? Sie würden sich wundern. Aber ich meinte eigentlich den Gedächtnisverlust. Es passiert recht häufig, dass Menschen mit Kriegstraumata das Gedächtnis verlieren. Das, und zerbrochene Ehen.«

Als ich am nächsten Tag meinen Großvater in seinem Zimmer anrief, wirkte er erleichtert und ungläubig. »Zum Glück hast du mich erreicht. Sie haben mich in einer Art Gefängnis festgehalten.«

»Du bist im Krankenhaus.« Ich versuchte, beruhigend und tröstlich zu klingen. Die zuständige Schwester hatte mir erzählt, er habe sich nachts in seinem Zimmer verbarrikadiert, sämtliche Möbel vor die Tür geschoben und Zeter und Mordio geschrien, wenn sie versuchten hereinzukommen.

»Ja, sie haben mich verlegt. Sie haben mich rausgelassen. Ich stehe immer noch unter Arrest, aber jetzt bin ich in einer Art Hotel.«

Man kann wirklich den Schmerz eines anderen mitfühlen, dachte ich. Der Ausdruck stimmte. Ich hörte die alten Ängste in seinem Inneren rumoren. »Das ist kein Hotel«, erklärte ich. »Und du stehst nicht unter Arrest. Bestimmt nicht. Du wirst dort versorgt. Es ist eine Pflegeeinrichtung, eine Art Krankenhaus.«

»Nein, nein, es ist ein Hotel.«

»Es heißt Hôpital de Loëx, in Bernex.«

»Nein, nein, Bernex ist Hunderte von Kilometern entfernt.«

»Doch, Bernex liegt in der Nähe von Genf, und du bist in Bernex.«

»Das kann ich unmöglich überprüfen.«

»Opa, es ist alles gut.« Ich wusste nicht mehr, was ich ihm noch sagen sollte. »Alles ist gut. Versprochen.«

»Ich hätte dich ja schon früher angerufen, aber ich habe kein Geld. Keinen Cent.«

»Doch, Opa. Mach dir keine Sorgen, alles in Ordnung. Dein Geld ist auf der Bank, und du kannst darauf zugreifen.«

»Sie haben mir alles abgenommen, als ich herkam.« Seine Empörung war geradezu greifbar. »Sie haben mich ausgezogen und durchsucht. Selbst mein Portemonnaie, meine Brieftasche, mein Messer, meine Uhr, meinen Stift – ich kann nicht mal meine Brille finden.«

Ich hatte versucht, mir abzugewöhnen, immer alles mit der Vergangenheit meiner Großeltern in Zusammenhang zu bringen, aber in diesem Moment war die Verknüpfung unvermeidlich. Vor dem geistigen Auge sah ich die Seite aus dem polizeilichen Aufnahmeprotokoll meines Großvaters:

Jacobowitsch (sic!) meldete sich heute in der kantl. Polizeikaserne Zürich als politischer Flüchtling. Nach seinen Angaben kam er von Frankreich her eingereist, und er will die Schweizergrenze in der Nacht vom 10./11. Dez. 42 in der Nähe von Champéry/Wallis überschritten haben.

1 Brieftasche mit div. Papieren
1 Brille mit Futteral
1 Messer
1 Portemonnaie
1 Uhr
1 Füllfederhalter
1 Drehbleistift

»Er muss in ein Heim«, erklärte seine Ärztin in der folgenden Woche. »So kann ich ihn nicht nach Hause entlassen. Ich lasse ihn auf eine Kurzzeitpflegestation verlegen, bis Sie einen Platz für ihn gefunden haben.«

»Es ist gut, dass du dich um ihn kümmern kannst«, schrieb Oma erneut, als ich ihr von der neuesten Entwicklung in Opas Leben berichtete. *»Ohne dich wäre er verloren.«* Zum ersten Mal fiel mir auf, dass ihr Interesse an seinem Wohlergehen doch recht erstaunlich war nach so vielen Jahren bösem Blut.

Ich darf ihre Geschichte nicht einfach aufgeben, dachte ich, während ich mich auf die Suche nach einem Pflegeheim machte. *Ich darf sie nicht so verschwinden lassen. Ich muss herausfinden, was passiert ist.*

Mittlerweile hatte Julien seinen neuen Job als Restaurator in Versailles angefangen, und wir bezogen endlich eine gemeinsame Wohnung, im fünfzehnten Pariser Arrondissement. Er musste schon um halb sieben los, also verbrachte ich die Morgenstunden, bevor ich zum Büro fuhr, damit, die Flüchtlingsakten zu durchforsten, angestachelt von der kühnen Hoffnung, dass ich etwas übersehen hatte, dass meine Großeltern vielleicht im selben Lager interniert waren oder zumindest in derselben Stadt, sodass ich ihr Wiedersehen durch einen verblüffenden Zufall erklären konnte. Ich beschloss, eine Karte all der Orte zu zeichnen, die auf ihren Aufnahme- und Entlassungspapieren auftauchten, und auf diese Weise verfolgte ich ihren Weg durch Lager und Dörfer in der gesamten Schweiz – Wald, Arisdorf, Olsberg, Weesen, Montana, Bienenberg, Finhaut, Territet. Meine Hoffnung zerschlug sich, da eine erneute sorgfältige Lektüre ihrer Akten nur noch einmal bestätigte, dass sie nie am selben Ort interniert gewesen waren, und flammte dann wieder auf, als ich bemerkte, dass Arisdorf und Bienenberg Nachbardörfer waren und weniger als acht Kilometer voneinander entfernt lagen.

Mit neu erwachtem Interesse sprach ich meine Großmutter brieflich auf die beiden Momente an, die sie nachweislich in der Nähe des anderen verbracht hatten, nämlich ihre Zeit in Arisdorf und Bienenberg und ihren Aufenthalt im mysteriösen »*chez Berchtold*«.

An ihren Antworten merkte ich, dass meine Großmutter Probleme mit dem Englischen hatte – noch ein Anzeichen für die breiter werdende Kluft zwischen jetzt und damals, zwischen schweigender Erinnerung und völligem Vergessen.

»Nur einmal konnte ich mich mit Armand in Basel zum Mittagessen bei den Koppelmans treffen. Der letzte Brief von meiner Mutter vor Kriegsende enthielt die Adresse Letzterer in der Schweiz.« Welche Angst und Anspannung verbargen sich in der engen, neuerdings zittrigen Handschrift meiner Großmutter, die Gefühle eines ganzen Lebens steckten in diesen drei Worten: »Der letzter Brief«. Natürlich hielt sich Oma nicht bei dieser letzten, verzweifelten Geste von Mutter zu Kind auf, dem Schubs in die Richtung eines Verwandten, von dem Mina hoffte, er könne helfen. Bei Herrn Koppelman und seiner Frau in Basel hatte Oma während eines einwöchigen Kurses über Flüchtlingsbetreuung gewohnt, zu dem sie die Schweizer Flüchtlingslagerverwaltung angemeldet hatte. *»Die K.s lebten in einer riesigen Wohnung am Stadtrand in einem neuen Mehrfamilienhaus komplett mit vornehmem, schön uniformiertem Dienstmädchen und beeindruckenden, wertvollen Kunstwerken.«*

Das Buch über Schweizer Flüchtlingslager, das die Interviews mit meinem Großvater enthält, beschreibt die Lebensbedingungen in Arisdorf, von wo aus er an jenem Tag zum Mittagessen mit meiner Großmutter gefahren sein musste:

> Untergebracht in Baracken, schliefen die Flüchtlinge in Gruppen von etwa vierzig in Schlafsälen, auf Strohmatratzen in Stockbetten … Um sich morgens zu waschen, musste man nach draußen gehen und kaltes Wasser benutzen, wenn es nicht gefroren war, in welchem Fall sich die Flüchtlinge Schnee ins Gesicht rieben.

Opas große Abneigung gegen die sehr Reichen, die ich immer einer Mischung aus Ideologie und Neid zugeschrieben hatte, erschien plötzlich nur menschlich und unausweichlich, wenn ich mir seine Ankunft in der luxuriösen Wohnung der Koppelmans ausmalte und seine verwunderte Erinnerung, dass er, Anna und Erna bei diesen wohlhabenden Leuten eine »dette d'honneur« hatten, eine Ehrenschuld von dreihundert Schweizer Franken, die sie ihnen für die Zugfahrt geliehen hatten, als die drei in der Schweiz ankamen.

Allein an meinem Schreibtisch in Paris lauschte ich der erwachenden Stadt und versuchte, mich in die Tiefen der Erinnerung meiner Großmutter hineinzuversetzen, in den Kopf einer schmalen, schwarzhaarigen jungen Frau, die in jemandes abgelegten Kleidern auf dem Rand eines teuren Sofas saß, einen Aperitif trank und auf ihren Geliebten wartete. Ich musste an *Dora Bruder* denken, wo Patrick Modiano seinen eigenen Versuch beschreibt, über die schweigende Vergangenheit zu schreiben:

> Wie viele andere vor mir, glaube auch ich an Fügungen und zuweilen an eine Sehergabe bei Romanautoren – das Wort »Gabe« ist allerdings nicht der richtige Aus-

> druck, weil es an eine Art Überlegenheit denken lässt. Nein, es gehört ganz einfach zum Beruf: die Anstrengungen der Vorstellungskraft, die für diesen Beruf notwendig sind, das Bedürfnis, seinen Verstand auf Einzelheiten zu richten – und zwar in obsessiver Weise –, um den Faden nicht zu verlieren und sich von seiner Faulheit nicht unterkriegen zu lassen –, diese ganze Spannung, diese Hirngymnastik kann auf Dauer sicherlich kurze Intuitionen hervorrufen, die »vergangene oder zukünftige Ereignisse betreffen«, wie das Wörterbuch Larousse in der Rubrik »Sehergabe« schreibt.

Anna und Armand waren ausgehungert – nach Essen, nach Zuneigung, nach Komfort, nach Schönheit. Und nun hatten sie einen einzigen Nachmittag, um all diese Dinge aufzutanken. Als ich mich auf die Einzelheiten dieses Mittagessens konzentrierte, spürte ich ein übersteigertes Bewusstsein bei den beiden, ein Gefühl von Beobachten und Beobachtetwerden. Vielleicht hatten meine Großeltern Angst, ihr Hunger und ihre Armut könnten sie wie Wilde wirken lassen. Oder vielleicht sahen sie, ganz im Gegenteil, etwas Ungeschlachtes im üppigen Wohlstand ihrer Gastgeber. In jedem Fall spürten sie sicherlich die Blicke der Koppelmans auf sich, wenn sie ihr Glas zum Mund führten, ihr Fleisch schnitten und sich die Finger am weichen Stoff der Servietten abwischten. Und gleichzeitig mussten Anna und Armand jedes Wort zur Kenntnis genommen haben, das der andere sagte, jeden flüchtigen Blick über den Tisch, jede Bewegung, die der andere machte oder nicht machte. Es war August 1943, und sie hatten einander seit acht Monaten nicht gesehen.

Meine Großmutter fasste den Nachmittag in einem einzelnen Satz zusammen: »*Sie mochten deinen charmanten, belese-*

nen Großvater.« Wieder einmal wurde durch die Sparsamkeit ihres hastigen Schreibens ihr alltäglicher Umgang mit dem Tragischen gleichzeitig verschleiert und betont: *»K.s einzige Schwester und Kind wurden nicht rechtzeitig gerettet, indem sie in die Schweiz geholt wurden, und sie starb, nachdem sie vor Hunger wahnsinnig geworden war und nackt durch das transnistrische Konzentrationslager rannte, wo der Bruder meiner Mutter und Familie ebenfalls starben.«*

Die Passierscheine meiner Großmutter bestätigten, dass sie Bienenberg für eine einwöchige Fortbildung verlassen durfte, aber ich konnte nicht ermitteln, wann oder wie mein Großvater Ausgang aus seinem Lager in Arisdorf bekommen hatte. Als ich noch einmal über seine Geschichte mit dem Kirchgang nachdachte, fragte ich mich, ob er einen Teil dessen, was an jenem Sonntag passiert war, verschwiegen hatte.

Es gab keinen Hinweis darauf, ob sie an besagtem Tag auch nur einen Moment allein miteinander waren, ob Armand Zeit hatte, Anna ein paar Worte zuzuraunen, die ihre Trennung, alles, was sie in ihrem Überlebenskampf ertragen oder zugefügt hatten, abdämpften oder linderten. Wie muss es ihnen den Atem verschlagen haben, als sie nach all der Zeit voreinander standen: Ich stellte mir meinen Großvater vor, der seine wie Schneeflocken durcheinanderwirbelnden Gedanken zu sammeln versuchte, meine Großmutter, die ihr strahlendes Lächeln aufsetzte. Ein Nachmittag bot sicher nicht genug Zeit, um ihre idealisierten Erinnerungen an der Realität des Zusammenseins zu reiben. Er konnte nur ausreichen, um einen Anflug des Funkens, der so viele Jahre zuvor über den Tisch im Café Aubette gestoben war, wieder anzufachen. Es gibt einen vagen Anlass zu glauben, dass er ihr an dem Tag den Heiratsantrag machte, in der hastigen Ungestörtheit einer Begrüßung oder Verabschiedung, denn im Brief meiner Großmutter stand weiter: *»Sie hießen meine Hochzeit mit Armand gut.«* Ich stellte mir vor, dass alles, was sie vergessen, aufgegeben, zurückgelassen hatten, zwischen ihnen schwebte wie ein Rauchkringel. Anna hatte in den vergangenen Monaten die Säuglinge anderer Frauen im Arm gehalten und untersucht, aber für Armand waren Annas Haar und Haut vermutlich der erste zärtliche Körperkontakt, seit ihre Wege sich getrennt hatten, das Weichste, Duftendste, was er seit Monaten berührt hatte. Ich erinnerte mich an die gebrochene Stimme meines Großvaters, als ich mich ein einziges Mal zu fragen getraut hatte, warum er sie geheiratet hatte. »Was sollte ich denn sonst tun?«, hatte er ausgerufen.

In diesem Licht betrachtet, musste er zwangsläufig die drei Worte zu ihr sagen: »Bitte heirate mich.«

Wenngleich ich auf ein romantisches Detail gehofft hatte, einen Hinweis auf den Taumel, den sie gespürt haben mussten, als sie sich zueinander beugten, die Spur eines Beweises dafür, dass Armand in die Tasche griff und Anna ein Silbertellerchen als Pfand ihrer Verlobung in die Hand drückte, erhielt ich nur eine weitere straff komprimierte Zeile, mit der meine Großmutter jedes weitere Pathos abblockte: *»[Die Koppelmans] betrachteten meine Schwangerschaft mit deiner Mutter als unverantwortlich von meiner Seite, was meinen Kontakt zu ihnen beendete.«* Ich war entsetzt über dieses wohlhabende Schweizer Paar, das seine Meinung über die Redlichkeit der Lebensentscheidungen meiner Großeltern einfach so kundtat. *»Aber dein Großvater bezahlte unsere 300-SF-Schuld, als er für das französische Justizministerium arbeitete, das ihn für Nürnberg einstellte«*, ergänzte meine Großmutter noch, und ausnahmsweise erschien der Akt meines Großvaters, der wie so viele andere von subtiler Feindseligkeit gezeichnet war, triumphierend, abgründig passend. Meine Großmutter wandte sich meiner zweiten Frage zu:

> *Berchtold war die nach dem Tod ihres Schweizer Ehemannes verwitwete Französin mittleren Alters, wo [dein Großvater] nach der Befreiung aus dem Lager Unterkunft fand, um in Genf an der École d'Interprètes zu studieren. Habe ihren Vornamen vergessen, könnte Irma sein. (Dein Grv. sollte sich erinnern, sie mochte ihn sehr gern, mich nicht so, aber sie ließ mich in ihrer schönen Whg. mit Aufzug im 4. Stock mit Balkon zur Straße bleiben.) Dort wurde ich schwanger, als ich bei ihm wohnte und an dem 6-monatigen Kurs »pour réfugiés d'après guerre« teilnahm. Ich sah sie regelmäßig, wenn ich aus Amerika zu Besuch kam und auch nach meiner Trennung von deinem Großv. Sie war während des 2. WKs beim Internationalen Roten Kreuz angestellt, um nach dem Verbleib französischer Kriegsgefangener zu forschen, und ihr alle bekamt drei Namen, weil sie mir erklärt hatte, dass jemand … nur durch einen zweiten oder dritten unterschiedlichen Namen sicher aufgespürt werden kann.*

Ich staunte, was sie alles in diesen Absatz gequetscht hatte: ihre nagende Unsicherheit, dass die kultivierte Ausstrahlung meines Großvaters mehr Wirkung hatte als ihr unschuldiger, taktloser Charme, ihre treuen Besuche bei der einstigen Vermieterin noch lange, nachdem die Regeln des Anstands ihr damit aufzuhören gestattet hätten, die seltsame Formulierung, mit der sie die Empfängnis ihres gemeinsamen Kindes kommunizierte, und ganz am Schluss noch schnell eine Erklärung, warum wir alle drei Vornamen hatten, was ich immer der Exzentrizität meiner Familie in die Schuhe geschoben hatte. Kein Wort jedoch darüber, wie es gewesen war, mit Armand zusammenzuleben.

Auf der geriatrischen Station ermunterte die Ärztin mich dazu, mit meinem Großvater über die Vergangenheit zu reden. Das brauchte man mir natürlich nicht zweimal sagen. Ich erwähnte die Koppelmans, und seine Miene verdunkelte sich. »Schreckliche Leute«, sagte er verächtlich. »Sie sind keines Gesprächs würdig.«

Ich probierte es mit Frau Berchtold. Dieses Mal bekam er einen verträumten Blick. »Ja, sie war mal sehr nett zu mir. Sehr nett. Nach dem Krieg habe ich allerdings nicht mehr mit ihr gesprochen. Sie hatte offenbar Partei für deine Großmutter ergriffen.« Wie üblich stieß er diese Worte aus, als enthielten sie etwas Gefährliches, Unheilvolles. »Und deshalb musste ich jeden Kontakt zu ihr einstellen, verstehst du.«

»Erinnerst du dich daran, während des Krieges in Rive gelebt zu haben?«

»Rive. Das ist in Genf. Da habe ich früher gewohnt.«

»Da wohnst du immer noch.«

»Nein, nein.« Opa schüttelte den Kopf.

»Wo wohnst du denn dann?«

Er sah mich hochmütig an. »Leider steht mir die für die Beantwortung dieser Frage nötige Information nicht zur Verfügung.«

Ich erfuhr aus den Flüchtlingsakten, dass Anna und Armand vier Monate in der Wohnung von Madame Berchtold im Cours de Rive lebten. Jeden Montag hatten sie sich auf der Genfer Polizeihauptwache zu melden, um zu beweisen, dass sie nicht gegen irgendwelche Vorschriften verstießen, illegale Flüchtlinge versteckten, unerlaubte Arbeiten annahmen, sich irgendwie politisch betätigten oder als Spione agierten. Vier Monate lang schliefen sie in einem eigenen Bett, kochten, gingen einkaufen, verfolgten die Nachrichten. Hörten sie damals, dass französische Truppen bis zum Rhein vorgestoßen waren und Straßburg erobert hatten?

Ich wusste von meiner Großmutter, wie sehr sich die beiden damals ein Kind wünschten. Gegen Ende des Sommers teilte ein Arzt – ein Kollege vielleicht oder jemand, der sie wegen des Pellagras behandelte, das sie sich in den Lagern zugezogen hatte – meiner Großmutter mit, dass ihre Gebärmutter durch die Jahre des Hungerns auf die Größe einer Walnuss geschrumpft sei. Er sagte, es gebe keine Hoffnung. Meine Großmutter ging zu einem anderen Arzt und noch einem. Im Dezember begann die Ardennenoffensive, und Entmutigung machte sich breit. Eine Million Männer kämpften in den Wäldern, im Schnee. Die Alliierten hatten riesige Verluste zu verzeichnen.

Meine Großmutter tat einen Arzt auf, der den Nutzen hoher Vitamindosen erforschte. Er verabreichte ihr regelmäßig Vitamin-K-Spritzen und sagte ihr, sie solle sich keine Sorgen machen. Die Wehrmacht zog sich aus den Ardennen zurück. Die Sowjets eroberten Warschau, sie befreiten Auschwitz. Churchill, Roosevelt und Stalin trafen sich in Jalta. Im Januar war meine Großmutter schwanger.

Als ich diese Chronologie der Ereignisse fertiggestellt hatte, las ich sie Julien vor.

»Darf ich mal sehen?« Er nahm mir den Zettel aus der Hand und überflog ihn. »Du bringst tatsächlich die Zeugung deiner Mutter mit der Ardennenoffensive in Verbindung?«

»Das ist symbolisch gemeint.«

»Also komm«, meinte er. »Sie müssen es doch besser gewusst haben, als ihr Leben vom Auf und Ab des Krieges abhängig zu machen. Haben sie überhaupt mitbekommen, was los war?« Er blätterte durch den Stapel Reisegenehmigungen, den ich zusammengestellt hatte. »Sieht nicht so aus, als hätten sie einander oft gesehen.«

»Eben!«, rief ich. »Deshalb bleibt mir doch nichts als die blöde Ardennenoffensive. Selbst hinterher – lies mal hier, sie haben zusammengewohnt vom 14. November 1944 bis«, ich wühlte in den Papieren, »1944 … November, Dezember, Januar, Februar 1945 … bis 6. März 1945.«

»Das ist alles?« Julien nahm den Brief meiner Großmutter wieder in die Hand. »Wohin ist sie denn am 6. März gefahren?«

»Zu irgendeiner Fortbildungsmaßnahme.« Ich fand einen Brief in ihrer Akte und las vor:

Major de Rham, der Madame Dr. Jacoubovitchs Dienste während ihrer Zeit in Leysin sehr zu schätzen wusste, bat sie, einen Kurs zu leiten, der in les Diablerets organisiert wird. Da Mme. Dr. Jacoubovitch schwanger ist, wird ihr das gestatten, ihre hervorragende Arbeit unter weniger körperlich ermüdenden Bedingungen als bei ihrer derzeitigen Stelle im Sanatorium fortzusetzen. Mme. Dr. Jacoubovitch nahm das Angebot begeistert an. Sie wird diese Arbeit natürlich ehrenamtlich leisten.

Ich blätterte ein paar Seiten vor. »Und hier steht, dass ihre Genehmigung bis 31. Juli 1945 verlängert wurde. Glaubst du, sie haben einander absichtlich gemieden?«

»Die Frage ist doch eher, ob sie überhaupt eine Wahl hatten«, meinte Julien. »Mussten sie nicht einfach die Arbeit annehmen, die ihnen angeboten wurde? Wo war dein Großvater?«

»In Genf.« Ich reichte ihm einen weiteren Brief aus der Akte, dieser nun in der Handschrift meiner Großmutter:

> *Da meine Briefe vom 9. und 25. Juli unbeantwortet blieben, erlaube ich mir, die darin mitgeteilte Information zu bestätigen, und bitte erneut darum, über Ihre fortgesetzte Bewilligung unterrichtet zu werden. Da mein Vertrag mit dem Militärkrankenhaus am 31. Juli auslief, teilte ich dem Kommandanten in Leysin mit, dass ich nach Genf reisen werde, wo ich gern bleiben würde, bis mein Ehemann, der um den 25. August 1945 herum nach Frankreich repatriiert wird, die Stadt verlässt. Bitte gestatten Sie mir, nach seiner Abreise nach Sierre zu fahren. Mein Entbindungstermin wurde für Mitte September errechnet, und ich möchte sicherstellen, dass ich mich im Entbindungsheim von La Providence, dessen Direktor ein Freund von mir ist, auf das Ereignis vorbereiten kann.*

»Demnach haben sie wohl unmittelbar vor der Geburt ein paar Wochen zusammen verbracht«, sagte ich. »Und dann hat mein Großvater das Land verlassen, um sich auf die Nürnberger Prozesse vorzubereiten.«

»Nach ihrer Hochzeit haben sie also« – Julien zählte – »November, Dezember … vier Monate und dann noch mal vielleicht drei Wochen zusammengelebt, bevor dein Großvater wegfuhr.«

»Plus die fünftägigen Urlaube, von denen sie in ihrem Brief spricht«, sagte ich. »Das macht dann … zwei Urlaube, also noch zehn Tage mehr.«

»Was glaubst du, wie diese Monate waren?«

Ich erinnerte mich an das Bild im Fotoalbum meiner Großmutter, auf dem sie am Geländer von Madame Berchtolds Balkon lehnte und meinen Großvater ansah.

»Vielleicht war das ihr Problem«, überlegte Julien. »Vielleicht hatten sie so viel Zeit getrennt verbracht, dass sie einander nach und nach idealisiert hatten, und dann war es eine Enttäuschung, mit dem echten Menschen zusammenzuleben.«

Ich war gedanklich immer noch bei dem Foto und der erotischen Spannung, die es zu verraten schien. »Oder sie haben gerade eben genug Zeit miteinander verbracht, um einander weiterhin zu idealisieren, und die Enttäuschung setzte erst später ein.«

»Als der Krieg vorbei war«, schrieb meine Großmutter auf eine Seite ihres Notizbuchs mit dem Titel »Freie Assoziationen«,

war es für mich seltsam, so wenig zu empfinden, um nicht zu sagen nichts. All die über vier Jahre des Hoffens, Wartens, Sich-Ausmalens, wie es wäre, was werde ich tun, flogen weg, als sich der Moment des Begreifens einstellte, dass es wirklich passiert war. Und dann plötzlich Zweifel, Angst, was nun? Ein Leben aufbauen, anders, weil die Welt anders war, war es möglich? Konnte man es tun? Eine andere Erinnerung war die Traurigkeit um das, was verloren war, das Blutbad, die Grausamkeit und Unmenschlichkeit, nicht im Traum für möglich gehalten, wurden zu einer Last, die von nun an Teil des Lebens sein sollte, nicht vergessen oder unterdrückt werden durfte, weil es eine Beleidigung der Opfer gewesen wäre, und nur unser Gedächtnis konnte ihrem Heldentum oder ihrer Feigheit dienen. Ich weiß noch, dass ich geschäftig wurde, womit? Wie um eilig das zu beginnen, was das echte Leben wäre, als ob das andere während der Kriegsjahre nicht echt war oder gewesen war.

Tatsächlich, 1945 schien sich alles zu beschleunigen. Meine Großmutter nahm ihre Arbeit als Ärztin wieder auf, mein Großvater schloss seine Dolmetscherausbildung ab und wurde für die Nürnberger Prozesse angestellt. Am 22. August 1945 reiste mein Großvater von Genf nach Paris, mit einem *laissez-passer*, in dem stand:

> Es war der Schweiz ein Privileg, Ihnen in Ihrer Notlage Zuflucht zu gewähren. Es war uns nicht immer möglich, den zahllosen Flüchtligen, denen wir Asyl boten, alles zu geben, was wir vielleicht gern wollten. Wir hoffen dennoch, dass Ihr Aufenthalt in der Schweiz Ihnen gedient hat, und wünschen Ihnen alles Gute für die Zukunft und die Zukunft Ihres Landes.

All die Jahre der Anspannung und des Wartens gipfelten in ein paar höflichen, auf ein dürftiges Stückchen Papier getippten Zeilen. Plötzlich kam ich auf die Idee zu fragen, was eigentlich auf das Kriegsende gefolgt war. Die kaleidoskopischen Fragmente des Lebens meiner Großeltern fügten sich zu einem neu zu entschlüsselnden Muster zusammen, und ich überlegte erstmals, ob die Risse in ihrer Beziehung vielleicht erst nach dem Krieg entstanden waren, anstatt schon währenddessen.

Kapitel 19

Im Pflegeheim musste mein Großvater an den meisten Tagen sediert werden. Sonst lief er weg oder wurde hysterisch und verbarrikadierte sich in seinem Zimmer oder schrie bis tief in die Nacht um Hilfe.

Bei einem meiner Telefonate mit dem Heim fragte mich eine Pflegerin: »War Ihr Großvater Anwalt?«

»Nein, wie kommen Sie darauf?«

»Manchmal trägt er Sachen vor, es klingt wie Juristensprache. Wie bei einem Prozess. Ich habe mich nur gewundert. Ich würde Sie ja nicht damit belästigen, aber manchmal ist es ziemlich grausig.«

Als ich kleiner war, gehörten die Nürnberger Prozesse zu den wenigen Teilen seiner Vergangenheit, über die mein Großvater freimütig sprach – zumindest dachte ich das. Er zeigte mir die Bilder von sich in General Telford Taylors Buch über die Prozesse. Er brachte mich zum Lachen mit seiner Beschreibung des riesigen Schnurrbarts des französischen Richters Henri Donnedieu de Vabres, hinter dem der sich versteckt hatte, wenn er meinem Großvater, der während des ersten Prozesses zum Dolmetschen der richterlichen Beratungen ausgewählt worden war, Kommentare über die Geschehnisse im Gerichtssaal zuflüsterte. Er erzählte mir, dass er in die US-Armee aufgenommen worden war und eine Uniform und bessere Bezahlung erhalten hatte. Er erklärte das Lämpchensystem, das die Dolmetscher benutzten: gelb, um die Sprecher um langsameres Reden zu bitten, rot, um eine technische Störung oder ein Problem am Dolmetscher-

Mein Großvater (Zweiter von rechts) auf der Dolmetschertribüne bei den Nürnberger Prozessen, wahrscheinlich aufgenommen während des Drehs eines Werbefilms, der das innovative Übersetzungssystem und die neuen Technologien erklärte, die bei dem Verfahren eingesetzt wurden

tisch anzuzeigen. Er war stolz darauf, dass er nie etwas an die Presse weitergegeben hatte. Er erinnerte sich an die freundliche Hilfe des französischen Anklägers François de Menthon bei der Erlangung seiner französischen Staatsbürgerschaft – das erste Mal in seinem Leben überhaupt, dass mein Großvater Staatsbürger eines Landes wurde. Er beschrieb, wie schwer es gewesen war, Göring zu dolmetschen, und dass er Speer im Laufe der Zeit als »le moins pire«, den am wenigsten Schlimmen, betrachtet hatte. Auch erinnerte er sich, dass einige Dolmetscherinnen sich weigerten, Obszönitäten zu übersetzen. Er erzählte mir von den Spannungen in den geheimen Sitzungen der Richter, von ihren endlosen Debatten und Meinungsverschiedenheiten und vom Beharren der Russen, die Nazis hätten das Massaker von Katyn begangen, was Richter Donnedieu de Vabres (wieder im Schutze seines Schnurrbarts) dazu veranlasst hatte, sich zu meinem Großvater zu beugen und zu raunen, »sie lügen«.

Daher glaubte ich, einiges über die erste Erfahrung meines Großvaters als professioneller Dolmetscher zu wissen. Ich hatte seine Rolle bei den Prozessen als eindrucksvolle Leistung abgeheftet und sie bei meinem Versuch, die gemeinsame Geschichte meiner Großeltern nachzuvollziehen, vergessen; ich hatte ihre Bedeutung übersehen, weil meine Großmutter nicht dabei gewesen war. Wieder einmal war ich beeindruckt von der Fähigkeit der beiden, das Fortbestehen ihrer Beziehung an sich zu verschleiern: Bis zu diesem Moment war ich nie auf die Idee gekommen, dass sie damals schon verheiratet waren. Verheiratet, aber räumlich weit voneinander entfernt. Welche Auswirkung hatte diese Trennung auf ihr Leben?

Ich erinnerte mich an ein Foto meines Großvaters mit meiner Mutter als Baby im Arm, auf dem er erfreut und auch leicht überrascht wirkte, als wäre sie aus heiterem Himmel auf seinem Schoß gelandet. Jetzt begriff ich, dass das Bild während eines seiner Urlaube vom ersten Prozess entstanden sein musste und dass es seine erste Begegnung mit seiner Tochter festhielt. Ähnliche Fotos meiner Großmutter, auf denen sie ihr Baby mit eindringlicher, fast aggressiver Liebe betrachtet, wurden in Armands Abwesenheit aufgenommen, während er in einer Ecke des Gerichtssaals in Nürnberg arbeitete.

Die Flüchtlingsakte meines Großvaters endete mit seiner Abreise nach Frankreich, die meiner Großmutter aber

Armand besucht zum ersten Mal seine neugeborene Tochter Angèle, während eines Urlaubs von den Nürnberger Prozessen im Dezember 1945.

Ein Foto aus einer Serie von Anna mit Angèle, aufgenommen 1946 und an Armand geschickt, während er in Nürnberg arbeitete

reichte bis 1949. Auf einer Seite fiel mir die Handschrift meines Großvaters auf:

Armand Jacoubovitch
c/o Tribunal militaire international
20 place Vendôme, Paris

Nürnberg, 2. Januar 1946
Federal Department of Justice and Police
Police Division
Betreff: Flüchtling Nr. 7130 Vö

Sehr geehrte Herren,
ich danke Ihnen für die Verlängerung des Flüchtlingsausweises meiner Ehefrau, Madame Anna Jacoubovitch-Münster, bis 1. Mai 1946. Besonders dankbar bin ich für Ihre Bemühungen angesichts der besonderen Lage, in der ich mich derzeit befinde: Meine Eltern wurden 1942 deportiert, unser Eigentum wurde 1940 geplündert, als die Deutschen in Straßburg einmarschierten, und schließlich wurde unser Haus durch eine Bombe zerstört. Daher bin ich gezwungen, mit leeren Händen neu anzufangen, und da ich derzeit als Dolmetscher beim Internationalen Militärgerichtshof in Nürnberg arbeite, ist es mir nicht möglich, meine Frau und mein Kind nach Frankreich zu holen, weil ich weder Möbel noch Haushaltswäsche besitze, und Ihnen ist sicherlich bewusst, wie schwer es derzeit ist, Wohnungen in Paris zu finden.

Daher beabsichtige ich, meine Frau und mein Kind nach meiner eigenen Rückkehr nach Paris zu holen; das heißt, sobald der Nürnberger Prozess vorbei ist, zweifellos irgendwann im April.

Unter diesen Umständen wäre ich Ihnen sehr verbunden, wenn Sie freundlicherweise die Genfer Polizei bitten würden, die Aufenthaltserlaubnis meiner Frau und meines Kindes zu verlängern, die derzeit nur bis 31. Januar gültig ist.

Wenn Sie die Erlaubnis bis 1. Mai 1946 verlängern könnten, könnte meine Ehefrau vermeiden, die Schritte einzuleiten, die ansonsten für die Verlängerung erforderlich wären, Schritte, die für sie recht schwierig sind, da sie ganz allein ist und ihr Baby noch stillt.

Mit freundlichen Grüßen,
A. Jacoubovitch

Bis April! Armer Großvater – der Hauptprozess dauerte bis zum Oktober 1946. Mitschriften der Nürnberger Prozesse sind online verfügbar über die Lilian Goldman Law Library der juristischen Fakultät der Universität Yale, aber ich hatte mir nie die Zeit genommen, sie mir anzusehen. Nun klickte ich mich durch bis zum 2. Januar, neugierig, woraus die Arbeit meines Großvaters an diesem Tag bestanden hatte. Als ich die Seite überflog, wurde mir schlagartig die Ungeheuerlichkeit dessen bewusst, was ich bisher außer Acht gelassen hatte:

> Waggon auf Waggon wurde gefüllt, und unablässig ertönte das Schreien von Frauen und Kindern und das Knallen von Peitschen und Gewehrschüssen. Da mehrere Familien oder Gruppen sich in besonders festen Gebäuden verbarrikadiert hatten und die Türen nicht mit Brecheisen oder Balken aufgebrochen werden konnten, wurden sie nun mit Handgranaten aufgesprengt. Da sich das Ghetto in der Nähe der Eisenbahngleise in Rowno befand, versuchten die Jüngeren, die Gleise und einen schmalen Fluss zu überqueren, um aus dem Ghettobereich zu entkommen. Da dieser Streifen Land außerhalb der Reichweite der elektrischen Beleuchtung lag, wurde er von kleinen Raketen erhellt. Die ganze Nacht hindurch bewegten sich diese geschlagenen, gejagten und verwundeten Menschen an den erleuchteten Straßen entlang. Frauen trugen ihre toten Kinder auf dem Arm, Kinder zerrten und schleppten ihre toten Eltern an Armen und Beinen die Straße hinunter zu dem Zug. Wieder und wieder hallten die Schreie »Tür aufmachen! Tür aufmachen!« durch das Ghetto.

Ich begann zu zittern. Eine vertraute, grauenhafte Traurigkeit ergriff mich. Ich klappte den Computer zu und versuchte zu atmen. All diese Worte waren aus dem Mund meines Großvaters gekommen, als er arbeitete. Wie dumm ich doch gewesen war. Nie hatte ich in Betracht gezogen, welche Auswirkungen diese Erfahrung auf ihn gehabt haben mochte.

Als ich meinen Großvater das nächste Mal besuchte, wirkte er gelöster, trotz der Berichte der Pflegerin. »Dieser Einsatz ist wirklich ziemlich eintönig«, teilte er mir halblaut mit. »Ich bin kaum in der Kabine. Ich fahre bestimmt bald nach Hause.«

»Verstehe«, gab ich zurück, etwas unsicher, wie ich ihm beibringen sollte, dass das nicht stimmte. »Denkst du an die Nürnberger Prozesse? Erinnerst du dich daran?«

»Natürlich.«

»Es muss sehr schwer für dich gewesen sein.«

»Na ja, Dolmetschen ist ein ziemlich schwerer Beruf«, sagte er, als hätte ich angedeutet, er sei geistig minderbemittelt. »Nicht jeder kann das.«

Ich fragte mich, ob das eine persönliche Anspielung sein sollte, da ich selbst mittlerweile als Dolmetscherin arbeitete, aber andererseits bezweifelte ich, dass er sich daran erinnerte. »Ich meinte den Inhalt der Prozesse«, sagte ich. »Was du zu übersetzen hattest. Erinnerst du dich daran noch? Die Pflegerin meinte …« Ich suchte nach den richtigen Worten. »Sie meinte, du hättest Albträume, und ich habe überlegt, ob es daran liegen könnte.«

Mein Großvater schwieg. »Es ist wie eine schwarze Kiste. Ich trage sie herum … ich habe sie bei mir, aber wenn ich sie öffne, ist nichts drin.«

Ich begann, die Prozesse und die Rolle meines Großvaters dabei zu recherchieren. Aus einem Interview, das mein Großvater Mitte der Neunziger der *Berliner Zeitung* gegeben hatte, erfuhr ich, dass er während Görings Aussage in der Dolmetscherkabine zusammengebrochen war. In einem anderen Bericht las ich, dass Göring die Dolmetscher direkt kritisiert hatte. Einmal blaffte er angeblich: »Sie kosten mich Jahre meines Lebens.« Ich konnte diese Bemerkung in den Prozessmitschriften nicht finden, aber ich fragte mich, ob mein Großvater der unglückliche Empfänger einer seiner Seitenhiebe gewesen war und ob das dazu beigetragen hatte, dass er der Belastung nicht standgehalten hatte. Natürlich kamen Zusammenbrüche der Dolmetscher während des Prozesses häufig vor – so häufig, dass zu jeder Zeit ein Ersatzteam bereitstand. Armand und der andere jüdische Dolmetscher wurden beurlaubt und vorübergehend in die Übersetzerabteilung versetzt, wenn das, was sie hörten, zu viel für sie wurde.

Historiker und Augenzeugen der Prozesse sind sich einig, dass von allen Angeklagten Göring der unangenehmste war: Er sprach in langen, verschachtelten Sätzen und stiftete absichtlich Verwirrung, indem er die Ankläger attackierte, Verhöre behinderte und in einer Geschwindigkeit durch Kreuzverhöre raste, die den Dolmetscher oder auch den Verhörenden selbst aus dem Konzept brachte. Ich erinnerte mich an Geschichten meines Großvaters darüber, doch damals hatte ich sie für amüsante Anekdoten gehalten: Dadurch, dass im Deutschen das Verb häufig am Satzende steht, hatte er, wenn Göring endlich am Ende eines Satzes angekommen war, oft vergessen, wie er angefangen hatte. »Manchmal ergab das, was er sagte, gar keinen Sinn«, erzählte mein Großvater mir einmal. »Und ich musste den Richtern mitteilen, dass der Satz nicht von Bedeutung war.« In seinen Erinnerungen an die Prozesse schreibt Richard Sonnenfeldt: »In Nürnberg, als ich auf die Begegnung mit Göring wartete, spürte ich den jüdischen Flüchtling, der ich einst gewesen war, an meinem Ärmel zupfen.« Und ich dachte mir, *Opa war zu dem Zeitpunkt immer noch jüdischer Flüchtling.* Wie musste es für ihn gewesen sein, für einen der ranghöchsten Nazis zu sprechen?

Ich bat Tomas Fitzel, den Autor des Artikels in der *Berliner Zeitung*, um mehr Information. Er antwortete:

> *Leider brach er den Kontakt ab, weil ich geschrieben hatte, dass er einen Zusammenbruch erlitt, während er für Göring übersetzen musste. Ein Kollege gab mir diese Information über ihn, nicht er selbst. Vielleicht schämte er sich, aber meine Absicht war, über diese extrem schwere und manchmal unmenschliche Arbeit zu sprechen, die er und seine Kollegen tun mussten.*
>
> *In unserem Interview wollte er sagen, dass man sich so auf die Arbeit des Übersetzens konzentrieren musste, dass man sich hinterher nicht erinnern konnte; es floss durch einen hindurch. Aber stattdessen verwendete er eine falsche – oder besser gesagt – die richtige Metapher: das Arbeiten sei wie ein Filter gewesen. So wurde das Wissen der schrecklichen Zeugenaussagen zu einem gewissen Grad herausgehalten. Aber in Wahrheit war der Filter er selbst, ohne sich darüber bewusst zu sein, dass das, was er übersetzte, zu etwas wurde, das er in sich behielt.*
>
> *Ich weiß noch, dass ich vor unserem Interview nie darüber nachdachte, wer er sein mochte: Jude, Opfer, wurde seine Familie getötet? In dem Augenblick, als ich an seiner Wohnung in Genf klingelte, betrachtete ich seinen Namen und hatte das Gefühl, ihn zum ersten Mal zu lesen; ich dachte, oh mein Gott, wie blöd bin ich doch.*

Falls mein Großvater tatsächlich einen Zusammenbruch erlitt, erwähnte er ihn nie irgendjemandem gegenüber, und er dolmetschte ziemlich schnell wieder. Aber der Inhalt des Prozesses veränderte den Rest seines Lebens.

Mein Großvater war anwesend, als die von der US-Armee bei der Befreiung der Nazi-Konzentrationslager gedrehten Filme am 29. November 1945 gezeigt wurden. Dem Gericht wurden von den Filmemachern unterzeichnete eidesstattliche Versicherungen vorgelegt, dass das Material nicht manipuliert oder in irgendeiner Weise verändert worden war. So unglaublich war es.

Niemand wusste, was er zu erwarten hatte, als der amerikanische Ankläger Thomas Dodd sagte: »Das ist keineswegs der einzige Beweis, den die Anklage in Bezug auf das Thema Konzentrationslager präsentieren wird, aber dieser Film stellt in einer kurzen und unvergesslichen Form eine Erklärung dar, wofür das Wort ›Konzentrationslager‹ steht.«

Es heißt, selbst einige der Verteidiger weinten offen im Gerichtssaal. Angeblich legte sich einer der Richter drei Tage ins Bett.

Und mein Großvater, allein in einer zerstörten Stadt im ehemaligen Feindesland, neu in seinem Job, schüchtern gegenüber seinen Kollegen, unbehaglich auf seinem Eckplatz auf der Dolmetschertribüne nahe der Leinwand sitzend? Mein Großvater kann nur gedacht haben:

Das sind meine Eltern.

Er war einer der Ersten, die die für Lampenschirme und Briefbeschwerer gegerbten Menschenhäute sahen, die Narben, Tätowierungen, die Berge von Kleidung und Schuhen und Zahngold, und Schlimmeres. Viel Schlimmeres. Er sah all das, bevor es allgemein bekannt wurde. Er sah es, bevor es Worte wie *Shoah* oder *Holocaust* gab, bevor sechs Millionen eine bedeutungsschwere Zahl wurde, bevor die Dokumentationen und Museen und Archive und Denkmäler und Schulstunden uns eine Art wackelige Hilfskonstruktion zum Umgang mit dieser furchtbaren Düsternis gaben.

Mein Großvater war dreißig Jahre alt, als der Prozess begann. In Filmmaterial aus dem Prozess sieht er jünger, aber verhärmt aus, als kosteten ihn die Aussagen, die er hörte, Jahre seines Lebens und ließen ihn den Krieg noch einmal erleben, dieses Mal mit dem Wissen, was alles passieren würde. Er ist rastlos beim Arbeiten, beugt sich vor und lehnt sich dann wieder zurück, nestelt an Papier und Bleistift, weiß nicht, wohin mit den Händen, rutscht auf dem Sitz herum. Als ich ihn zum ersten Mal in den Filmaufnahmen sah, die vom Steven Spielberg Film and Video Archive im U.S. Holocaust Memorial Museum aufbewahrt wurden, hatte ich das unheimliche Gefühl, mich selbst zu beobachten: Ich bewegte mich exakt genauso, wenn ich in der Dolmetscherkabine arbeitete – eine weitere Parallele zwischen meinem Leben und dem meiner Großeltern.

Aus eigener Erfahrung wusste ich, wie intensiv man sich bei dieser Arbeit konzentrieren musste, sodass, solange er im Einsatz war, jeder Satz vom nächsten und wieder nächsten abgelöst wurde und er keine Zeit hatte, sich einen bestimmten einzuprägen oder zu durchdenken. Aber unausweichlich brachte jeder Tag in Nürnberg Wissen mit sich, das er besaß und meine Großmutter nicht. Was geschah, wenn er zu ihr zurückfuhr? Natürlich nahm er all jene Worte mit, irgendwo in seinem Kopf weggepackt. Wusste er, was ihm das antat? In jedem Fall musste er bemerkt haben, dass die Verwerfungslinie zwischen seiner und ihrer Persönlichkeit nach und nach unüberbrückbar wurde.

Genau in den Tagen und Wochen, in denen meine Großmutter in die Welt der Lebenden zurückkehrte, ihr Baby im Arm hielt und kranke Flüchtlinge gesundpflegte, saß mein Großvater in einem halb dunklen, verqualmten Gerichtssaal und half dabei, ein Vokabular für ein Universum zu erfinden, das furchteinflößender und schrecklicher war als alles, was er sich je hätte vorstellen können. Wie ein Zeuge, Dr. Franz Blaha, sagte, als er darum bat, auf Deutsch statt in seiner Muttersprache Tschechisch aussagen zu dürfen: »Eine Reihe von speziellen Fachausdrücken, die sich auf das Leben in und um die Konzentrationslager beziehen, sind ausschließlich deutsche Erfindungen, und man findet in keiner Sprache ein entsprechendes Äquivalent.« Man stelle sich vor, einer der Menschen zu sein, die Konzepte und Taten anschaulich machen sollten, die so unfassbar waren, dass es den Wortschatz dafür in anderen Sprachen nicht gab.

Keine noch so starke Loyalität, kein noch so großer Optimismus meiner Großmutter konnte ihn aus diesem Abgrund ziehen, keine noch so tiefe Trauer an das Entsetzen heranreichen, das er empfand. Und kein noch so großer Stolz auf seine Intelligenz und Leistung konnte den Schmerz lindern, am Versuch der Welt teilzuhaben, ein wenig Gerechtigkeit in das Unverzeihliche zu bringen – besonders da Gräueltaten wie das Massaker von Katyn ans Licht kamen und sein Vertrauen in jene erschütterten, die zu den Gerechten zu gehören behaupteten. Was sie einander entfremdete, war das, was er wusste und meine Großmutter nicht.

Sie entfremdeten sich, aber wie sollten sie einander loslassen? Wie sollten sie loslassen, nach allem, was sie durchgemacht hatten?

Im November 2006 wurde mein Großvater auf die Pflegestation eines neuen Krankenhauses verlegt, zu kurzfristig für mich, um ihn bei seinem Umzug zu begleiten. Eine Zeit lang verschlimmerten sich seine Albträume und Angstzustände. Als Julien und ich ihn zum ersten Mal dort besuchten, gingen wir vorher kurz im Schwesternzimmer vorbei, und die diensthabende Pflegerin sagte: »Ich muss Sie warnen, er sieht ziemlich ungepflegt aus.«

»Warum?«

»Er lässt uns nicht in seine Nähe, um ihm die Haare zu schneiden. Wir haben es mit Haarschneidemaschine und Schere probiert, aber er gerät total in Panik und beschimpft uns ganz schlimm. Er ist Holocaust-Überlebender, richtig?«

Ich nickte.

»Armer Mann. Bei solchen Leuten ist es mit der Körperpflege immer am schwierigsten. Sie lassen sich noch weniger gern anfassen als die anderen Patienten. Vielleicht wäre es bei Ihnen aber anders«, meinte sie. »Würden Sie es vielleicht mal probieren?«

Sie gab mir ein Handtuch und eine Schere. »Machen Sie sich keine Gedanken über Haare auf dem Fußboden. Wir fegen dann alles auf, wenn Sie fertig sind.«

Bei unserem Anblick leuchtete das Gesicht meines Großvaters auf. »Hallo!«, rief er freudig. »Wie um alles in der Welt habt ihr mich hier gefunden?«

»Ich weiß immer, wo du bist«, versicherte ich ihm. »Ich rede mit deinen Ärzten und Schwestern und sorge dafür, dass alles in Ordnung ist, selbst wenn ich mal nicht zu Besuch kommen kann.« Ich wappnete mich für einen Ausbruch, aber mein Großvater lächelte.

»Das ist ein Trost.«

»Du könntest mal einen Haarschnitt gebrauchen«, sagte ich zaghaft.

Er griff an seinen Kopf. »Ich weiß«, gab er reumütig zu. »Aber ich habe kein Geld für einen Friseur.«

»Tja, heute ist dein Glückstag.« Ich zeigte ihm die Schere und das Handtuch und verneigte mich. »Friseurin Miranda, zu Diensten.« Erneut rechnete ich mit einer Tirade, aber mein Großvater setzte sich und sah erwartungsvoll zu mir auf, mit demselben sanften, vertrauensvollen Lächeln, das mir schon im Frühjahr aufgefallen war. Also setzte Julien sich aufs Bett und plauderte mit ihm, während ich ihm die Haare schnitt. Opa entspannte sich sichtlich unter meinen Händen. Das Zimmer war karg und still und ging auf einen Park mit Bäumen hinaus. Das Fenster stand offen, und wir hörten Vögel singen. Opa hörte zu reden auf und neigte leicht den Kopf. Er wirkte friedvoll, friedvoller, als ich ihn je erlebt hatte. Ich fragte mich, ob der Gedächtnisverlust für ihn nicht vielleicht sogar ein Segen war.

Als ich fertig war mit Schneiden, spazierten wir auf einen Kaffee in die Cafeteria.

»Denken Sie an etwas Bestimmtes?«, fragte Julien ihn.

Opa schüttelte den Kopf. »Eigentlich nicht. Ich betrachte die Bäume im Park und die Vögel …« Er deutete durchs Fenster und verstummte. Wir warteten darauf, dass er noch mehr sagte, aber es kam nichts.

»Wenn Sie über Ihr Leben nachdenken, gibt es etwas Bestimmtes, das Ihnen immer wieder einfällt?«, hakte Julien sanft nach.

»Nicht unbedingt – der Krieg. Der Krieg wahrscheinlich.«

»Welcher Teil davon?«, fragte ich. »Deine Zeit bei der Armee?«

»Nein, das nicht so, das war eigentlich ziemlich langweilig.«

»Die Pyrenäen?«, schlug ich vor.

»Ja.« Er nahm ein Zuckertütchen in die Hand und zögerte, versuchte sich zu erinnern, ob er schon welchen in seinen Kaffee geschüttet hatte.

»Ein Zucker ist schon drin«, sagte ich.

»Was? Ach, danke.«

»Das war eine schwere Zeit«, sagte Julien. »Eine traurige Zeit.«

Mein Großvater nickte und blinzelte aus dem Fenster in die Sonne, als suche er nach etwas, das am Horizont versteckt war. »Zweifellos …« Er zog seine Worte in die Länge, wählte jedes mit Bedacht. »Die Frau, mit der ich zusammenlebte, sie war sehr praktisch veranlagt … zweifellos hat sie viel zu unserem Überleben beigetragen.«

Die Haare in meinem Nacken richteten sich auf. »Du meinst meine Großmutter?«

Opa sah mich ausdruckslos an.

»Du meinst … du meinst Anna Münster?« Ich unterdrückte den Drang, mich umzusehen, ob das Gebäude um mich herum noch stand. Es war das erste Mal in meinem Leben, dass ich ihren Namen in seiner Gegenwart aussprach.

Er nickte langsam. »Ja, genau. Das ist der Name. Sie war es.«

Kapitel 20

Dank der Vermittlung der Nichte meines Großvaters und ihres Mannes (mit denen Armand früher ein gutes Verhältnis gehabt hatte, aber, wie es typisch für ihn war, seit Jahren nicht mehr sprach – aus mysteriösen Gründen, für die er einen speziellen Ordner angelegt hatte, mit dem er manchmal vor mir herumfuchtelte) wurde Opa als dringender Fall ganz oben auf die Liste des einzigen jüdischen Altersheims in Genf gesetzt. Im Frühling 2007 rief sein Sozialarbeiter mich an, dass ein Zimmer für ihn frei sei. Ich fuhr nach Genf, um den Umzug vorzubereiten, und Julien kam ebenfalls mit, um mir zu helfen.

Als wir die Tür zur Wohnung meines Großvaters öffneten, brachte mich der vertraute Geruch nach Bergamotte, Rosmarin, Pfeifentabak, Papier und Bleistift völlig aus der Fassung. Wie angewurzelt blieb ich auf der Schwelle stehen, und Julien drückte mir die Hand. »Denk daran, wie viel besser er dort aufgehoben ist«, erinnerte er mich. Das war unbestreitbar richtig. Ich straffte die Schultern, und wir traten ein.

Das Altersheim hatte mir eine Liste gegeben: Hosen, Hemden, Unterwäsche, Socken. »Seine Kleider sind alle da drin.« Ich deutete auf die blau lackierten Türen seines Schafzimmerschranks und sprach mit gedämpfter Stimme, als könnten wir jemanden stören. »Am besten kümmere ich mich um seine Toilettenartikel und persönlichen Gegenstände.« Wir begannen, ordentliche Stapel auf dem Bett zu machen.

Da ich immer noch Hemmungen hatte, in Opas Privatsphäre einzudringen, wartete ich mit der Schublade seines Nachttischchens, bis alles andere gepackt war. Während Julien Tüten organisierte, um die Sachen zum Auto zu transportieren, zog ich sie schließlich zaghaft auf. Darin lag ein unbeschrifteter, nicht zugeklebter brauner Briefumschlag. Er enthielt ein fotokopiertes, einmal gefaltetes Heftchen, in dem ein Blatt Papier lag, ein Brief. »*Lieber Monsieur Jacoubovitch*«, hieß es dort,

> *der französische Staat möchte Ihnen sein tiefstes Bedauern über seinen Anteil an der Deportation und dem anschließenden Tod Ihrer Eltern, Leon und Augustine Jacoubovitch, aussprechen.*

Darunter standen noch das Datum der Deportation, das der Ankunft in Auschwitz und mehr nicht. Kein Wort über die große Schuld, die der Staat auf sich geladen hatte, nichts über das Leiden, das er zugefügt hatte, keine echte Entschuldigung, gar nichts. Nur diese furchtbare Reduktion auf Zahlen, Ortsnamen und Daten. Als ich den Brief hochhob, sah ich den Titel der Broschüre darunter: *Suicide, mode d'emploi. Selbstmord: Eine Anleitung.*

Julien war draußen und lud das Auto ein. Ich war allein in der Wohnung.

Da ich nicht wusste, was ich sonst tun sollte, faltete ich die Papiere zusammen und steckte sie zurück in den Umschlag. Einen Moment lang saß ich auf dem Bett und hielt das furchtbare Geheimnis meines Großvaters in der Hand. Wieder kam mir der Gedanke, dass seine Demenz möglicherweise eine Gnade war, dass sie ihm die Freiheit gewährte, ein paar Jahre ohne diese unaussprechlichen Erinnerungen zu leben, von der Aufgabe des Gedenkens erlöst.

Noch einmal wandte ich mich der Schublade zu, weil ich

mich fragte, an welchen Strohhalm er sich all die Jahre geklammert hatte, was ihn davon abgehalten hatte, den Anweisungen in diesem Büchlein zu folgen. Bis auf einen Reisewecker und eine alte Brieftasche war die Schublade leer. Ich öffnete die Brieftasche. Sie sah ebenfalls leer aus, aber ich suchte trotzdem in allen Fächern. In einem fand ich ein weißes Rechteck mit einem Datum darauf. Ich holte es heraus und drehte es um. Es war ein Foto meiner Großmutter. Sie war jung und schön und lächelte für die Kamera, die schwarzen Haare kräuselten sich um ihr Gesicht, um den Hals trug sie ein gepunktetes Tuch. Noch einmal las ich das Datum: 12. Juli 1944. Der Hochzeitstag meiner Großeltern.

Kapitel 21

Später, viel später erzählte meine Großmutter mir endlich von ihrem Eheleben, zumindest dem wenigen, das sie gehabt hatte. In einem Essay mit dem Titel »Ehe« bestätigte sie, was ich bereits den Flüchtlingsakten meiner Großeltern entnommen hatte:

Eheleben bestand für mich daraus, während meiner Urlaube vom Lager zusammen zu sein, alle sechs Wochen fünf Tage lang, bis bei mir Pellagra festgestellt wurde … was mich aus dem Lager befreite und mir gestattete, (mit Stipendium) an einem sechsmonatigen Kurs teilzunehmen, der eine Gruppe von Personen auf Nachkriegsunterstützung im Osten vorbereitete, wenn Lager, Gefängnisse und Bevölkerungen von der Nazibesatzung befreit waren.

Ich hätte gern gewusst, ob einer von beiden je die Ironie des Schicksals kommentiert hatte, dass sie zweimal von derselben ernährungsbedingten Mangelerscheinung zusammengebracht worden waren, zuerst durch die Doktorarbeit, bei der Armand Anna geholfen hatte, und dann durch ihre physische Manifestation bei meiner Großmutter. Pellagra verursacht Hautläsionen, Haarausfall und Ödeme sowie Orientierungslosigkeit und Verwirrung. Meiner Erfahrung nach verschwand der Hang meines Großvaters zu Gehässigkeiten, wenn andere schwach oder leidend waren, und ich hoffte, er war in den ersten Wochen ihres gemeinsamen Lebens in dem Zimmer bei Madame Berchtold nett zu ihr gewesen. In einem Brief schrieb Oma:

Wir waren so beschäftigt, dass wir einander außer zu den Mahlzeiten, abends oder am Wochenende kaum sahen. Aber da wurde mir wahrscheinlich bewusster, welche Meinung er von mir hatte als, ja, zwar gebildete, aber unkultivierte rumänische Bäuerin, eine seiner Lieblingsbeleidigungen neben vielen anderen. Ich besaß von zu Hause ein starkes und gut ausgebildetes Selbstwertgefühl und wusste immer, dass seine Beleidigungen mehr über ihn verrieten als über mich. Bei der Arbeit, im Studium war ich normalerweise geschätzt und geachtet, was einen totalen Bruch verhinderte, obwohl ich oft während unserer Beziehung dachte, nahe daran gewesen zu sein.

Was wirklich die Ehe beendete, war meine Entdeckung, dass affektive und kognitive Entwicklung wirklich völlig voneinander getrennt sein können. Damit meine ich, dass intellektuelles Verständnis und Brillanz in abstraktem Denken wenig oder gar nichts mit Zuneigung und empathischen Empfindungen zu tun hatten und dementsprechend dem Bedürfnis, die Wünsche und Bestrebungen des anderen zu respektieren und ihnen gerecht zu werden. Der Schock dieser Entdeckung enthüllte auch, zu großen Teilen, meine Naivität, von der Intelligenz geblendet worden zu sein, aber auch der darunterliegenden Härte (wie ein Diamant), nie geahnt.

Das also hatte Oma sechzig Jahre später über ihren Mann zu sagen, über ihre Beziehung, die Verwerfungslinien ihrer Ehe: Opa war hochintelligent, aber er war grausam und liebte sie nicht – konnte sie nicht lieben. Ihr Brief schloss mit den Worten: »*Vergiss nicht, dass meine Erinnerungen von vor so langer Zeit sehr wahrscheinlich von den Jahren und Ereignissen verändert waren … ich denke weiterhin viel an dich und wünsche mir, dass, egal, was passiert, ihr es zusammen schaffen werdet, weil ihr den anderen habt, um euch zu stützen.«*

Als ich den Erinnerungsfaden meiner Großmutter entwirrte, erkannte ich, dass es eine Art Flitterwochenphase in den vier Monaten gegeben haben musste, die sie und mein Großvater bei Madame Berchtold verbrachten. Die Krankheit meiner Großmutter, die Neuheit des Zusammenseins, der Umstand, dass sie »einander kaum sahen«, all das musste die angeborene Launenhaftigkeit meines Großvaters abgedämpft haben. Außerdem hatten, in Anbetracht der in beiden Familien weit verbreiteten Reizbarkeit, gelegentliche Salven von brummigen, boshaften Bemerkungen meine Großmutter wahrscheinlich nicht weiter aus der Fassung gebracht. Ich wusste, dass mein Großvater auf Stress und Schmerz mit Gemeinheit reagiert. Je näher er einem stand, desto ungehemmter teilte er seine überkritischen Gehässigkeiten aus. Wenn er sie geliebt hatte, wenn er sehr vertraut mit ihr war, kann ich mir nur ungefähr vorstellen, wie furchtbar er sie behandelt haben muss – aber auf eine Art und Weise, an die sie leider gewöhnt sein musste und die sicherlich abgemildert wurde durch die guten Neuigkeiten vom Kriegsende, der Schwangerschaft meiner Großmutter und dem neuen Job meines Großvaters.

Je mehr ich darüber nachdachte, desto sicherer wurde ich, dass der Bruch später stattfand. Ich erinnerte mich, dass meine Großmutter mir einmal erzählt hatte, 1948, als sie ihre Eltern mit dem Zug nach Marseille brachte und auf dem Rückweg das Haus in Alba kaufte, sei sie zusammengebrochen und habe ihrer Mutter gestanden, wie schlimm es sei. Zwischen der Abreise meines Großvaters aus Genf 1945 und jener Zugfahrt 1948 lag ein bedeutendes Ereignis: Nürnberg.

Nach den Prozessen setzten die Schwierigkeiten ein. Denn wie sollte Armand ihr das leicht chemisch wirkende Licht beschreiben, das Rascheln und Klopfen von ausgeteilten Papieren und Mappen, das hohe Klappern, wenn die Stenotypistinnen an ihre Maschinen zurückkehrten, Geräusche, die jede Möglichkeit einer Außenwelt aus dem großen braunen Saal zu saugen schienen? Wie sollte er ihr von dem kalten Schweiß erzählen, der ihm ausbrach, wenn Fritzsche oder Speer den Dolmetschern beim Betreten des Raumes zur Begrüßung zunickten? Wie sollte er vermitteln, wie er seine Schläfrigkeit wegzappelte, wenn er gerade nicht im Einsatz war, wie er seine Aufmerksamkeit auf die Menschen in einer Ecke des Gerichtssaals richtete und dann die in einer anderen, wie er die Männer anstarrte, die den Vorwürfen gegen sich lauschten, wie er Anwandlungen von Langeweile, Wut, Feindseligkeit, Trauer, Erschöpfung, Fassungslosigkeit abwehrte, sich dann wieder aufrappelte und voll konzentriert zuhörte, wenn er an der Reihe mit Arbeiten war? Die Dolmetscher hatten wenig Erinnerung an die

Wahrscheinlich Armands erste Passfotos, aufgenommen in Paris 1946, nachdem die französischen Juristen bei den Nürnberger Prozessen ihm geholfen hatten, die französische Staatsbürgerschaft zu erhalten

Worte, die sie den ganzen Tag herunterrasselten, aber fast alle klagten über Albträume.

Und immer mal wieder, wie ein Taucher, der zum Luftholen an die Oberfläche kam, nahm Armand die Worte wahr, die er und seine Kollegen aussprachen, und wurde von einem Verstehen überrollt. Und dann rauschte der Wortstrom wieder voran, und er vergaß die Formulierung und geriet mit der Bedeutung durcheinander. Die Sätze schienen von ihm abzuperlen. Während sie aus seinem Mund strömten, erfuhr er von den Verbrechen, die an seiner Familie verübt worden waren. Und dann kapselte er sie in sich ein, und nichts sah je wieder aus wie vorher. Wer konnte einen Ehering tragen, wenn er wusste, dass sie bergeweise von toten Fingern gezogen worden waren? Wer konnte im Licht eines Lampenschirms lesen? Mäntel, Hüte, Kinderspielzeug – alles war gezeichnet, befleckt, zerstört. Die Persönlichkeit meines Großvaters konnte es nicht verkraften. Er verhärtete sich um dieses Wissen herum, und seine Härte verletzte meine Großmutter zutiefst.

Die Ungeheuerlichkeit seines Schweigens, begriff ich, entsprach der Ungeheuerlichkeit des Wissens, das er aus Nürnberg mitnahm. Er wusste nicht, wie er in einer Welt leben sollte, in der es Liebe und *das* gab. Aber meine Großmutter, deren Elan und Einfallsreichtum sie beide so weit gebracht hatte – meine Großmutter schon. Und weil sie weiterhin fähig zu lieben war, verließ sie ihn. Ich dachte an den Mut, den es erfordert haben musste, ihre Bande zu dieser furchtbaren Last der Traurigkeit und Bitternis zu lösen, einer Last, die sie nach Ansicht der gesamten Welt mit Armand gemeinsam zu tragen hatte, und ihr eigenes Leben zu führen. Lieben konnte sie einen Mann, mit dem sie so viel durchgemacht hatte, aber sich von ihm in ein dem Erinnern gewidmetes Dasein herunterziehen lassen konnte sie nicht. Anna war mutig genug, neu anzufangen, selbst wenn das bedeutete, sich von dem einen Menschen zu trennen, der sie mit der Vergangenheit verband.

Aber sie hatte ihn nie gänzlich im Stich gelassen. All ihre Anläufe, mich zurück in seine Richtung zu stupsen, angefangen mit meiner Zeit in dem Internat in Genf, waren, glaube ich, letzte Versuche, ihn zu retten, ihm wieder zu zeigen, wie man liebte. Und dabei rettete sie auch mich. Sie hatte sich dagegen gewehrt, dass die Last unserer Vergangenheit mich erdrückte. Da sie meine Kindheitsängste, mein häufiges Kranksein, mein Gefühl, am falschen Ort zu sein, erkannte, hatte sie mich weggetrieben, mich zu dem Haus in La Roche getrieben, mich angehalten, lebendig zu sein. Im Gegensatz zu ihr hatte ich das Glück, in einer Zeit jung zu sein, in der ich leben und lieben durfte, wie ich wollte. Während ich mich zu erinnern versuchte, drängte Oma mich, zu vergessen, alles aufzuschreiben und mich dann wieder um das Leben zu kümmern.

Als ich schließlich fertig damit war, die Geschichte meiner Großeltern zu rekonstruieren und aufzuzeichnen, war mein Großvater zu senil, um sie zu lesen, ich aber inzwischen erwachsen genug, dass ich das nicht bedauerte: Ich bin sicher, er hätte schon nach einem Absatz einen Wutanfall bekommen und nie wieder mit mir gesprochen.

Doch wie ich es mir erträumt hatte, las meine Großmutter den Text, und zwar ganz durch, im Alter von siebenundneunzig. Ich war schon im fünften Monat schwanger und in die Staaten geflogen, um sie zu besuchen, zum, wie wir beide wussten, letzten Mal. »Ich fand es toll«, sagte sie zu mir. »Ich bin froh, dass du alles aufgeschrieben hast.«

»Aber habe ich es richtig hingekriegt?«, fragte ich. »Das

kann nicht sein. Es muss voller Fehler sein. Was soll ich ändern?«

Sie seufzte und lehnte sich an ihre Kissen. »Mirandali, das ist jetzt so lange her. Wer kann sich noch erinnern?«

Ich legte mich neben sie aufs Bett, und sie rutschte ein Stück, um Platz für mich zu machen. So lagen wir aneinandergeschmiegt da, und ich versuchte, so viel wie möglich von ihr aufzusaugen, damit das kleine Baby in mir einen Hauch von ihrer unbezähmbaren Lebensfreude abbekam, diesen unbeschreiblichen Duft von Widersprüchen. Ich hoffte, sie sah die Tränen nicht, die aus meinen Augenwinkeln sickerten, denn ich wusste, sie hätte sie missbilligt.

»Ich will nicht, dass du zu meiner Beerdigung kommst, das weißt du ja«, sagte Oma in die Stille hinein.

»Ach, Oma, das kann ich dir nicht versprechen.«

»Du wirst sowieso zu schwanger sein«, prophezeite sie. »Das ist gut. Du weißt, ich bin immer da.« Sie tippte sich auf Brust und Kopf.

Ich wechselte das Thema. »Weißt du, ich habe Juliens *tante* Chantal auf einem Fest getroffen, sie ist ungefähr in deinem Alter, ein bisschen jünger – ich glaube, du würdest sie sehr gern mögen.«

»Du hast mir von ihr geschrieben.«

»Also, wir haben uns unterhalten, und weißt du, was sie gesagt hat? Sie ist so froh, dass sie den Tag noch erleben durfte, an dem ein junger Mann aus einer bürgerlichen, katholischen französischen Familie eine Jüdin heiraten kann.« Ich verstummte plötzlich. Das war, wurde mir bewusst, nicht unbedingt das Schicksal, das eine jüdische Großmutter ihrer einzigen Enkelin wünschte. »Ist das okay für dich?«, fragte ich. »Ist es okay, dass ich nach Frankreich gezogen bin und einen Goi geheiratet habe?«

Oma machte ein ungeduldiges Geräusch. Sie gab mir einen Klaps auf den Hintern. »Mirandali, vergiss es. Das alles liegt in der Vergangenheit. Du musst dein Leben *vorwärts* leben. Geh dir was zu essen holen.«

Meine Großmutter starb am 19. September 2010, dem Tag nach Jom Kippur. Ich war, wie sie vorausgesehen hatte, zu schwanger, um nach Hause zu fliegen. Unsere Tochter Estelle Anna wurde auf den Tag genau drei Monate später geboren, am 19. Dezember 2010.

Am Abend vor Jom Kippur soll man durch Fasten und Gebet die eigene Bindung an die physische Welt brechen, um sich mit dem Heiligen Geist auszusöhnen und für ein weiteres Jahr im Buch des Lebens eingeschrieben zu werden.

Ich stand in einer Synagoge in Paris und dachte intensiv an all die Bindungen, die ich besaß, und am intensivsten an diejenige, die ich nicht brechen wollte. Ich wusste, dass Oma in ihrem Bett in Pearl River lag, mit meiner Mutter und meinem Onkel an ihrer Seite, und sich auf ihren letzten Atemzug vorbereitete.

Ich lauschte dem Kantor, der das *Kol Nidre* anstimmte, das Gebet, das Schulden, Schwüre und Verpflichtungen aufhebt, und als die Gemeinde mit einfiel, brach ich meine Bindungen zu meiner Großmutter. »Du darfst gehen«, flüsterte ich ihr zu. »Wir kommen ohne dich zurecht.«

»*Was bedauere ich?*«, schrieb meine Großmutter einmal vor vielen Jahren.

Im Rückblick… bedauere ich zutiefst, nur in einer Welt gelebt zu haben, die niemals die Einfachheit und Zufriedenheit nachbildete, die ich in den Dörfern meines Heimatlandes erlebte. Ich suchte Dörfer auf, wenn die Gelegenheit es mir gestattete, und versuchte zu sehen, ob sie nachbilden konnten, wonach ich suchte, aber es war vergeblich. Höchstwahrscheinlich begannen die übertriebenen Gefühle, die ich als Kind und Halbwüchsige erlebt zu haben glaubte, nämlich Freude, Glück, Hoffnung, zu verblassen, und [ich fand sie] unersetzlich, als ich das Erwachsenenalter erreichte und die Welt um mich herum allmählich zerfiel. Und deshalb war nur in der Gegenwart zu leben – nicht zurückzublicken oder zu weit nach vorn – sinnvoll. Ich wurde der Mensch voll von dem Bewusstsein, dass die Vergangenheit nicht zurückgebracht werden kann und Bereuen nutzlos ist, weil es das Vorwärtsgehen behindert.

Meine Mutter sagt, an dem Tag, bevor sie starb, habe meine Großmutter mit einem Ruck die Augen aufgeschlagen und an die Decke geblickt, als würde sie von all der Freude, dem Glück und der Hoffnung begrüßt, die verblasst waren, als ihre Welt zerfiel. Die letzten Worte, auf die sie reagierte, waren, als meine Mutter ihr erzählte, dass Julien und ich ein Mädchen erwarteten und es nach ihr benannt werde. Als sie das hörte, lächelte sie.

Nach der Geburt unserer Tochter zogen Julien und ich zurück nach Alba, wo wir uns eine eigene mittelalterliche Ruine kauften (die zufälligerweise vorher der Frau von John Ford gehört hatte, der die Nürnberger Prozesse gefilmt hatte). Und so schreibe ich diese Worte in einem Dorf – genau der Art von Dorf, nach der meine Großmutter sich als junge Medizinstudentin gesehnt hatte, der Art von Dorf, die ihr und meinem Großvater während des Krieges das Leben gerettet hat, der Art von Dorf, von der sie, als sie nach Amerika zog, befürchtet hatte, sie wäre für ihre Familie endgültig verloren.

Nun weiß ich, dass das Haus kein steinernes Außenskelett ist, das mich vor dem Schmerz des Erinnerns verbergen soll. Ich kann nicht nach La Roche kommen, um der Vergangenheit zu entrinnen, um unbeschwert zwischen Blumen und Steinen zu leben. Das Leben hier ist nicht weniger zerbrechlich, nicht weniger niederschmetternd. Es ist hier wie an jedem anderen Ort der Welt: hässlich, alltäglich, schmutzig und langweilig, aber auch wunderschön, überschwänglich und voller Liebe. Das ist das Geschenk – das Wunder –, das meine Großmutter mir machte, indem sie dieses Haus kaufte: die Chance für mich, mein Leben vorwärts zu leben, selbst wenn die Vergangenheit um mich herum wirbelt und strudelt.

Als ich zum ersten Mal nach La Roche kam, glaubte ich an ein Märchen: Anna und Armand verliebten sich, kauften ein Haus und sprachen nie wieder miteinander. Dann versuchte ich, die Geschichte zu erzählen, und sie zerbröckelte mir unter den Händen. Vielleicht haben meine Großeltern einander geliebt, vielleicht nicht. Vielleicht beides. Vielleicht hätten sie sich sowieso scheiden lassen, auch ohne den Krieg – aber möglicherweise ist die Frage müßig, da sie ohne den Krieg gar nicht geheiratet hätten. Und nach all der Suche, all den Fakten und all den Zweifeln kam ich nach Hause nach La Roche und begriff, dass es eigentlich so einfach war: Armand und Anna verliebten sich, kauften ein Haus und sprachen nie wieder miteinander. Der Sinn eines Märchens liegt nie in den

Einzelheiten. Der Sinn ist, dass es leicht einzuprägen, zu merken, zu erzählen ist. Wir werden weitererzählen, bis die Mauern einstürzen, und dann werden wir wieder aufbauen und neu beginnen.

Nachwort der Autorin

Diesen Text habe ich mit einem Stift verfasst, den mein Großvater mir nach einem sechsjährigen Kampf um meine Schreibhaltung geschenkt hat. Natürlich hat er den Kampf gewonnen. Zur Anerkennung dieses Sieges – und meines Entgegenkommens – erhielt ich einen blau-goldenen Füller von Christian Dior. Wie man weiß, wenn man gerade dieses Buch gelesen hat, war Armand Jacoubovitch, vor seiner Altersdemenz, ein Meister bedeutungsvoller Gesten: die Füllerkappe ist so gewichtet, dass die extrem dünne Feder nur schreibt, wenn man sie korrekt hält.

Doch in den Jahren nach der Fertigstellung des Manuskripts verlor er die Kontrolle über solche Gesten. Seine Senilität wurde sogar so stark, dass er kaum sprechen konnte. Zwar leuchteten seine Augen auf, wenn er mich mit Julien und unserer Tochter Estelle sein Zimmer im Pflegeheim betreten sah, aber er hätte nicht sagen können, wer wir waren oder in welchem Verhältnis wir zu ihm standen. Bei manchen Besuchen konnte er uns nicht einmal begrüßen. Wenn wir gemeinsam beim Mittagessen im Speisesaal saßen, hatten Julien und ich fast das Gefühl, nicht ein, sondern zwei Kleinkinder zu betreuen: Während ich Armand gerade noch davon abhielt, sein Wasser in den Brotkorb zu schütten, nahm Julien Estelle den Salzstreuer weg, damit sie nicht alles über das Tischtuch schüttete.

Senilität ist ein eigenartiges Gebrechen. Ich sah Armand an, dass er irgendwo da war, doch sein Geist brauchte einfach zu lange, um sich mit seinem Gehirn in Verbindung zu setzen. Oft beobachtete ich ihn und fragte mich, was wohl mit einem Gedanken geschieht, wenn er seinen Weg nicht finden kann. Tritt er voll ausgebildet hervor und zerstreut sich dann wie ein Wassertropfen, der auf den Bürgersteig auftrifft? Oder ist er eine Art Dampf, der immer diffuser wird, während er aus dem Kessel aufsteigt?

Wenn Opa sprach, blieb von diesen Gedanken meist nur ein Silbenwirrwarr übrig, entweder in seinem ganz eigenen vom Jiddischen geprägten Singsang oder einem frustrierten und ratlosen Tonfall. Er war sich schwach, aber doch schmerzlich der Beschränkungen bewusst, die ihm sein schwindender Verstand auferlegte. Darüber hinaus allerdings war ihm nicht anzumerken, was er noch mitbekam. Ganz sicher war er nicht mehr in der Lage zu begreifen, dass ich ein Buch über ihn geschrieben hatte. Glaubte ich zumindest.

Als ich die Vorabexemplare von Anna und Armand erhielt, brachte ich eins davon Juliens Tante und Onkel mit, die in der Nähe von Genf wohnen und bei denen wir an zahllosen Wochenenden übernachteten, wenn wir meinen Großvater besuchten und versorgten. Doch Juliens Tante wollte es nicht annehmen. »Zeig es deinem Großvater«, drängte sie mich. Damals betrauerte ich bereits seit geraumer Zeit den Verlust von Opas Verstand und wollte mich diesem Kummer nicht neu aussetzen. Doch Juliens Tante, eine weise Frau, ließ nicht locker.

Bei unserem vorherigen Besuch hatte mein Großvater kaum die Augen geöffnet. Ich hatte keine Hoffnung, dass er das Buch, das ich über ihn und seine entfremdete Liebe geschrieben hatte, wirklich wahrnehmen, geschweige denn darauf reagieren würde. Doch manche Liebe hat trotz geistiger Hinfälligkeit Bestand, und eine davon ist die zu Büchern. Als ich ihm den Band in die Hände legte, betastete er die Seiten und schlug die Augen auf. Er sah das Foto von sich und meiner Großmutter. Und dann betrachtete er es eingehend. Schließlich hob er den Blick. »*C'est extraordinaire*«, sagte er. Das ist außergewöhnlich.

»Weißt du, wer das ist?«, fragte ich.

»Ja.«

»Erinnerst du dich an ihren Namen?«

»Nein.«

»Das ist Anna. Anna Münster.«

Er nickte. »Ja, natürlich.«

Er konnte es nicht ganz zusammenhängend formulieren, aber es gelang ihm, auf das Buch in seinen Händen zu zeigen und zu fragen: Von wem ist das?

»Von mir«, teilte ich ihm mit.

»Das muss aber lange gedauert haben«, meinte er.

»Ja, stimmt.« Ich zögerte, mehr zu sagen. Ich wollte den Bann nicht brechen. »Zehn Jahre habe ich gebraucht.«

»Wie hast du das gemacht?«

»Ich habe mit dir gesprochen. Du hast mir deine Geschichte erzählt, ich habe sie aufgeschrieben, und da ist sie jetzt.« Ich berührte den Buchumschlag. Wie einfach es klang, wenn ich es so sagte!

Bisher hatte er Englisch mit mir gesprochen, was er seit Jahren nicht mehr getan hatte, aber nun lächelte er und verfiel in umgangssprachliches Französisch: »*Eh, mon vieux*«, eine Wendung, die ungefähr zwischen »Na so was« und »Du bist mir ja vielleicht eine« liegt.

Ich blätterte zu den Fotos, und er betrachtete sie verzückt, vollkommen wach. Bei dem Bild von ihm in Nürnberg erstarrte er. »Wo ist das?«

»Das ist in Nürnberg. Du in Nürnberg.«

Er nickte wieder. »Ich weiß.«

Als wir zu dem Foto von Anna auf Seite 113 kamen, das meine Mutter in einer seiner Brieftaschen gefunden hatte, hielt ich den Atem an. Wie würde er auf dieses schöne Gesicht reagieren? Erneut lächelte er. Nach so vielen Jahren erbitterter Wut wirkte er glücklich, sie zu sehen – vielleicht war er einfach nur froh, irgendein Stückchen seines Lebens wiederzufinden, vielleicht lächelte er aber auch, weil dieses Stückchen sie war.

Anfang Januar 2015 bekam ich einen Anruf vom Pflegeheim, mit meinem Großvater gehe es langsam zu Ende. Am 10. Januar fuhren Julien und ich zu ihm nach Genf. Wir saßen bei ihm, streichelten ihm die Stirn, sagten ihm, dass wir ihn liebten. Er hielt sich unsere Hände an die Wangen und schlief bald ein. Es wurde Zeit, nach Hause zu fahren, aber ich konnte mich nicht trennen. Ich konnte nicht loslassen. Auf dem Weg zum Auto drehte ich um und rannte zurück ins Zimmer meines Großvaters.

Seine Augenlider schnellten hoch.

»Lass mich«, sagte er.

Und das meinte er auch so. Wahrscheinlich ist es nur passend, dass er mit einer letzten eleganten Geste Abschied nahm. Am 20. Januar, dem Tag, an dem dieses Buch erschien, machte ich mich wieder auf den Weg. Nirgendwo wollte ich an diesem Tag lieber sein als bei ihm, seine Hand in meiner haltend. Doch als ich in den Zug stieg, klingelte mein Handy. Opa war gestorben.

Wenn man in eine Familie von Überlebenden geboren wird, wird man in die Scham des Überlebens geboren. Ein gängiger Begriff dafür lautet »Überlebensschuld«, aber er ist meiner Ansicht nach nicht zutreffend: Diejenigen, die überlebt hatten, wussten, dass sie nichts getan hatten, um das Überleben zu verdienen, denn sonst hieße das, ihre Angehörigen hätten etwas getan, um den Tod zu verdienen. Scham, nicht Schuld, ist unser ständiger Begleiter. Überlebende und ihre Nachkommen wissen, dass sie sich ihr Leben nicht verdient haben.

Diese Scham lässt einen nicht los, sie überschattet alles mit ihren beharrlichen Fragen, wann immer man versucht, nach dem Licht zu greifen. Sie gestattet keine Tagträume, gestattet kein Glück. Man ist am Leben – wer würde es wagen, um mehr zu bitten? Mein Großvater sicherlich nicht. Seine große Überlebensscham hielt ihn davon ab. Kleine Dosen der Freude, zugeteilt und gerechtfertigt durch die unerbittliche Linse des Verdienstes, waren das Einzige, was er sich gönnte. Diese Art Freuden waren auch seine Art, Zärtlichkeit auszudrücken. Mein Großvater schenkte mir den Füller nicht, weil ich den Traum hatte, Schriftstellerin zu werden. Sondern weil ich etwas Messbares getan hatte, um ihn mir zu verdienen. Doch ich benutzte sein Geschenk, um ein Buch zu schreiben, um diese Fragen nach Verdienst, Scham und Überleben einzuhegen, sie festzuhalten, während ich, wenn auch zaghaft, die Hand erhob und um Glück bat.

Die Woche, in der mein Großvater starb, war auch die Woche des Abschnitts der Tora, den ich auf meiner Bat Mitzwa vorgetragen hatte und in dem es um den Auszug aus Ägypten geht. Der hebräische Titel dieses Abschnitts lautet *Bo*, was in diesem Kontext bedeutet »geht«.

Geh.

Lass mich.

Am Tag meiner Bat Mitzwa, einem Tag, an dem mein Großvater durch Abwesenheit glänzte, las mir mein Vater ein Gedicht vor, das er zu diesem Anlass verfasst hatte. Es endet so:

Hotzianu:
Du wirst hervorgebracht,
herausgebracht,
erlöst
aus der Enge der Kindheit,
aus dem verwünschten Ägypten der Träume.

Ich habe mein halbes Leben damit verbracht, mir den Kopf über die verschlungenen Geheimnisse meiner Großeltern zu zerbrechen, über das Geschenk und den Kummer ihres Überlebens. Und Sie haben einen Teil Ihres Lebens in meiner Gesellschaft verbracht und sich den Kopf mit mir zusammen zerbrochen. Wenn Sie sich nun wieder Ihrer eigenen Familie zuwenden, Ihren eigenen Fragen, dann hoffe ich, Sie werden dies nicht vergessen: Es kommt ein Moment, in dem das Fragen ein Ende haben muss. Schreiben Sie es auf, klappen Sie das Buch zu und gehen Sie. Dass irgendjemand überlebt hat, ist ein Wunder. Wir schulden es ihnen – und all jenen, die nicht überlebt haben – uns durch Freude zu erlösen.

Ein Gespräch mit Miranda Richmond Mouillot

Was hat Sie dazu bewogen, dieses Buch zu schreiben?

Auf diese Frage gibt es mehr als eine Antwort. Sie gehört sogar zu den Hauptthemen von *Anna und Armand* – der unwiderstehliche Drang, die Geschichte der mysteriösen Ehe meiner Großeltern und der folgenden fünfzig Jahre der Entfremdung niederzuschreiben, und wohin dieser Drang mich geführt hat. Seit ich ein Teenager war, wollte ich diese Ereignisse festhalten, seit mir bewusst geworden war, dass meine Kinder zwei der Menschen, die mein Leben am stärksten geprägt hatten und deren Geschichte den Hintergrund zur Existenz meiner Familie darstellte, niemals kennenlernen würden. Anna und Armand bedeuteten mir so viel, jeder für sich und beide zusammen: Wie konnte ich sie verschwinden lassen?

Außerdem hat es etwas sehr Krasses und Dramatisches, wenn zwei Familienmitglieder jahrzehntelang nicht miteinander sprechen. Es war ein Schweigen, das geradezu darum bettelte, gebrochen zu werden, beziehungsweise wurde es dazu, als ich erst angefangen hatte, mit anderen darüber zu sprechen, und dabei begriff, dass ein solches Schweigen in vielen Familien sehr präsent ist, nicht nur in meiner. Ich erinnere mich noch, meinem Friseur in Asheville, North Carolina, von dem Buch erzählt zu haben, woraufhin er erwiderte, seine Exfrau habe zehn Jahre zuvor unerklärlicherweise aufgehört, mit ihm zu sprechen. »Sie spuckt sogar auf den Boden, wenn jemand meinen Namen erwähnt«, sagte er. »Hab nie rausgekriegt, warum.« Jedes Schweigen verbirgt eine Geschichte.

Welche Auswirkungen hatte das Buch auf Ihr Leben und auf Ihre Beziehung zu Ihren Großeltern?

Ganz konkret hat es den Verlauf meines erwachsenen Lebens bestimmt: Meine Ehe, meine Tochter, mein Wohnort und auch mein Beruf sind alles Folgen meines Entschlusses, dieses Buch zu schreiben. Zu meinen Großeltern hatte ich vorher schon ein enges Verhältnis, aber ich glaube, es hat meine Beziehung zu ihnen in einem Alter gestärkt, in dem die Leute sich häufig (und sehr natürlich) etwas von ihrer Familie entfernen. Auf jeden Fall hat es mich ihnen gegenüber teilnahmsvoller gemacht und mir geholfen, sie klarer als Menschen zu sehen, nicht nur als idealisierte Figuren. Jetzt, wo meine Großeltern tot sind, ist es mir außerdem ein großer Trost, einen kleinen Teil ihrer außergewöhnlichen Persönlichkeiten abgebildet zu haben, um sie denen zu vermitteln, die sie nie kannten, besonders meiner Tochter.

Anna und Armand *ist eine persönliche Geschichte. War es Ihnen unangenehm, manches zu enthüllen? Was hätten Ihre Großeltern Ihrer Meinung nach davon gehalten?*

So seltsam das klingt, aber für ein Paar, das sich so geheimnistuerisch verhalten hat, waren beide doch offenbar recht froh, dass ihre Geschichte aufgezeichnet wurde. Meine Großmutter teilte mir mit, dass sie sich von mir wünschte, ich würde ihr Leben zu Papier bringen und veröffentlichen. Ihre einzige Angst war, ich könnte, wie andere vor mir, in den »Bann«

meines Großvaters geraten und sie und ihre Entscheidung, ihn zu verlassen, in einem ungünstigen Licht darstellen. Als ich ihr schließlich das Manuskript zeigte, war sie erleichtert, dass ich ihrer beider Geschichten fair geschildert hatte. Wie im Nachwort zu diesem Buch beschrieben, habe ich auch meinem Großvater ein Exemplar gezeigt. Beim Durchblättern schien er wie durch ein Wunder kurz aus seiner fortgeschrittenen Altersdemenz aufzutauchen. Das mitzuerleben war sehr eindrucksvoll.

Unangenehmer war mir, meine eigene Geschichte preiszugeben. Es ist ein komisches Gefühl, dass Fremde Einzelheiten aus meinem Privatleben lesen. Aber das Buch sollte vom Erinnern handeln, genauer gesagt davon, wie Massentraumata wie die Schoah sich auf gleich mehrere Generationen auswirken. Die beste Methode dafür war meines Erachtens, ehrlich davon zu erzählen, wie sie sich auf mich ausgewirkt hat.

Hat das Buch eine breitere Botschaft, die sich auf das Ringen anderer mit Familiengeheimnissen oder schwierigen Erinnerungen anwenden ließe?

Die wichtigste Botschaft ist, dass Erinnern und Vergessen miteinander verflochten sind. Einerseits muss man sich erinnern, um zu vergessen: Um traumatische Erfahrungen loslassen zu können, muss man darauf vertrauen, dass das, was man erlebt und gelernt hat, das eigene Dasein überdauern wird. Gleichzeitig muss man vergessen, um sich zu erinnern. Viele Menschen zögern, ihre eigene Geschichte oder die anderer zu erzählen. Vielleicht haben Sie Angst, auch nur das winzigste Detail zu übersehen, oder sie können sich nicht entscheiden, was genau sie mitteilen sollen, oder aber sie glauben, sie müssten entweder alles erzählen oder schweigen. Wenn man sich überhaupt an etwas erinnern soll, muss man akzeptieren, dass man sich nicht an alles erinnern kann. Das Erzählen von Geschichten ist, meiner Meinung nach, das leistungsfähigste Werkzeug, das wir besitzen, um mit diesem Paradox umzugehen, denn es ist ein Gedächtnis in tragbarer, beweglicher Form, und alle Familien können, und sollten es meines Erachtens auch, benutzen.

Außerdem hoffe ich, dass dieses Buch eine Sorge mildern wird, von der ich schon oft gehört habe, nämlich dass ein »Leiden aus zweiter Hand«, also ein Schmerz, den man in Bezug auf etwas spürt, was anderen zugestoßen ist, irgendwie unzulässig ist. Aber keine Familie kann wirklich genesen, wenn ihre Mitglieder nicht akzeptieren, dass ein Trauma von jenen, die es erlitten haben, auf andere um sie herum übergreift, und dass unterschiedliche Generationen zu unterschiedlichen Zeitpunkten und auf unterschiedliche Weise damit umgehen müssen.

Wie überschneidet sich Ihre Arbeit als Übersetzerin mit Ihrer Arbeit als Autorin?

Übersetzen ist wie Schreiben üben, aber mit den Worten eines anderen. Man lernt, sich in vielen unterschiedlichen Stilen auszudrücken und sein Ich von dem zu lösen, was man zu Papier bringt, weil das Ziel ist, eine fremde Stimme zum Leben zu erwecken. Mich hat es gelehrt, den Schreibprozess nicht zu fetischisieren. Vor allem aber hat das Übersetzen meine Bildung vertieft. Zusätzlich zu der sorgsamen Berücksichtigung der Nuancen und Konnotationen unterschiedlicher Wörter sowohl im Französischen als auch Englischen, zu der mich das Übersetzen zwingt, hat es mich auch sonst ganz wunderbar bereichert. Man kann keinen guten Text formulieren, wenn man nicht ein wenig über das Thema weiß, ob es nun um Fische geht oder um Philosophie, und ein breites und stets aktualisiertes Wissen ist ein Segen für jeden Autor.

Danksagung

Dieses Buch hätte ohne die verlässliche Anleitung, die Fröhlichkeit, die Ermutigung und das Verständnis meiner Agentin Lydia Wills niemals seine derzeitige Form erlangt. Auch wäre es nicht, was es heute ist, gäbe es nicht Miriam Chotiner-Gardner, in der ich die besonnene, kluge, engagierte und strenge Lektorin gefunden habe, von der jeder Autor träumt. Ich bin euch beiden sehr dankbar für eure harte Arbeit und euren persönlichen Einsatz für dieses Projekt. Darüber hinaus hat dieses Buch von einem außergewöhnlichen Team von talentierten und begeisterungsfähigen Menschen bei Crown profitiert, und ich danke jedem Einzelnen von euch.

Herzlichen Dank an meine Leser: Annelies Fryberger, adleräugige Kritikerin und unermüdliche Frühstücksgefährtin, Anne Chernicoff, Erin Fornoff, Keramet Reiter, Ria Tabacco Mar und Rachel Taylor. Und an Matthew Quirk dafür, dass er die meisten Fassungen gelesen hat, und für die Fahrradstunden.

Außerdem gäbe es dieses Buch wohl nicht ohne die folgenden Menschen und Organisationen, denen ich dafür tiefen Dank schulde:

Dem Harvard College Research Program für die frühe Rechercheunterstützung. Dem Henry Russell Shaw Traveling Fellowship für ein Jahr, um an diesem Projekt zu arbeiten. Und dem Harvard Hillel Netivot Fellowship, das mich ermutigt hat, mich mit den großen Fragen auseinanderzusetzen, die den kleinen auf diesen Seiten zugrunde liegen.

Patrice Higonnet dafür, dass er mir beibrachte, Geschichtliches zu schreiben, mich ermutigte, anderes zu schreiben, und mir meinen ersten Übersetzungsauftrag gab. Sein Wissen und sein hervorragendes Seminar über Vichy-Frankreich halfen mir, das historische Fundament für dieses Buch zu legen.

Mary Lewis, deren Kurs über Staatsbürgerschaft im Vergleich Frankreich/Deutschland mir bei einigen kniffligen Fragen in Bezug auf die Nationalitäten meiner Großeltern (und meine eigene) half.

Rachel Taylor dafür, dass sie meinen Pfad sah und mich auf ihn schubste.

Leslie Epstein für seine Begeisterung und seine Ermutigung, bevor ich überhaupt eine Ahnung hatte, was ich da tat.

David Zane Mairowitz für ein Zimmer – und eine Badewanne, eine Bibliothek und einen Arbeitsplatz – für mich allein.

Dem Dorf Alba dafür, dass es mich aufnahm.

Marie-Hélène Frizet für all ihre Ratschläge und ihre Geduld mit meiner Familie.

Grant King, mit tapferer Unterstützung von Tom McEnaney und Forrest Richard, dafür, dass er mit mir den Spinnen trotzte. Elizabeth Thornberry für ihre Hilfe beim Streichen der Fensterläden. Erin Fornoff dafür, dass sie mein Leuchtstern ist, meinen Garten umgegraben hat, und für die ganzen Einsatzregeln. Elizabeth Janiak dafür, dass sie immer und unerschütterlich da ist und mir Bücher bringt. Und vernünftige Schuhe.

Eve-Marie Cloquet für ein weiteres Zimmer für mich allein.

Tomas Fitzel dafür, dass er mir seine Erinnerungen an meinen Großvater zur Verfügung stellte.

Martha Zuber, Wohltäterin, gute Fee, Cheerleader, Expertin, liebe Freundin und einfach rundherum ein guter Mensch.

Jonathan Zeitlin, Froma Zeitlin und Daniel Mendelsohn für ihre freundliche und begeisterte Unterstützung und dafür, dass sie mich zu Lydia geführt haben.

Allen bei Moog Music dafür, dass sie zu meiner Familie standen, besonders Mike Adams. Und Ian Vigstedt und Krystal Smith für Hilfe beim Drucken und Scannen.

Christine Kane für kaufmännischen Rat, der mir half, mich über Wasser zu halten, während ich dieses Projekt zu Ende brachte.

Nikki Layser, die mit Ideen und Verbindungen auftauchte, als ich alles verloren glaubte. Nora Spiegel, der ich harte Arbeit und freundliche Worte verdanke und die sich mit mir im Regen traf. Ben Wikler, der mit beim Titel half.

Dem großartigen Personal des EMS Les Marroniers dafür, dass es sich so gut um meinen Großvater kümmert. Michèle und François Fraiberger dafür, dass sie ihn dort unterbrachten. Jean-Philippe und Danièle Deschamps, deren Gastfreundschaft, Großzügigkeit und Zuneigung uns durch so manchen schweren Moment halfen und so viele frohe schufen.

Hélène Deschamps dafür, dass sie uns ein Dach über dem Kopf gab, als wir es brauchten, eine wunderbare Großmutter war und uns half, unsere Träume zu verfolgen.

Meinen vier wunderbaren Eltern für ihre unerschütterliche Liebe und Begeisterung: Robert Richmond und Kathleen Mavournin, euch beiden danke ich dafür, dass ihr von Anfang an eure Freude am geschriebenen Wort mit mir geteilt und dass ihr all die unterschiedlichen Fassungen gelesen habt. Dad auch für Hilfe beim Übersetzen aus dem Deutschen, der Szene mit den gebrochenen Rippen und zahllosen anderen Details. Robert Moog und Ileana Grams-Moog: Abah, für mehr, als ich je sagen könnte, selbst wenn mehr Zeit gewesen wäre, es zu sagen. Mom, für alles, wirklich alles, und vor allem dafür, dass du schlauer bist als jedes Schwein.

Meinen Großeltern für alles, was sie waren, was sie ertrugen, was sie mich lehrten, woran sie sich erinnerten, alles, was sie sagten und nicht sagten.

Estelle Anna, deren Fröhlichkeit, Schönheit und Entschlossenheit von dem Stern zeugen, nach dem sie benannt wurde.

Und schließlich und vor allem meinem Mann. Für seine unerschütterliche Unterstützung, für seine Weisheit, Strenge und Güte. Dafür, dass er mich Mut lehrte und mir half, ein besserer Mensch zu werden. Dafür, dass er mich zum Lachen brachte. Für all die Freude und Liebe. *Doudou*, ich glaube, du weißt inzwischen: Es ging nie um fließend Warmwasser.

Eine Anmerkung zu den Quellen

Im Anschluss findet der Leser, der gern mehr erfahren möchte, eine nicht wissenschaftliche und nicht erschöpfende Liste der Quellen, die ich für dieses Buch verwendet habe. Aufgenommen sind die Werke, die ich besonders nützlich, informativ, zum Nachdenken anregend und bewegend fand, daher ist die Liste nach Themen sortiert.

Die gesamte Recherche wurde auf Französisch und Englisch durchgeführt (neben ein bisschen Deutsch, bei dem mir mein Vater Robert Richmond half).

Primärquellen

Meine Hauptquellen waren natürlich meine Großeltern. Abgesehen von Gesprächen und der Korrespondenz mit ihnen wäre meine Arbeit aber ohne die hier aufgelisteten Werke nicht möglich gewesen.

Schweizerisches Bundesarchiv. Dieses Archiv enthält 45 000 Akten über während des Zweiten Weltkriegs in der Schweiz internierte zivile Flüchtlinge, darunter die meiner Großeltern und meiner Mutter (die in Dossier 07130 zu finden ist).

Das *Steven Spielberg Film and Video Archive* im *U.S. Holocaust Memorial Museum*: Diese fantastische Sammlung enthält alle möglichen Informationen, einschließlich Filmmaterial zu den Nürnberger Prozessen, in dem ich meinen Großvater bei der Arbeit sehen konnte.

Die *Lillian Goldman Law Library* der juristischen Fakultät der Universität Yale: Über die Website zugängliche vollständige Mitschriften der Nürnberger Prozesse, die bei der Rekonstruktion der Erfahrungen meines Großvaters eine große Hilfe waren.

Sekundärliteratur

Bloch, Marc, *Die seltsame Niederlage.* Aus dem Französischen von Matthias Wolf. S. Fischer, Frankfurt am Main 1992.

Burrin, Phillippe, *La France a l'heure allemande: 1940–1944.* Le Seuil, Paris 1997.

Fry, Varian, *Auslieferung auf Verlangen.* Aus dem Amerikanischen von Jan Hans und Anja Lazarowicz. Hanser Verlag, München 1986.

Lebovics, Herman, *True France: The Wars over Cultural Identity, 1900–1945.* Cornell University Press, Ithaca, New York 1992.

Marrus, Michael, und Robert Paxton, *Vichy France and the Jews.* Stanford University Press, Stanford 1995.

Paxton, Robert, *Vichy France: Old Guard and New Order, 1940–1944.* Columbia University Press, New York 2001.

Rousso, Henry, *Le Syndrome de Vichy: 1944–198….* Le Seuil, Paris 1987.

Flüchtlinge in der Schweiz

Munos-du Peloux, Odile, *Passer en Suisse: Les passages clandestins entre la Haute-Savoie et la Suisse, 1940-1944.* Presses Universitaires de Grenoble, Grenoble 2002.

Regard, Fabienne, *La Suisse, paradis de l'enfer? Mémoire de réfugiés juifs.* Cabédita, Yens-sur-Morges 2002.

Die Nürnberger Prozesse

Gaiba, Francesca, *The Origins of Simultaneous Interpretation: The Nuremberg Trial.* University of Ottawa Press, Ottawa 1998.

Gaskin, Hilary, *Eyewitnesses at Nuremberg.* Arms and Armur Press, London 1990.

Kohl, Christiane, *Das Zeugenhaus: Nürnberg 1945: Als Täter und Opfer unter einem Dach zusammentrafen.* Goldmann, München 2005.

Ramler, Siegfried, *Die Nürnberger Prozesse: Erinnerungen des Simultandolmetschers Siegfried Ramler.* Aus dem Englischen von Gerd Burger und Petra Huber. Martin Meidenbauer, München 2010.

Sonnenfeldt, Richard W., *Witness to Nuremberg.* Arcade, New York 2006.

Taylor, Telford, *Die Nürnberger Prozesse: Hintergründe, Analysen und Erkenntnisse aus heutiger Sicht.* Aus dem Amerikanischen von Michael Schmidt. Heyne, München 1992.

Vermischtes

Die Glut von Sándor Márai (ins Deutsche übersetzt von Christine Viragh, Piper, München 1999) ist die beste literarische Aufarbeitung des langen Schweigens eines Paares, die ich bisher gelesen habe. Vielen Dank an Bertrand Deschamps, dass er mich darauf aufmerksam gemacht hat. »Donal Og«, das geheimnisvolle Gedicht meines Großvaters, wurde vor langer Zeit von einem anonymen Dichter verfasst und von Lady Augusta Gregory aus dem Irischen übersetzt. Es ist, in einer etwas anderen Version als der, die mein Großvater besaß, abgedruckt in *The Rattle Bag*, herausgegeben von Seamus Heaney und Ted Hughes (Faber and Faber, London 1982). *Dora Bruder* von Patrick Modiano (ins Deutsche übersetzt von Elisabeth Edl, Hanser, München 1998), *Die Verlorenen: eine Suche nach sechs von sechs Millionen* von Daniel Mendelsohn (ins Deutsche übersetzt von Eike Schönfeld, Kiepenheuer & Witsch, Köln 2010) und *Alles ist erleuchtet* von Jonathan Safran Foer (ins Deutsche übersetzt von Dirk van Gunsteren, Kiepenheuer & Witsch, Köln 2003) sind die drei Bücher über das Erinnern an die Shoah, die sich mir am meisten eingeprägt und die mich am stärksten berührt haben. *Suite française* von Irène Némirovsky (ins Deutsche übersetzt von Eva Moldenhauer, Knaus, München 2005) ist ein großartiger Schnappschuss des Chaos der *drôle de guerre*. Leslie Maitlands Buch *Crossing the Borders of Time* (Other Press, New York 2012) ist eine bewegend und sorgfältig recherchierte Familiensaga über ein Paar, das während des Zweiten Weltkriegs getrennt wird, und ich bin Ms. Maitland sehr dankbar, dass sie meinen Text so genau gelesen und mir wertvolle Tipps gegeben hat. *Der eiserne Vorhang* von Anne Applebaum (Siedler, München 2013) schenkte mir wichtige Erkenntnisse über die Nachkriegszeit. Robert Darntons *Das Katzenmassaker: Streifzüge durch die französische Kultur vor der Revolution* (aus dem Amerikanischen von Jörg Trobitious, Hanser, München, Wien 1989) half mir dabei, über Märchen nachzudenken und wie wir sie lesen. *Das Schreiben der Geschichte* von Michel de Certeau (Campus, Frankfurt a. Main 1991) hat es wahrscheinlich schwerer gemacht, dieses Buch zu verfassen, als es sonst gewesen wäre, aber ich bin dankbar dafür, dass Certeaus Werk mein Denken über Geschichte und Erinnerung vertieft und verkompliziert hat. Und *Gedächtnis mit Flügeln* von Romain Gary (ins Deutsche übersetzt von Jeanne Pachnicke, Aufbau Verlag, Berlin, Weimar 1989) ist und bleibt der beste Text, den ich je über den Zweiten Weltkrieg in Frankreich gelesen habe. Oder auch über jedes andere Thema. Während dieses Buch erscheint, übersetze ich ihn gerade ins Englische.